U0856624

MULTIDIVISIONAL
STRUCTURE

事业部制

大船变舰队的企业发展模式

（第二版）

梁学荣 / 著

图书在版编目（CIP）数据

事业部制：大船变舰队的企业发展模式 / 梁学荣著. —2 版. —北京：企业管理出版社，2016.5

ISBN 978-7-5164-1243-5

Ⅰ.①事… Ⅱ.①梁… Ⅲ.①企业管理 Ⅳ.①F270

中国版本图书馆 CIP 数据核字（2016）第 067226 号

书　　名：事业部制：大船变舰队的企业发展模式

作　　者：梁学荣

书　　号：ISBN 978-7-5164-1243-5

出版发行：企业管理出版社

地　　址：北京市海淀区紫竹院南路 17 号　　　邮编：100048

网　　址：http://www.emph.cn

电　　话：总编室（010）68701719　发行部（010）68701816　编辑部（010）68414643

电子信箱：qiguan1961@163.com

印　　刷：北京市庆全新光印刷有限公司

经　　销：新华书店

规　　格：170 毫米 ×240 毫米　16 开本　24 印张　356 千字

版　　次：2016 年 5 月第 2 版　2016 年 5 月第 1 次印刷

定　　价：68.00 元

第二版前言

当前，一个值得关注的现象是许多中国企业正在热议和探讨事业部制，与此相伴随，另一个不争的事实也摆在眼前：不少“参与者”亟待事业部制理论与实践的双重指导。也许正是应合了这一需求，本书第一版一经推出就得到了广大读者的热忱反馈，并在业界产生了一定影响。一些公司批量购买本书，积极组织中层以上干部学习，并把其作为事业部制转型实操的重要借鉴。

本书也因此成了我和企业间相识相知的媒介，几年间，我受邀进入大中型企业讲授“事业部制构建与管控”课程，与一批企业家、经理人近距离交流，为其答疑解惑、指导咨询。在此过程中，我深切感受到中国企业立志发展的强烈意愿，也感动于企业家们崇尚知识、追求进步的学习精神。

与此同时，这些来源于实践的问题分析、成果总结、理念升华亦推动我不断丰富事业部制管控体系，使我萌生推出本书第二版的想法。经过努力，这个愿望终于得以实现。

本书第二版在第一版的基础上做了如下内容充实和深化：

一、增加了三个章节。一是“企业集团事业部制转型”。一些企业集团在发展过程中因片面追求扩张速度，轻视产业规划，导致业务分布离散的乱局。对此，应该如何进行产业角度的事业重组呢，本章进行了精要介绍。二是“事业部自我管理”。事业部制转型的成功不仅有赖于总部的向下管控，还要依靠事业部的向内管理。怎样做好“钢琴师”，为何要与总部良性互动，如何看待与兄弟事业部的关系？答案就在其中。三是“事业部转型政策设计”。这一章节主要讲述了在事业部组建初期，针对利润核算遇到的一些实际困难应如何应对，以保障利润中心体制有效性的问题，其在思路上具有很好的启发性，可以引导企业举一反三。

二、对第一版部分章节进行了十余处补充和完善，以进一步提高本书的实操性。例如，介绍了集中采购与分散采购相结合的集团采购思路，阐明了成本加成内部定价原则，增加了事业部总经理业绩考核实例，补充了事业部间索赔机制，强调了事业部总经理不宜由集团高管兼任等内容。

三、为提高第二版的易读性，本书在每一节开始部分都加上了一段以虚拟人物读书花絮为引子的描写，以创新表述形式，激发读者兴趣，并可三言两语提示小节要义。

本书可谓事业部制的经验库，公司规模化的导航图，其内容全面、系统、贴近实际，具有较强的指导性。衷心希望越来越多的中国企业能够从中获得启示、寻得思路、觅得方法，实现企业的持续良性发展，同时，也真心期待大家提出宝贵意见和建议。

梁学荣

2016 年 3 月

第一版前言

当前，国内对于企业规模化发展体制的探索大多聚焦于母子公司治理与管控话题之上，其实，条条大路通罗马，与之等价甚至更具操控弹性的事业部体制同样值得我们关注。遗憾的是，截至今天，尚找不到一部完整、系统而又通透的事业部相关著述供我们借鉴和参用，这对于行进在集团化征程上的企业而言，无疑窄化了视野，少了一条持续发展之路。

事业部制产生于上个世纪20年代美国、日本的一些著名企业，并在随后的应用过程中日臻完善，被越来越多的组织所采用。毫无疑问，只要企业在成长，如何驾驭大规模、多业务这一议题就总会在前面某个路口静候我们。因为伴随单体企业的扩张，更多产品线会在企业“落户”，原来的直线职能制将无法承载多元化产品并存的格局，此时，企业背负突围压力，需要尽快找到一种包容性更强，能够驱动多业务同步发展的架构和体制。在此关头，事业部制应该及时现身，登上企业发展舞台。

事业部制之所以能够直面企业复杂的发展形势，就是因为其提供一种“集中决策、分散运营”的组织框架，从而在价值总部“有所为、有所不为”的选择性管控理念的统领下，将企业这条大船化整为零，创造出一个多船列队共存模式，使企业从一个运营大平台演变成从属于一个战略集团的多个战略经营单元，并赋予每个单元以利润中心核算模式，最终实现对千头万绪的多业务局面的科学分划与有机梳理，以及对各事业单元的垂直管控、横向协同与侧翼监督，完成企业从简单、传统经营体制到复合、先进体制的转身，支持企业走得更长远也更稳健。

既然事业部制拥有如此的价值和魅力，应该从学术和实务角度对其进行深入剖析和总结，以探究事业部制的奥妙，这对于企业界而言是件大有裨益的事情。为此，本文作者在总结自身管理和咨询经验的基础上，编写此书，以抛砖引玉，激发共鸣，为中国企业的发展提供更多可选择的经典模式。

本书在内容结构上可归纳为如下五部分：

1. 认识事业部并熟悉事业部的分划依据与过程。这是本书的基础部分，在该部分中，读者可以充分了解事业部与事业部制概念，比照企业实际情况来分析事业部制的创建条件，同时，领悟事业部转型的多样化路径和精妙策略。通过本部分，读者可在头脑中投影出事业部制企业的大体轮廓。

2. 揭示事业部制的本质特征。这是本书的核心思想浓缩部分，在该部分中，读者可以多层次、多维度透视事业部制企业的总体架构和组织板块，追踪事业部制企业的组织运行轨迹，并对事业部制体制要义有个框架性的俯瞰。通过本部分，读者能够纲领性地掌握事业部制的全貌，并对其本质有所顿悟。

3. 剖析事业部制企业总部的价值。这是本书的关键内容之一，在该部分，读者能够体味事业部制企业总部的使命所在，理解总部价值要超越其运行成本的管理公式。同时，会接触到总部的三种管控模式，并分享其因时制宜的应用要领。通过本部分，读者会对真正意义上的总部有个系统认知。

4. 设计事业部的领导体制。这是本书的精华篇章，在该部分，读者能够见证兼顾激励与制约机制的事业部领导体制的细化设计过程，从而对事业部激励机制的构建要点做到心中有数。通过本部分，读者能够感受到什么是总部刚性的制度性安排。

5. 分析事业部制的具体管控、协同与监控方式。这是本书的主体部分，在该部分，读者能够零距离洞察事业部制企业的战略、组织、人力、财务、投融资、运营、知识管理等七项职能管控方式，并在多事业部的战略协同与侧翼监控方面取得斩获。通过本部分，读者可以一定程度掌握事业部全面管控与协同的方法和工具。

当然，对事业部制的探索如同其他重要管理命题一样，其路漫漫，尤其是散发多彩智慧的广大企业的丰富实践更是我们追赶不及的老师。唯有不断革新、勇于扬弃，对事业部制的研究才能百尺竿头，更进一步。期盼关心中国企业发展的朋友能够为此携手一道，共筑辉煌。同时，本书也一定存在不足之处，敬请各界朋友批评斧正。

梁学荣

2011 年 5 月

目 录

第一章

认识事业部

到底何谓事业部？

对于不熟悉事业部体制的的企业而言，事业部仍然充满一丝神秘，而对于了解并转型为事业部体制的企业来说，体味事业部创造的价值的同时，也可能正经历着事业部所带来的诸多困扰。但不论怎样，事业部这一带有传奇色彩并蕴含管理智慧的体制形式正在为我国越来越多的企业所尝试和应用。毕竟，事业部在企业家通向更辉煌未来的体制选择上扮演着一个重量级的角色，它承载着企业规模化进程中保持效率、放大优势、控调平衡、统专兼顾的梦想。

第1节　什么是事业部与事业部制

郑涛最近接到总经理指示，要求他对公司向事业部制转型进行全面论证。作为发展规划部的负责人，郑涛平时对事业部制也有所了解，不过当这一任务真被提上日程，他却突然感到脑袋空空。应该抓紧时间系统、深入地学习一下，他暗暗下定决心。就从最基本的概念学起吧，于是，他呷了一口咖啡，翻开本书第1页……

事业部和事业部制是不同的概念，我们不要对其误读。

一、事业部与事业部制定义

1. 事业部

事业部是企业内部根据不同产品线、地域、细分市场或职能所组建的利润中心。

再进一步理解事业部的概念，我们需要把握如下要点。

首先，事业部是企业内部根据战略发展和经营需要创造出来的经营机构，并非对外注册的公司。

其次，根据上述第一点特征，事业部其实质就是企业内部的一个部门，只不过这个部门最核心的属性是经营性质的，是承载企业某一方面业务或职能的，而且是要取得既定经营成果的，同时，它在总体上采用的是利润中心的核算模式而非成本中心。

在这里，有必要对利润中心作出必要诠释。事业部的所谓利润中心又可称为企业内部虚拟利润中心，其目的在于支持事业部经营成果的衡量，同时，赋予事业部团队明确的经营责任，并为事业部业绩管理提供路径。一句话概括：事业部采用利润中心的核算模式使事业部成为虚拟公司，从而可以对事业部采取模拟公司化的运营与管控。当然，对事业部的管控不同于母子公司的管控，由于事业部是企业内部的一个部门，因此，对其管控具有企业自身的很大弹性和个性，这也是事业部的体制优势所在。所以，事业部作为利润中心，只是取得了虚拟公司化最实质的体制，但对其管控则保留了较充分的设计空间。

第三，事业部赖以创建的“事业”载体是什么？也就是说事业部需要容纳进什么角度或特质的“事业”才有意义呢？上面的概念中已经给出，那就是产品、区域、细分市场或职能。由此，事业部可细分为：产品型事业部、区域型事业部、顾客型事业部（亦可称为市场型或行业型事业部）以及职能型事业部。

对于产品型事业部而言，企业内多类产品的细分产品就是事业部承载的“事业”，而且，产品型事业部是对产品研发、生产、销售一条龙的承载（有的公司还包含工程安装等其他职能，此处为略写）。产品型事业部对某一类或几类产品的经营业绩负责。换个角度而言，就是企业将内部产品按照某种特性进行细分，根据细分结果组建不同的事业部。例如，某企业 A 生产家用空调和电饭煲，现在采用的是两类产品共用一套研产销体系的经营模式（直线职能制），那么，如若采用事业部体制，就可以探讨按照空调和电饭煲两类产品分别组建两个事业部：一个负责空调的专门的研产销，称作空调事业部，一个负责电饭煲的专门的研产销，称作电饭煲事业部（见图 1－1）。

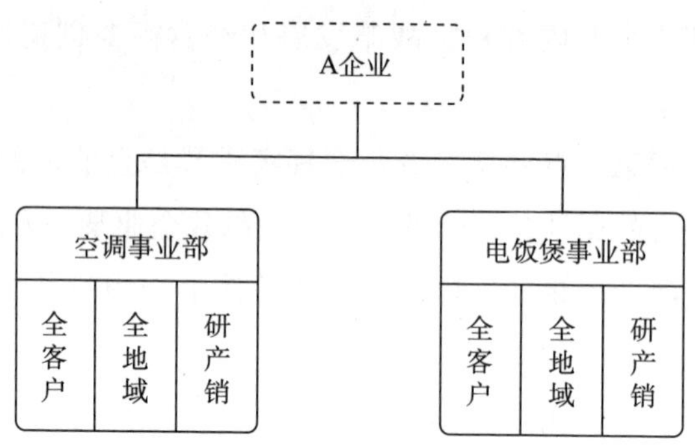

图 1－1　产品型事业部组建举例

对于区域型事业部而言，其承载的“事业”是各区域内的产品经营或服务，按照区域划分是这一类事业部的明显特征。例如，上述 A 企业，可能采取的不是按照产品划分事业部，而是在北京建立一个北方事业部，面向北方地区统一研产销空调和电饭煲，再在上海建立个南方事业部，辐射南方客户，统一供应空调和电饭煲。在这里，南北方事业部都是利润中心体制（见图 1－2）。

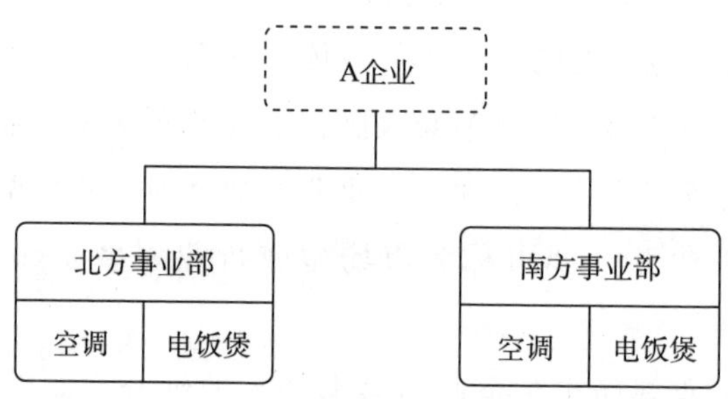

图 1－2　区域型事业部组建举例

对于顾客型事业部而言，是按照细分市场或行业特征进行事业部的划分，从而创建出具有强烈顾客导向的事业部。例如，上述 A 企业既没按照产品划分事业部，也没按照区域划分事业部，而是将顾客划分为高收入家庭和普通收入家庭两类，从而组建起“大客户事业部”和“大众事业部”。大客户事业部面向高收入家庭研发高档空调和电饭煲，并提供配套的生产与销售，大众事业部面向中低收入家庭，提供经济实用型空调和电饭煲产品（见图 1－3）。

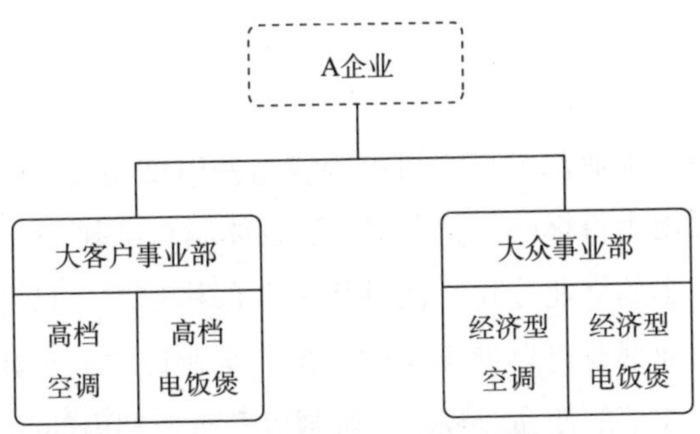

图1－3 顾客型事业部组建举例

而所谓的职能型事业部，则是保持现在的研产销统一的职能组织功能平台，但将研发、生产、销售体系都构建成“利润中心”，使之能够实现单独核算以及内部市场交易，从而创建出“研发事业部”、“生产事业部”和“销售事业部”（见图1－4）。

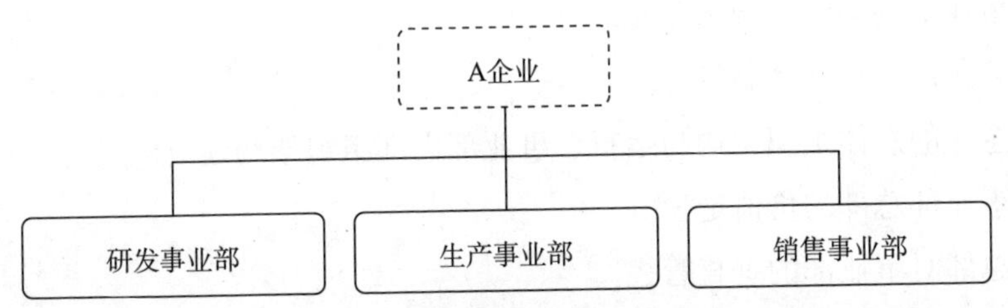

图1－4 职能型事业部组建举例

在这里，还有两点需要说明，一是上述事业部的四种形式中，通常以产品型事业部为事业部的标准和典型形式，其突出特征是研产销职能按照不同产品线实现各自的一体化集成。区域和顾客型事业部也包含内部的产品研产销职能集成，可看作是标准化事业部的具体演变。职能型事业部严格意义上而言不能称作是事业部，但由于这一形式也有其存在的价值，因此，可作为“事业部家族”的一个补充。本书内容将主要围绕标准型事业部进行阐述。二是在现实中，事业部不一定仅按一种分化要素进行组建，也可以是多种角度都包含的混合型事业部，例如，在一些企业，既有面向国内市场的产品线事业部，还有面向国外市场的海外事业部。还有一种比较复杂的事业部，称为矩阵式事业部，在本书第十二章会有介绍。

2. 事业部制

事业部制是指以事业部为核心组织构成，并以推动与管控事业部发展，从而成就企业总体发展为目标的一整套组织运营体制与机制。

当企业按照一定的事业分化特征进行事业部构建后，只是形成了相应静态的事业部机构，事业部要得以健康运行，达成企业设定的当期和长远目标，还有赖于企业赋予事业部的使命、权限、机制以及事业部内部的相应功能的发挥。同时，多个事业部的管控、协调要求自然催生了企业总部的组织概念，于是又涉及到事业部制下总部的功能定位以及一系列面向下属事业部的管控问题，这些都是事业部制的内涵和要义。

概括而言，事业部制围绕事业部这一核心组织形式，包含如下主要管理内容：

①事业部的科学、合理分化。

②事业部的经营体制设计。

③企业的总体组织架构与运行、事业部内部组织架构建设。

④事业部总部的价值定位。

⑤总部对事业部的垂直管控。

⑥总部对事业部的横向协调。

⑦事业部总经理的产生程序。

⑧事业部的授权与激励机制赋予。

⑨事业部间的内部市场交易规则制订。

⑩事业部监控体系建设。

⑪总部对事业部优势资源的调用。

⑫事业部的风险规避。

可见，一个企业可能存在组建事业部的条件，甚至已经构建了若干事业部，但是由于事业部制所要求的方方面面的制度性安排能力较弱，那么，注定驾驭不了事业部体制下的运营局面，也就无法成就企业的总体发展，事业部制变革将面临巨大挑战甚至走向失败。因此，构建事业部，实质是构建事业部制，需要组织转型后的相协调的一整套体系的设计与执行，也涉及经营方式、管控模式、权限收放等观念跟进、调整的问题，绝不是从原有企业中分化出事业部这一单一任务。

本书后面的内容均是围绕事业部制进行展开。在这里，我们也能够看到，文中所说的事业部实质指的更多的是事业部制的含义。

二、事业部制与其他体制的区别

企业组织当中，我们接触比较多，也很典型的组织形式有两种，一种是直线职能制，一种是母子公司管控模式。与这两种组织体制相对比，事业部制呈现出如下特征。

1. 事业部制与直线职能制的比较

直线职能制是一种“集中决策、集中运营”的紧密型组织结构，其突出特征是强调研产销职能的专业化分工以及对研产销相关资源的统筹利用，具有专业、经济、管控力度大的特点。然而，随着企业的发展，当其产品、地域、顾客的多样性达到一定程度的时候，不仅高管层管理幅度过大，职能管理部门管控乏力，而且研产销三个职能平台会在规模上逐步膨胀，从而在相应职能内部难以实施有效管理，不得不进行职能内部细分。同时，研产销三项职能之间的各自为政、本位主义、相互指责和协作低效率一直是直线职能制企业的突出矛盾，其间的协调机制较难建立，从而影响市场终端的产品输出和顾客服务质量。

标准的事业部制与直线职能制相比较，构建了“集中决策、分散运营”的体制，由于其按照产品要素进行了组织分化，因此，实质上是将围绕产品的研产销经营权限进行了较大程度的下放，这样不仅可以使决策者抽身，集中精力关注企业整体战略性发展事宜，而且通过将研产销具体运营“打包”下放给专业管理团队，较好地解决了围绕产品的研产销协调问题。但事业部制同步也带来了诸多困扰，主要是在事业部构建后，对总部的管控能力提出了挑战，同时，事业部为了专营自身所定位的事业，更高效地输出服务，也为了各事业部组织分化清晰、所负责任明晰、市场反应迅速，存在一些机构重设、资源不能集约的问题，这是事业部制建设必然要付出的成本（见图1－5）。

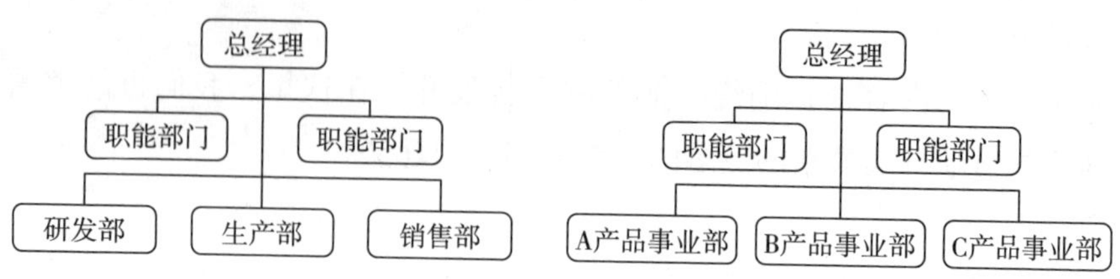

图1－5　直线职能制与事业部制比较

2. 事业部制与母子公司管控模式的比较

规范的母子公司管控模式下，由于子公司的独立法人地位以及其间资本纽带的规则要求，使得集团总部对下属公司的管控在一定程度上受限，而事业部作为企业内部的部门不具有独立法人资格，其仅是管理者根据发展需要创建的内部利润中心，并不需要注册成为独立的公司，自然也不存在实质性的股权关系，因此，总部对事业部的管控具有很大的弹性，更能够表达管理者的意愿（见图1－6）。

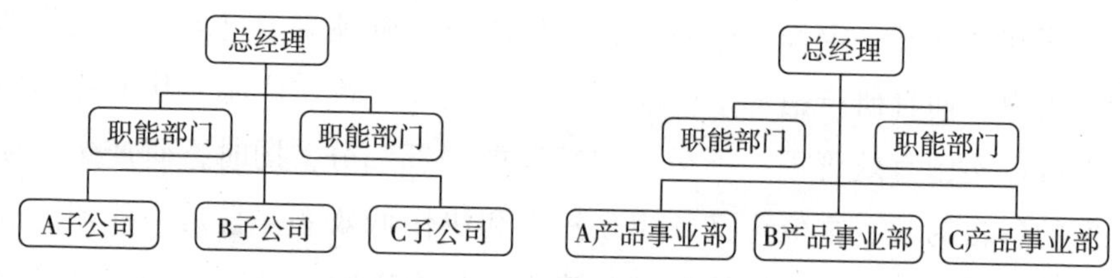

图1－6　母子公司管控模式与事业部制比较

另外，事业部也可以提升为一个大的概念，从而在事业部下设子公司，或将具有相似业务属性的子公司整合成事业部，从而形成产品或事业集群，有利于整合相关资源，面向相同或关联顾客提供更全面的服务。不过，实行这类管控模式一定要突破资本管理关系，从而加强事业部对子公司的紧密型管控，如果做不到这一点，构建大事业部的价值就不充分了。

当然，母子公司管控有其自身的优越性，且在很多企业，实行的基本是超越规范治理层面的一元化集中管理模式，其与我们要讨论的事业部制体制已基本相似。

三、事业部制的价值

事业部制之所以引起热议，并被部分企业所推崇，主要缘于其为企业带来的突出价值，具体如下。

1. 事业部制为企业管理者提供了驾驭大规模经营局面的体制

当直线职能制企业壮大到一定程度，企业必然面临各种各样的管理问题，此时，因规模过大带来的瓶颈问题接踵而至，比较突出的现象是企业信息失真、管理混乱、组织运行效率低下、市场服务满意度下滑，甚至频频出现决策延迟或失误的情况。面对这类整体性的问题，在原有体制框架下是难以找到突围路径的。而此时，事业部制则为焦头烂额的管理者提供了一个破茧而出的模式——通过内部事业部的战略单元组建，划小经营单位，顺利消减因规模带来的负面问题，使企业在规模化后成功转向“大规模、小经营”的体制构架（见图1－7）。

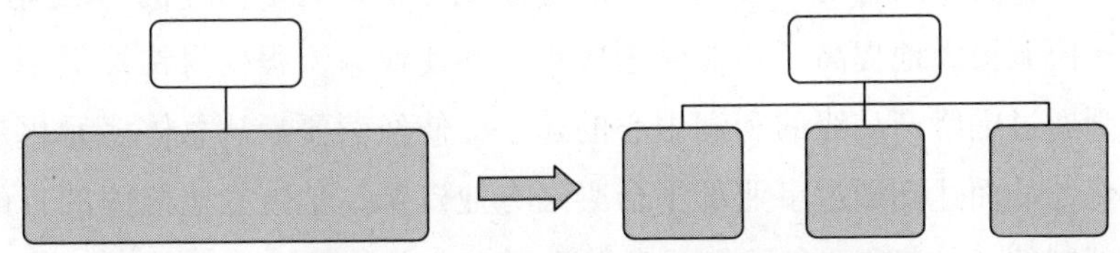

图1－7 划小经营单位，消减规模

2. 事业部制为企业管理者提供了继续做大的路径

在事业部体制下，企业管理者继续做大的意愿可以得到至少两种发展模式的支持，一是做大总部下的现有事业部，二是不断创建或衍生新的事业部，并将其做大。做大现有事业部是事业部本身以及总部共同的使命，而不断创建或分化出新的事业部，则更多依赖于总部的战略性考虑以及相应激励政策的出台。不论怎样，事业部制本身就孕含有数量性（增加事业部数量）、规模性（做大现有事业部）双重发展的内在机制，可以在总部的管控模式框架下，通过不断做加法增强现有事业部或衍生新的事业部（见图1－8）。

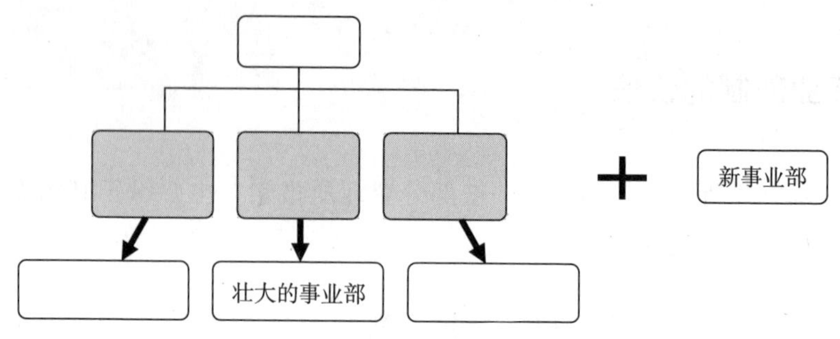

图1－8 事业部制的双重发展机制

3. 事业部制为企业经营要素多元化找到了梳理方式，从而能够构建专业化服务机制

在直线职能制下，随着产品、区域、顾客的多元化以及职能的规模膨胀，企业管理者很难找到合适的组织梳理方式，从而导致多业务交叉运作，容易形成企业运行混乱、漏点增多，且无法产生专业运营力量。当然，研发和销售职能制下的经营要素细分可以实现初步的专业化分工，但是细分机构之间的跨部门对接、协调极大地提高了企业管理成本，并使业务流程变得错综复杂。而事业部制则通过围绕产品线的利润中心的建立，使经营要素从总体多元化走向内部专业化，从而达到通过事业部平台凝结专业资源，塑造专业能力的目的。经过事业部制的“梳理”，多元化要素得到了专业化管理，企业的运行秩序得到回归（见图1－9）。

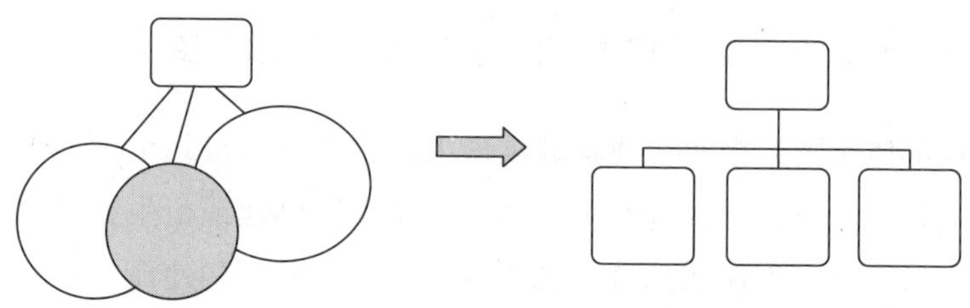

图1－9 多元化要素的专业化梳理

4. 事业部制为企业重新找回面向顾客需求的快速反应能力

划小经营单位、独立核算、在总部管理框架下相对自主经营，使得事业部

不仅专注于特定事业，而且由于事业部内研产销职能的快速协调，将较大程度上提高市场反应速度。由于事业部制就是要避免经营规模超大、经营方向混杂、职能之间日常协调低效率的问题，因此，一个规模适中、方向专一、职能间统筹的事业部在拥有足够权限的管理团队的领导下，一定会提高市场反应速度。反过来而言，如果事业部本身走到了规模超大、方向多元化、职能之间协调效率重新跌回低谷的阶段，那么这个事业部就需要进行二次拆分，分化成两个以上的事业部，从而改善市场反应速度和服务质量问题。

5. 事业部制实现了企业发展规划与发展承接的有机分化

事业部制是典型的“集中决策、分散运营”的体制，其在将经营权一定程度上下放的同时，也同步提升了总部的经营层次，使之从以往的业务运营中解脱出来，集中精力于企业发展规划、事业部的管控与协调之上。而在直线职能制体制下，由于研、产、销专业职能直接挂接在主管领导之下，结构性的经营层次难以划分出来，因此，主要领导在事务性工作方面投入的精力比较多。也就是说，在事业部体制下，由于事业部已经演化成了虚拟公司的组织形式，因此，为下放权力提供了平台，同时，在管理虚拟公司过程中，总部更多监管的不是事业部具体工作细节，而是事业部总体经济效益创造和发展计划的执行。这个时候，真正意义上的总部的概念才得以浮现。

6. 事业部制分担了企业的经营风险

事业部制包含有“鸡蛋不放在一个篮子里”的机制特质（见图1－10）。不同产品线归于不同事业部进行相对独立的经营与管理，规避了公司一插到底管理所有产品可能导致的一旦经营失误影响全局的情况。虽然事业部之间存在一定的协作关联，但事业部制的主体运行主要依靠事业部各自的经营与管理来完成，而且，事业部内部的资源配置都是具有事业部各自特征的，相互之间影响不大，不会因为某个事业部的变故波及其他事业部。这就好比是电路的并联机制，一个电路出现问题，并不影响其他电路的正常供电。

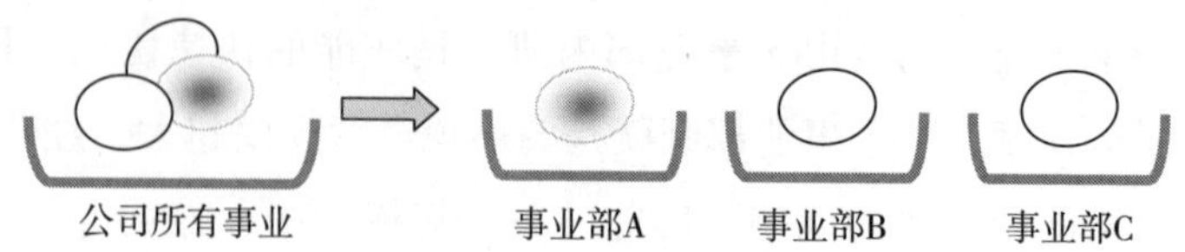

图1－10　鸡蛋从一个篮子分到多个篮子里，规避风险

当然，事业部制在为企业带来正向价值的同时，也为管理者带来了诸多困扰，主要方面如下：

（1）事业部制对管理者提出了更高管理要求

毫无疑问，新的管理体制——事业部制为企业管理者提出了诸多新的管理挑战，从宏观层面而言，就是如何保障事业部在相对自主经营且不失控的情况下逐步做大，从而支持企业整体做大。具体而言主要包括如下要点：

①如何激励事业部总经理班子的积极性和责任心。

②如何确保事业部在当期效益和发展储备间取得平衡，而并非以牺牲公司发展为代价，一味急功近利，追求眼前效益。

③事业部从事具体经营后，公司总部的价值体现在哪里，如何正确定位。

④如何实现总部对事业部的“分权有度、管控有道”，避免“一管就死、一放就乱、再管还死、纠结困惑”的局面。

⑤总部职能部门如何穿过事业部“权力已下放”这堵墙，有效施行“对口”职能管理。

⑥事业部间如何高效协同，并建立健全内部市场交易规则。

⑦总部如何能够全周期把控发展资源命脉，避免资源浪费和失控情况发生。

（2）事业部制可能造成管理成本的升高

事业部制导致的管理成本升高主要体现在两个方面：

①职能管理部门的“集体失声”。由于事业部相对自主经营、独立核算，对其自身发展结果直接负责，因此，总部职能部门在施行对口职能管理的时候，往往存在一定障碍，面对强势的事业部常常不能将管理意图贯彻到位，导致沟通不畅、矛盾不断、效率低下、效果不明显。

②事业部之间的协调成本大量增加。由于事业部之间是内部市场交易，因此，不可避免出现价格、服务等方面的分歧，同时，总部对事业部提供的服务

也采用市场交易模式，因此同样存在着纠纷。再者，面对外部客户资源，如果事业部的事业界线划分得不够清晰，同样会导致对市场资源的争夺。从集约和发挥整体优势的角度，总部希望促成事业部之间的良性协作，其间都要发生一定的管理成本。

（3）事业部制可能导致部门重复建设、资源重复分布或不能共享

对于标准型事业部制而言，首先，每个事业部都要建立一套职能管理体系；其次，面对顾客，在区域上每个事业部都拥有其自行隶属的大区销售机构或销售代理渠道；第三，研发队伍各自分设，而不能打造统一的研发平台——这些围绕产品线纵向组建的机构或依附的资源都存在着不共享、重复设置的情况，增加了企业管理成本。

第2节　事业部经营体制特征

了解了事业部和事业部制的定义，郑涛急切地想从总体上把握事业部制的特点，因为这样可以抓住事业部制的实质，从而能够对这套体制有个全局性的认识。事业部的经营体制特征到底体现在哪些方面呢？郑涛故意合上书，闭上眼，冥思了半天，但终究也没归纳出个一二三来，于是他自嘲地摇摇头，再次翻开书……

事业部制企业到底呈现出怎样的本质特征，在构建事业部制企业过程中，需要遵循怎样的大原则——这些核心思想的深度把握是落实事业部体制的关键。总体而言，事业部制企业的主要特征体现在：以虚拟利润中心为经营载体，以虚拟化公司为运营方式，集中管控、分散运营，注重协同、强化监督。具体内容如下：

一、事业部制的总体体制特征

事业部制的总体体制架构特征为：集中决策、分散运营。事业部制企业首

先构建的是一种纵向功能有机分布的组织格局，从而实现整体决策与具体业务运营的有机分工。总部担当企业的大脑与管控中心角色，负责企业的经营方向把握、主要决策与协同管控，事业部则为企业的具体业务承接载体，完成具体事业的发展与经营任务。作为企业领导人，在打造事业部制企业之初，在脑海中就应该建立这样一个体制架构轮廓，从而在总部与经营单元之间找到组织分工和责任定位分界，为下一步的具体设计提供总体思路指导（见图 1－11）。

图 1－11 事业部的“大脑”与“腿脚”

二、事业部的体制核心

事业部的体制核心为：构建利润中心。

1. 事业部事业边界的确定

事业部事业边界的确定主要指对公司允许事业部经营的产品、领域等的针对性描述。进行事业部分化后，往往要对事业部的可经营业务进行明确，从而让事业部知晓其经营范围。

事业边界的确定不仅仅是为了避免事业部间业务重叠情况的发生，更重要的是对企业整体业务进行结构性划分，而且，关系到每一个事业部的发展战略方向问题。

事业边界的界定为事业部的分化提供了一个自上而下的更科学的思路，那就是企业首先要确定整体发展战略，而后归纳出重点发展的业务方向，并为支持业务方向组建不同的事业部（见图1-12）。当然，一旦落到事业部具体分化环节，按照产品、客户、区域以及职能划分事业部的方法就派上用场了，因为按照这几个角度划分的事业部在思路上是十分明确的，比较好理解，且事业部边界相对清晰。

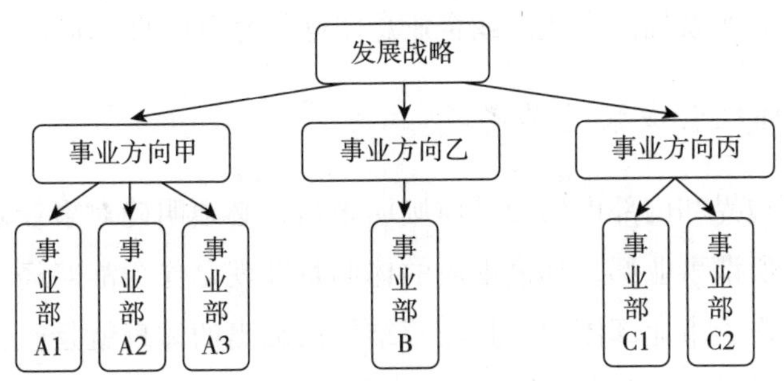

图1-12 企业的事业纵向分化

对于业务相关的事业部，在事业边界确定上往往会出现事业交叉的情况，此时，务必要说明事业部之间的事业区别所在，否则，会造成潜在的重复业务开发的问题。在企业实际运行中，对于事业边界界定模糊的情况，事业部肯定会向总部提出质疑，直到分清业务界限为止。对于表面看存在事业交叉的情况，一定要结合事业部在企业中承担的事业使命、发展战略、具体业务性质、竞争优势、整体实力等要素，对看似相同的业务进行不同的发展定位。例如，两个事业部都拥有开发汽车产品的事业权，那么A事业部主要开发什么汽车产品，B事业部又开发什么产品，一定要明确区分。在这里，有两点需要指出，第一，两个事业部到底可不可以做完全相同的产品？答案显然是否定的。如果现实中存在这样的情况，要么是历史原因形成的，要么是总部的管控力出现了问题，要么是总部另有用意。总之，这种情况不宜长期存在。第二，当相同的事业范围在事业部之间无法进行区分定位的时候，那么就要将这一项事业完全划归某一事业部，从而保障事业边界的清晰化。

2. 事业部内外市场经营权的开放

事业部拥有外部市场经营权是显然的，但同时也要对其明确，内部市场也是对其开放的，只不过，内部市场的经营有三条原则需要遵守：第一，内部市场交易要遵循公司出台的内部市场交易原则，恪守内部市场有关准则、流程和规范，并在出现争议时服从公司仲裁；第二，当兄弟事业部需要支持时，在总部协调的情况下，事业部在获得公平收益的基础上要给予积极配合；第三，内部市场收入显然不是事业部的主体收入，其只是以降低公司整体交易成本、完成事业部之间联盟及提高事业部或企业总体竞争力为目的的辅助收入。

3. 事业部经营成果的界定

在事业部边界和内部市场交易原则明晰后，必须明确对事业部经营结果的衡量与评估。所谓事业部，其最本质的体制特征就是作为战略经营单元的利润中心，所以，作为事业部体制，其经营结果最突出的体现就是经营范围内所获利润的多少与质量（这里的质量主要指利润的获得是靠收入增加带来的，还是靠不合理的成本压缩带来的）。因此，即便我们强调收入盘子很重要，现金对企业运营而言非常关键，资产回报率更能说明收益效率，但不容置疑，利润仍是这一体制优越性的核心衡量指标。围绕利润这一核心指标，我们可以继续分析事业部经营成果的其他关键性指标，从而完成对事业部经济指标体系的结构性设计，其与一个独立公司的经营成果衡量没什么太多区别。

对事业部经营成果的另一个评估角度便是事业部除了取得目标效益外，还积累了哪些面向未来的资源与能力。即，事业部的经营成果的另一个衡量标准是：事业部为企业留下了多少正在持续转化成年度效益的发展性储备资源。对于事业部而言，强调其长期发展性与当期效益性并举是至关重要的，因为这是对事业部容易陷入短期行为漩涡的有力防御（见图 1－13）。

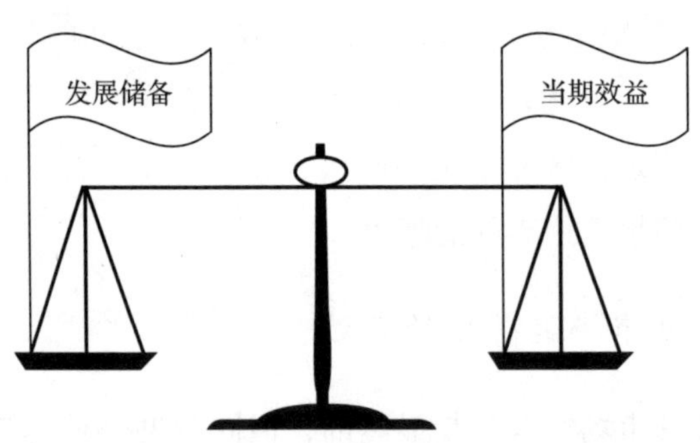

图 1－13　当期效益与发展储备的兼顾

4. 事业部经营成果的核算预评估

对事业部经营成果的核算与评估，主要指对事业部利润的核算以及对事业部发展性成果的评估。

利润核算的大体原则与单体公司无异，基本为：收入—成本—费用。对此，要指出的是这里的收入包含内外部市场的收入，而费用中除了包含事业部自身发生的费用外，还包含两部分费用，一是对上发生的费用，即公司提取的管理费、科技发展基金等费用项目，以支持企业总部职能部门的开支，以及支持总部直接负责的基础研发项目持续运行下去。当然，科技基金也可用于对事业部所申请的研发项目的支持。二是横向发生的费用，即，费用中包含内部市场化行为发生的费用，例如支持型事业部提供的有偿服务，事业部之间可能的产品交易等。为支持事业部经营成果的准确衡量，实行事业部制的企业就要建立相对完善的交易标准、信息采集系统与核算平台，从而能够准确核算每一个事业部在内、外部交易过程中发生的各类收入和支出，最终公平、公正、准确地核算出事业部的利润及其他经营目标情况。

发展性资源与能力成果的评估则需要建立事业部的战略储备评估体系，其评估角度如下：

①通过对比，分析事业部主要经济指标的多年连续增减情况，判断事业部是否开展了良好的战略储备工作。这一分析的假设为：如果事业部卓有成效地持续开展立足于中长期发展的战略性工作，那么这一工作努力必然会转化成连续几个年度的经营效益，从而在指标的完成递增上予以体现。

②评估事业部的新产品开发与新市场开拓工作。新产品的开发成功及下一步顺利上市，新市场由于前期的艰难垦荒实现突破——这些重要经营行为的发生会带来事业部后续经济效益的提升。在这里，关于研发费用、新市场开发费用在事业部收入中的占比是支持分析和评估的一个重要指标。

③评估事业部供应、分销渠道资源的储备状况。良好的、成规模的供应、渠道网络会为公司的持续降低成本、持续提升经营业绩创造非常有利的条件，属于公司战略级的资源储备。在这里，对于适合采用分销模式的企业，渠道网络一旦形成并进入良性循环，那么企业后续的产品都可以顺承该渠道得以高效

率、规模化的销售，对于企业成长帮助很大。

④评估事业部的经营模式与管理机制的优化情况。经营模式与管理机制的优化，甚至是颠覆性的革新一旦成功，对事业部乃至整个企业的发展性影响是巨大和深远的。因此，总部要鼓励事业部在这方面做出有益探索并大胆实践。

⑤评估事业部的骨干人才储备情况。骨干人才的拥有量和能力发挥对事业部的发展是根本性的支持，因此，总部要重点考查事业部骨干人才引入率、流动率、安置科学性和实际贡献情况。

⑥评估事业部战略计划执行情况。对事业部战略计划的执行结果进行考核是对事业部战略发展工作的最直接评估，当然，上述五点工作均应是战略计划所包含的重点内容。

三、事业部的经营内涵

事业部的经营内涵为：虚拟公司运营。

1. 事业部总经理负责制

由于事业部采用利润中心经营模式，属于一种管控程度可伸缩的虚拟公司化经营，因此，要实行事业部总经理负责制领导体制。当然，在进行事业部领导体制具体设计时，往往实行事业部领导班子对事业部的整体管理，并且在一些重要经营管理事项决策时，还需要事业部领导层集体决策，但事业部总经理的核心作用是不会动摇的。

事业部总经理负责制是事业部领导体制的突出特征，一定要坚持。那种惧怕失控，从而对事业部总经理过度约束或平衡的做法是违背事业部体制规律的，是不利于事业部发展和企业整体发展的。

事业部总经理负责制的具体体现如下。

（1）事业部自我管理的全面性

事业部作为企业战略经营单元，其领导班子和管理团队应该有权对其全面事务进行管理，尤其是涉及市场、销售、研发、生产等业务方面的工作更是如此。只有将全面事务管控权放手给事业部自身，才能充分发挥事业部的主观能动性，也才能做出一系列贴近客户需求的、正确的、同时也是具体的经营管理决策，从而使事业部制的优越性得以发挥。

实行事业部制之后，仍对事业部的具体业务进行直管，这是十分不合适的，不仅会挫伤事业部的积极性，同时，也使事业部的整体业务规划和组织不协调，影响运行效率，甚至会决策错误，给企业造成损失。发挥企业总部的优势，代管一部分事业部无力同时也不愿意去做的事情则是另一回事。例如，利用总部广泛的资源，代管事业部与政府等有关部门的对外公共关系，无疑将会取得胜过事业部自行处理的效果。

（2）事业部自我管理的充分性

事业部自我管理的充分性，主要体现在事业部总经理管理权限的全权性之上。理解这一性质可以从反方向进行体会，也就是那种表面上放权给你管，实际上授权不彻底或不够，有时还要插手有关事务的情形就不能称其为充分授权。作为虚拟的公司运营，事业部需要拥有一定深度和强度的权力架构和体系，唯有此，才能在总部的领导框架下，将业务运作得风生水起。

当然，事业部自我管理的充分性并不是说什么权力都完全下放，权力的下放是相对的，也就是说充分性也是相对的。有些权力要牢牢抓在总部手里，如事业部发展战略的审批权、年度经营指标的批准权、事业部总经理的任免权等。某些权力不下放并不意味着授权不充分，这里说的是要遵循事业部制权力框架原则，赋予事业部在当时作为一个虚拟公司运营所必需的权力。只不过，根据事业部具体形态、发展阶段、人员能力的不同，这些权力的具体下放程度也有所不同，只要适应当时的发展需要，并能与时俱进、动态调整，那么都应说是充分的。

（3）事业部自我管理的创新性

对事业部的管理应是在把握大的原则和规范下，给事业部留有一定的创新空间，从而实现事业部真正的自我发展。如果框框太多、规矩太死，或者不能接受事业部的创新理念，那么事业部就变成了总部的投影，事业部体制的设立价值就大打折扣了。因此，当事业部提出改变经营模式、管理机制的想法，甚至出现违反现行政策、规则的情况，一定要首先看事业部想的和做的是否有道理，出发点是不是趋于积极的，这里面是否正跳跃着创新的火苗。作为总部，尤其是职能管理部门，一定不能僵化官僚、定势思维，从而因保守和信息不对称，轻易扼杀事业部的创新思想和行为。不但如此，总部还要建立鼓励事业部革旧立新的激励机制。

2. 事业部虚拟资本金的注入

为实现事业部虚拟公司经营模式，满足事业部经营资金需要，同时，完成事业部层面的相对独立的二级利润核算，公司对各事业部要进行内部投资，从而对其配置一定额度虚拟净资产所形成的资本金。这一做法的目的在于：第一，建立虚拟公司，推动二级核算体系运行，公平对比和体现各事业部经营管理能力，全面准确反映各事业部的经营业绩。第二，将公司现有债权、存货等以投资方式配置给相关的事业部，在虚拟公司足够强度的激励机制与约束机制的双重作用下，通过各事业部的努力将该部分资产盘活，以加速流动资金周转，提高资产使用效率。

虚拟资本金的配置要依据一定的基准进行，例如，要明确配置基准日、金额基准等。同时，要确定一定的配置原则，例如，在总体上是偏松还是偏紧的原则，在具体层面对货币资金、其他资产、负债等的配置原则等。虚拟资本金的配置也要结合事业部所在的行业特点、事业部占有资源情况、日常资金使用量，以及考虑事业部的采购周期、库存占用资金等情况详细核算确定，并在配置过程中逐步调整和完善，当然，还存在虚拟资本金后续追加的情况。

四、事业部的发展轨道

事业部的发展轨道为：在总部的管控框架下运营。

事业部之所以是虚拟公司运营，就是因为事业部作为企业的事业承载性的战略经营单元，要在公司的统一管控框架内发展，而不是完全自主和自由地发展（见图1-14）。

总部为确保事业部在所定位的事业方向上持续、良性前行，以及在公司总体联动中扮演价值贡献角色，需要对事业部提出一系列的管控要求及做出全面的制度性安排，例如，对事业部的发展战略和经营业绩要实施有效管控，对事业部的主要人权要实施集中管理，对事业部的组织机制和重要业务动作均要给予关注等，以确保事业部在战略上不走偏、经营上低风险、组织结构科学合理、管理机制能够满足经营需要等。

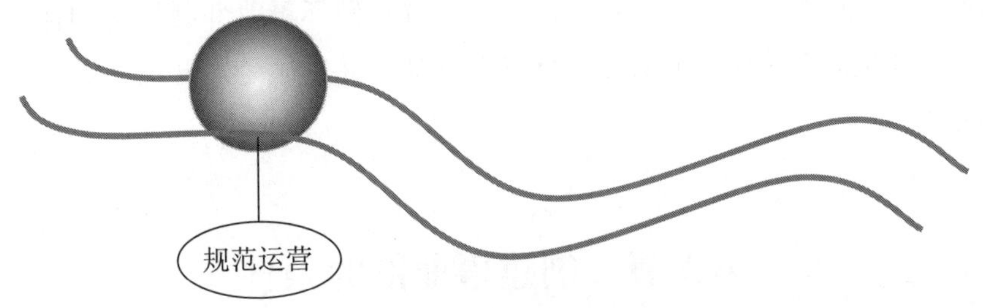

图 1－14 事业部要在总部铺设的政策轨道上运行

五、事业部的资源整合与调动

事业部资源整合与调动的目的为：支持公司总体协同与利益最大化。

作为公司事业载体，事业部在拥有核心资源的情况下，某些资源是否能够独立拥有还要取决于是否会对公司总体运行成本与效率造成负面影响。也就是说，作为事业部，很希望能够掌握所有资源，从而能够高效率满足事业部层面的调动与运行的需要，但其前提是，这部分资源不能进入公司意在整合的资源范畴。因为，事业部制企业由于多个事业部的同时存在，可能会造成部分机构设置和资源投入出现重复的情况，此时，作为总部，会站在更高层面和整体角度进行运行成本的综合考量，最终可能会实行机构或资源整合，从而形成与现有事业部并列同级关系的新的事业主体。例如，能够提供后勤服务的经营支持中心与能够提供生产加工服务的制造事业部的组建就是典型的资源整合的动作。

资源整合导致出现新的组织，必然带来事业部制内部协调工作增多，协调成本加大，但从企业总体而言，应实现总成本的降低。另外，公司整合的对象基本是事业部的边缘性事务工作或事业部难以自行开展的工作，例如，基础研发工作等，因此，从这个角度而言，适度而正确的整合，对事业部的发展是很有益处的。

另外，事业部涌现出的优质资源也可能被总部盯上，例如，事业部提出的绝好的产品创意，甚至已经培育到一定程度的新产品，事业部的复合型管理人才等都有可能被公司以“商量的口吻”无情地抽调走。作为事业部，此时就要站在公司的高度进行郁闷的理解，毕竟，事业部的本质是公司的战略经营单元——公司是事业部的老板。当然，为维护事业部制企业的良性、稳定运行，鼓励事业部继续培育、更多培育优质资源，公司不会冒着破坏事业部制架构和体制的风险无偿抽调事业部资源，而是要实行有偿调动，并遵循公司既定的资源管理原则与规程。

第3节　创建事业部的条件

事业部制能够破解哪些管理疑难，创建事业部又要具备什么条件呢？这正是郑涛所关心的问题。要知道，其所在的公司正在为研产销职能日常协调不畅打得不可开交，而且这种情况持续很长时间了，尤其是产品线增多之后，企业内耗越来越大，市场反应也越来越慢了。事业部制是否能够应对这样的局面呢，本公司具备向事业部转型的特质吗？郑涛带着疑问也带着期许接着向下看……

显然，并不是所有企业都适合采用事业部制体制，这要看其是否具备创建事业部的条件。对于具体企业而言，除了认清事业部制的本质外，还要对企业的业态特质、所处发展阶段、管理水平、拥有资源等情况进行透彻分析，从而能够在事业部制转型和组建问题上科学、稳健决策，避免盲目改制。

一、事业部创建前的管理困扰

管理变革往往来源于企业实践困扰的促动，那种先知先觉的变革也许存在，但毕竟不占主流。萌发事业部制的想法也不是凭空出现的，通常在此阶段，企业管理团队已遭受诸多问题的折磨而备受煎熬，没有这样的痛楚，一般难以检讨当前体制，更难以另觅新路。

综合来看，在实行事业部制之前，企业一般采用直线职能制或母子公司管控模式，这在前面的相关部分已有所提及，下面我们就这两种管理体制再进行一下相对深化地分析：

企业采用直线职能制，则通常出现的问题是产品多样化与直线职能制管理体制之间的冲突问题——在企业因产品的品种增加而走向规模化的过程中，直线职能制的弊端开始逐步显现。主要问题如下。

1. 研产销职能横向协调矛盾日益突出

在直线职能制管理体制下，随着企业规模的膨胀，研产销体系中都包含多种产品的研发、生产与销售职能，因此，进一步加剧了三大职能间的不协调和矛盾。日常工作中，多个产品同步的横向沟通与协作将职能本位主义的不足淋漓尽致地暴露出来，使企业的管理成本急剧增高，甚至持续出现围绕产品的业务流程执行混乱的局面。研产销之间的不协调会将负面效应一直辐射到用户端，从而造成用户的需求因企业内部扯皮、运营效率低、供应链组织不利而得不到满足。用户明显感觉到企业官僚化，市场反应速度滞缓。

如果说直线职能制能够适应单一产品的跨职能协调，那么当产品数量增加后，则跨职能协调效率变得越来越不能让人容忍。此时，单纯从常规的协调角度去解决多产品的协作问题则仿佛走入了死胡同，困扰将始终得不到改善。而事业部制根据产品线进行对应组织的切分，则将多产品复杂大格局细分成了单一产品的简单并行小格局，从而恢复到原来的单一产品直线职能制，使得围绕产品的协调效率得到回升。

2. 研产销三大职能平台必然存在对不同产品的厚此薄彼

并不奇怪，受利益的驱使，销售部门喜欢投入精力推广当期好卖、毛利丰厚的产品，生产部门愿意优先加工对自己有利的产品，研发部门则根据资源情况不得不对产品进行选择性的研发计划排序。显然，职能平台的这些行为并不符合企业管理者的意志，一些被列为重点推广或储备计划的产品可能并不受到职能平台的重视。企业管理者当然可以通过各种激励、考核方式进行重点产品的引导，但是这需要建立相对复杂、细致的激励、管控政策，收效也是逐步实现的。

很明显，企业在最初的在单一产品情况下，研产销职能机构没有更多选择，只能一心一意做好唯一的产品，但当多产品局面出现之后，趋利性的选择就成了必然。如果不在深度体制层面进行变革，只是从软性激励方面进行改进，收效将不那么彻底和迅速。而事业部制对产品的划分将经营团队带回到了单一（或少量）的产品格局当中，使得将眼前的产品做好成为唯一使命，不存在厚此薄彼的机会。

专栏1.1　多产品带来的麻烦

银蓝软件公司的李总这两天经常发脾气，让这位性情本来平和的总经理倍感烦恼的是，虽然公司做大了，可没完没了的协调工作也接踵而至。

银蓝公司原是一家只面向政府部门提供政务管理软件的企业，可以说，四年下来，业务开展得如火如荼，取得了骄人的业绩，而且，管理工作也抓得井井有条，研发和营销部门配合顺畅，反应迅速，博得了用户的青睐。

一年前，公司按照新的发展战略，积极开发企业和高校市场，提供相应软件解决方案，并按此进行了研发中心、营销中心内部的组织划分，分别成立了研发中心下的政府、企业及高校研发部，营销中心下的政府、企业及高校营销部，以专向服务特定客户群。

刚开始按照新的组织分工运行的时候，还相安无事，不过，渐渐的问题就来了。最典型的是三类问题，一是中心下面的部门负责人常常抱怨上面的中心“头儿”工作太忙，无暇顾及他们的协调请求。二是两位中心“头儿”也因为协调的事情太多，频发矛盾而吵架吵到李总办公室。第三，更要命的是近期用户的投诉也增多了，投诉点基本集中在公司对用户的要求反应慢、服务质量下降这类问题上。

这种局面不能再继续下去了。想到这，于总将助理刘志叫到办公室，委托其深入调研一下当前的情况，并提交一份分析报告。

一周后，刘志果然不负使命，提交了一份让李总颇为满意的报告，其中很多情况李总已经预计到了。这份报告的主题内容如下：

1. 导致两中心之间矛盾激增的原因是，公司现在需要政务、企业、高校三条产品线同步运作，其不同于以前的单一产品线经营了。因此，协调事宜成倍增加，有时候因为开发部门进程缓慢，三个营销部门经理会联名找研发中心总经理反映情况，从而造成两中心总经理之间、交叉上下级之间、部门之间的多重矛盾。

2. 两中心下辖三条产品线，中心总经理的管理、协调担子也加重了，而且由于面对的三大类用户有着本质性的区别，因此，不论垂直还是横向工作难度都明显加大。

3. 两中心在老本行——政务系统方向上的工作还是不错的，但对于公司新拓展的企业——高校市场则投入精力不够，进展速度太慢。加之公司给两中心下达的经济指标是总指标，并没进行严格细分，因此，本着完成任务，两中心有70%的精力还是投在政务系统上。

刘志的分析报告坚定了李总体制改进的决心，因为在他看来，再加十个李总一起来协调也无法从根本上解决目前的问题。不久，银蓝公司进行了一次大的体制调整，即，组建政府、企业、高校三个事业部，每个事业部都含有自己的研发、营销部门，并实行虚拟利润中心体制，从而化解了两大中心间的协调问题，变复杂为简单，同时，能够为细分用户提供专注服务。

（注：本书专栏中的公司、人物均为虚构，如有雷同，纯属巧合。）

3. 多产品共置于统一的职能平台中，增大了经营风险，束缚了发展速度

直线职能制体制下，在业务相关的企业中，孵化出的新产品都将分布到现有研产销职能平台中，简单说都要在现有研产销管理团队统一主管下运营，因此，一旦遭遇能力有限的团队，则会增加所有产品的经营风险，从而影响发展速度。此时，企业领导人将非常痛楚，明明看到了职能管理负责人的局限性，但是找不到产品单独分化、独立运行的出口，因为现有体制不支持企业领导人

的管理意愿，而按照原来的模式继续下去则将面临经营的持续“龟行”状态。很显然，多产品经营难度远胜过单一产品运行，能力成为了不可逾越的瓶颈。随着产品的增多，职能平台将最终容纳不下，从而因无法继续驾驭而被“撑破”。也就是说，当产品线增加到一定程度，研产销平台负责人都将无法胜任，因为管理幅面过大，复杂程度急剧提高。而且，这也不是个简单易帅换人的问题，换谁都会遭遇同样的困惑，这是企业体制引发的病症。如采用事业部制，则会将鸡蛋装到不同的篮子里，降低难度，同时也降低了经营风险，所以划小经营单位成为必然。

4. 直线职能制将很难产生非相关产品线，从而使企业的发展空间受到局限

在直线职能制体制下，由于销售与研发机构的能力及资源的专向性，导致可以孵化相关产品，而非相关产品则很难在现有职能平台中产生。如果企业管理部门产生非相关产品创意，则在现有职能平台落实的可能性不大。有一种可能，就是在职能大平台下，细分出若干职能小平台，从而支持非相关产品的提供与横向协作，但此种情况，将对职能管理者提出很高的能力要求。而事业部制则是一种“并行加法”体制，可以支持非相关产品的增加，因为每一个新组建的事业部都不依赖于已经存在的事业部。

5. 直线职能制不易产生真正意义上的企业总部

在直线职能制下，企业的视野将停留在一定层面，这个层面更多的内容将是业务的运营——原因在于直线职能制构建的就是一种贴身指导的集权体制，从而使企业战略层面与运营层面没有进行一定程度的区分。在不少上规模的直线职能制企业，企业领导人在日常还经常充当消防队队长的角色，忙得不可开交，其作为舵手的使命则无暇顾及。这绝不是领导人不肯放手、受限于领导风格或不擅时间管理的问题，而是体制使然。不进行体制的变革将不能使企业领导人摆脱日常事务，企业的战略发展、资源整合、总体管控等问题将无法提上日程，走上正轨。当所有人都埋头拉车，而没有人抬头看路的时候，这个企业的行进方向将变得不清晰，随着时间推移，企业也将步入危险的沼泽地（见图

1－15)。同时，因为企业领导人的全盘操控，研产销平台的运营也难以放开手脚，事事请示成为常态。通过上述分析，我们看到，在直线职能制体制下，处于战略管理、重点管控、资源协配地位的总部的概念不是很清晰，反倒看清的是一个所谓运营型的总部忙得不亦乐乎。而在事业部体制下，由于遵循“集中决策、分散运营”的思想，总部的概念逐步浮出水面，总部与事业部的分工也比较清晰，总部也更有条件潜心于自身使命，这个条件是事业部制的体制一手创造的。

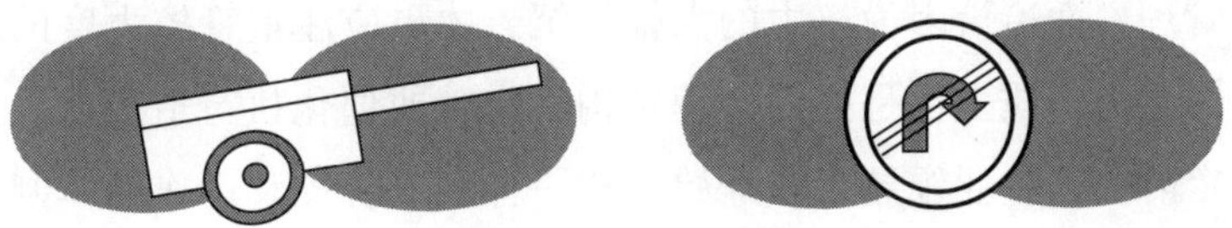

图1－15 您的眼里除了有车，还有路吗

6. 直线职能制是一种专才培养体制，因此，很难孕育出复合型人才

显而易见，在直线职能制下，从销售、研发、生产体系产生专项人才将不成问题，但是，能够综合各项工作的全才却难以觅见。有什么环境就培养什么人才，没有复合型的体制历练，当然难以产生复合型人才。而在事业部制体制下，来自于事业部总经理、职能部门等层面的复合型人才将比较多见，尤其在企业下辖事业部数量较多、事业部规模较大，同时，事业部经营难度也较大的条件下，这样的英才将更加得以涌现。

通过以上分析我们看到，在直线职能制体制下，造成企业管理者困扰的根源在于这一体制不能为产品线的扩展提供科学的容纳机制，从而因为产品负荷过重导致诸多问题出现。而事业部制恰恰能够包容产品线的横向并行增长，它是一种类联邦性质的体制。

而在母子公司管控模式下，企业遇到的典型问题可概括为两大方面，一是“管控不力、运作乏力”。所谓“管控不力”是指规范的母子公司通常构建起相应的法人治理结构，并在日常管控中遵循相应规则，突出的特征体现在治理结构层级的形成，从而使母子公司董事会在经营管理上各司其职。然而，这样一种管理公司的方式往往因治理结构的不完善或运用不当导致管控失控，“一抓就死、一放就乱”的局面反复出现，甚至沦落到子公司反制企业总部的境地。而且，子公司会以母子公司的管控应遵循治理规范作为挡箭牌，抱怨母公司“干涉内政”，从而令总部处于尴尬境地。而所谓“运作乏力”是指不少企业总部，在面对子公司日常业务管理时，往往被集体“架空”，每天忙乎着宏观性、框架性、不痛不痒的事儿，始终在业务核心外围打转。也就是说，母子公司的体制特征之一虽然表现为经营权的充分下放，但这并不是说下放后就不再进行运作层面的管理，而恰恰因为权力的大幅下沉，才更应注重管控力度的加强。在这里，运作乏力实质上也是因为治理结构不完善或僵化执行造成的。因此，每每到了一定阶段，企业领导人便开始寻找一种利于管控和运作的体制，回归或实行事业部制的念头便浮现出来。事业部制基本不管你对外采用了什么体制，只要确定是内部事业部体制，那么就要按照事业部制的规则进行运营，从而能够按照总部的意愿去设计，去管控。当然，在本书前面也已提到，那种超越治理，让规则靠边站的一元化集中管理的母子公司管控模式则与事业部制的精髓基本一致了。二是集团发展迅速，对产业与产品线疏于规划，导致业务分布散乱，亟需系统梳理及业务整合，此时，实行事业部制是个重要选择（此部分可参见第十二章）。

二、事业部创建条件分析

事业部制具有不少优势，但也对企业提出了若干要求，对于企业而言是否可以采用事业部制体制，需要经过一番精心分析，主要考虑要素如下。

1. 看企业的规模

对于小规模的企业，没必要按照事业部体制模式操作，因为这是一种支持规模化企业继续发展的模式，其在管控上相对复杂，在管理成本上也需要相当的支出，而且要有足够的业务量搭载才能体现其价值。对于小企业来说没有复杂业务及足够的业务量，因此，不需要采用这一模式。当然，小企业可以采用一些简化的类似于业务包干的形式，或项目组的形式来达到对相应工作的针对性管理，并同时施以对应的激励机制，从而推动业务的快速发展。这种形式虽然距事业部制模式相差甚远，但相当于小企业内的准事业部制。

对于大中规模的企业而言，由于规模化导致的企业运营效率降低、市场反应迟缓等问题出现，则有必要对是否向事业部制转型进行讨论。事业部制是一种可以按照业务特征化解规模、从而将“母弹头”变成若干“子弹头”的模式（见图1－16），其可以在保持整体规模的情况下，进行内部业务的梳理，形成若干规模适中的战略经营单位，以在整体规模与内在经营效率间取得平衡。

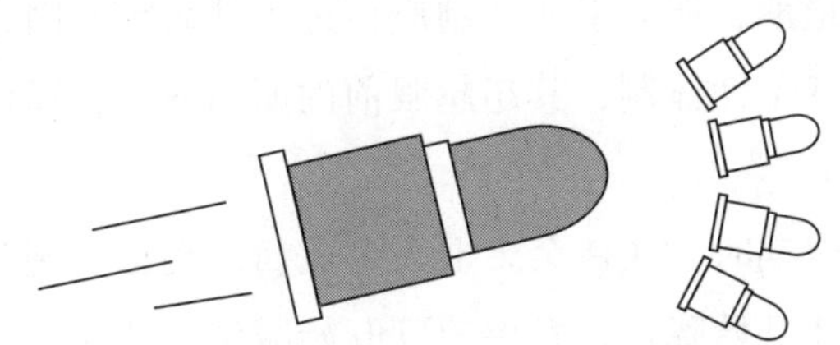

图1－16　事业部制化解规模如同母弹头变成子弹头

因此说，当企业达到一定规模，尤其是出现了多种产品经营的情况，即便这些产品线形成的业务可算作是相关业务，那么也可能具备了向事业部制转型的条件。一句话，缓解或消除大企业病，事业部制不能说是副百分百奏效的良药，但确实是值得选择的一剂药方。因为事业部制既能保持企业的规模优势，又能消除规模病垢于无形中，其治病的原理就在于：划小经营单位。

2. 看企业所处的发展阶段

下面，我们透过企业生命周期的典型阶段来分析一下事业部制体制的应用情况（见图1－17）。

显然，对于创业初期的企业，用不着考虑事业部体制，因为创业初期规模小、产品单一、业务不复杂，这时候，事业部制派不上用场，没有什么可以分化的。此时，实行直线制或直线职能制是适合的方式。

当企业步入成长期时，如果出现多产品、多地域、多类客户经营，那么是有可能实行事业部体制的，因为这样可以加速企业的发展和规模化进程，同时保持企业的整体活力。此时，实行事业部制，是为了赋予各个经营团队以自主权，激励其主观能动性，从而驱动企业更快速地发展。同时，由于业务和规模的扩展，企业的过于微观和直接的管控变得越来越不现实，此时，也会催生企业向事业部制转型。当然，一般企业都是进入到成长期中后期才会启动这项工作，而在成长前期往往依然采用直线职能制体制。

当企业处于成熟期时，纯熟的业务模式达到较饱满的运行状态，企业整体收益令人欣喜，此时，企业最容易犯的毛病的就是陶醉在巨大的成功和成果之中，少了变革优化之心，不思进取，更不知道为下一步抵御发展乏力提前做好准备。如果企业管理者能够意识到不采取创新之举，那么企业真的就会如管理理论所言，步入衰退期，那么事业部制应该进入其眼帘，因为这是一种建立在过去成功基础上的变革性体制，其超越眼前的所谓成熟，而使企业走向另一种境界的更成熟。

当企业进入衰退期时，往往会患上大企业病，突出表现为：业务冲劲开始减小，组织运行效率开始降低，发展速度开始减缓，此时，划小经营单位是企业恢复活力、重振雄威的重要选择。无疑，事业部制是解除衰退期有关困惑的较好的体制——被划分成若干事业部的企业，将通过激励、约束政策，促使新组建的经营单元不能躺在老产品、老业务上过日子，而是要“固本求新”，开辟各自新路，从而将企业带上一个全新的成长期，推动企业再上一个新台阶。

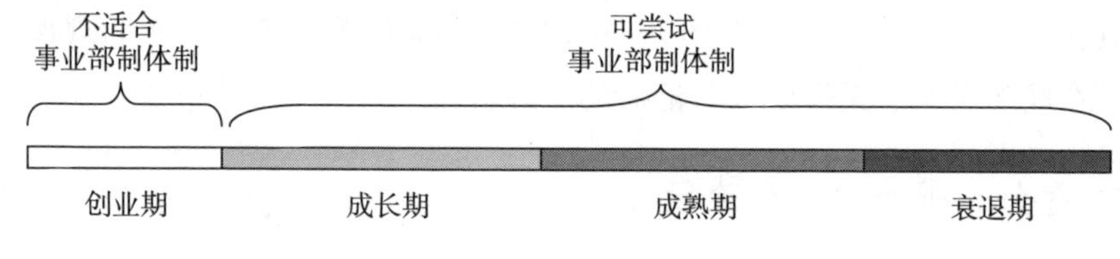

图 1－17　事业部制在企业不同生命周期的应用

3. 看企业是否具备事业部分化要素

构建事业部，最主要的思路入口就是要找到事业部的具体分化依据要素，只有抓住这条主线索，才能完成归属于事业部的业务切分，事业部作为战略经营单位和带有各自特性的业务载体才能得以形成。

（1）分析企业产品种类、成长性与相关性

通常情况下，典型的事业部就是按照产品归类进行业务的分化，从而形成产品、产品线或产品群事业部。因此，首先应该优先考虑企业按照产品属性分化的可能性。例如，家电企业可以按照冰箱、电视机、空调进行事业部的划分，医疗器械公司可按照减肥器械、风湿理疗器械、心脏保健器械进行事业部划分，汽车集团可按照轿车、货车、特种车进行事业部的划分。如果企业的产品可以按照属性进行类别的分化，那么就具备了因此划分事业部的一个具体条件，但是，这还不能说明企业因此可以组建产品线事业部，因为，接下来，我们还要看每条产品线所代表的业务的规模和成长性。从另一个角度来看，其含义无非是：即便企业能够清晰地划分产品类别，但是每个类别产品发展潜力很小，或尚不具备经营规模，那么都不足以支持建立事业部体制。

同样，如果企业的产品相关性很强，且总体经营规模不大，那么建立事业部制的想法就值得谨慎讨论了。因为在这种情况下，往往会因片面追求企业快速上规模，硬性成立事业部而导致组织运行效率降低，相关产品之间协作成本增加，得不偿失。不过，如果企业的规模达到一定程度，即便产品高度相关，那么也可进行事业部体制的转型，从而策略性地进行产品及业务的组合划分，形成多个事业部，通过经营单位的小型化对抗企业的整体规模化带来的诸多问题。

在实际操作中，企业往往还存在即可划到 A 事业部，也可划到 B 事业部的产品，此时，要把握住两点：第一，我们要认识到，既然主体上可划分出事业部架构，那么现在所提出的问题就只是个次要问题——事业部的架构能够确立是最主要的。第二，确定这样的产品的最终归属主要看资源的共享性、靠近性。例如，该产品的客户与归属事业部是否大部分是一致的，渠道是否能共用，技术研发资源是否可以共享等。另外，看产品及其业务的发展愿景也可帮助判断产品的事业部归属——从发展角度而言，如果两类产品越来越趋于资源共享、优势叠加，那么，就可考虑将其归到一个事业部中去。

当然，在这里我们也注意到一个问题，那就是按照产品进行划分会造成客户的重复服务，也就是说会出现多个事业部面向同一个客户提供服务的问题。其实，任何体制都难以做到尽善尽美，在这里一定要看主流。

（2）分析企业客户分类与客户效益规模

如果企业更强调服务的针对性，那么分析客户群的特性，从而按照细分客户进行事业部的组建也是事业部分化的一条重要思路。为此，要对企业客户群进行详细剖析。

客户划分的基本方法是按照行业和客户重要程度进行客户划分。首先，讨论一下按照行业切分用户。按照行业划分是指按照社会上通常的行业归类方法进行客户的划分。例如，保险公司可按照公务员、教育工作者、企业白领等进行客户的划分和服务体系的打造，从而构建各自面向专向客户的事业部。其次，可按照客户的重要程度、收入水平等进行事业部的划分，例如，银行可将客户分为超级大客户、大客户、中级客户、小客户等，从而构建针对性的事业部。

同样，能够按照客户进行业务或服务划分，并不等同于可以按照客户进行事业部构建，我们还要看每一部分的客户群是否能够构成一个具有发展潜力的市场。如果这个市场购买力不够，没什么发展性，不具有规模效益，那么就无法专门针对这样的客户群构建事业部。这样的客户市场就可以归并到某一个事业部当中去。

按照客户划分事业部理念比较先进，体现了客户至上的服务意识，但却给企业带来不少困扰，尤其是按照行业进行客户划分的情况。原因就在于这会造成企业内部机构的大量重复建设、管理和经营成本大幅提高。这种可能往往是存在的，因为不论用户多么不同，企业内部的产品制造过程有可能是相同的，本来完全可以利用一套产品提供系统来实现面向所有用户的服务，现在按照用户进行事业部划分后，就会建立多个但却是几乎相同的产品提供系统。这么说也许有点绝对，但实质意义并不绝对。例如，一家监控企业在高校市场业务做得非常出色，但在企业、机关等单位却迟迟没有起色，为此，该企业按照客户角度进行了高校、企业、事业单位三个事业部的划分和构建，结果是市场获得了突破性开发，但内部管理成本也急剧提升。因为在每个事业部中都成立了研发中心和工程部门，而这三个研发中心和工程部门的工作几乎没有什么区别。

有时候，按照客户和产品划分会融为一体，例如，某软件企业面向的用户是医院、公安系统、社保局，那么其提供的产品也分别是医院管理系统、公安管理系统和社保管理系统，此时，其组建的事业部就达到了客户和产品的对应统一，此时，构建的事业部制就相对完美一些。

（3）分析企业经营区域范围与区域内的经营规模

如果企业经营地域覆盖较广，那么也可探讨构建服务于各地域客户的区域型事业部。例如，对于全国销售的饮料企业，可以在各省会城市组建区域型事业部，从而管理一个省或一个大区的研、产、销业务。当然，在这里要强调的是同样的话题，那就是区域划分要保证区域内具有足够的市场空间和消费潜力。

像前面提到的银行、保险等企业通常采用区域服务模式，其在区域业务管理上积累了丰富的经验。一些面向大众消费者的渠道型公司，如家电销售商也采用区域经营模式。还有一些跨国公司，一般采用区域经营模式，这类企业都可探讨区域型事业部的构建。

区域型经营也会面临每个地域的重复生产、重复研发的问题，在销售方面也需要总部加强统筹和管控，以做到销售政策与服务标准的一致性。因此，要进行区域型事业部制的探讨，也需深入剖析有关因素，达到既上规模，又实现规模经济性的目的。例如，考虑工人人工成本、原材料采购成本、物流运输半径，是不是属地化生产成本更低，如果答案是肯定的，那么制造成本节余较大的企业，成立区域型事业部就值得讨论。

（4）分析企业主要职能特性

如果企业规模足够大，那么可分析其销售、生产、研发等主要职能是否可采用事业部的模式进行管理。这样形成的职能型事业部实质上是企业一种激励机制的落实形态。例如，企业可将其销售体系转化成销售事业部，从而形成利润中心的管理模式，同样，可将生产、研发都做成事业部。

当然，不仅仅是研产销这类主流职能可以进行事业制的探讨，企业的系统集成、工程安装、服务职能、后勤保障职能、物流职能、信息化管理职能等都可以转型成事业部模式，从而达到降低成本、提高运营质量的目的。

4. 看企业的管控水平

这里的管控水平主要指企业统筹总控水平和主要职能管理质量与效率。

事业部制的建设内涵绝不仅仅是将事业部分化出来这么简单，而是要同时将分化出的事业部激励好、协同好、控制好。如果企业在直线职能制管理阶段，打下了牢固的管理基础，针对研产销等各项职能管控得井井有条，建立了大量的管理制度、流程与规范，那么也会为过渡到事业部制提供良好的准备。相反，如果企业管理意识淡薄，管理基础虚弱，那么，即便具备事业部分化的条件，也要三思而后行，否则，容易陷入失控和混乱的境地。

当然，事业部制的驱动所需要的管控能力不可能在直线职能制阶段得以建立，只有在事业部制的实践中才能拼打、磨练出来，因为其所需要的管理与职能管理在层面和内涵上也有很大区别。但不论怎样，一个基础管理相对完善的企业仍会实现比一般管理水平的企业更迅速地转身，单从领导人的管控意识、管控型人才的储备方面都会显得不一样。

不过，管理基础较差的企业也不是不能实现事业部制，而是要在管理方面做更多的准备，其要顿悟“有所为、有所不为”的道理，学会从宏观上进行企业的规划和运营，懂得权限的下放与把控，精于激励与约束并举，长于计划与预算管理技术的应用等。总之，要进行意识和专业上的补课，并需引进相关人才。

5. 看企业的人才状况

因组建事业部带来的人才困扰在很多企业常常发生。事业部勾画出来了，但合适的事业部负责人人选却怎么也“拼凑”不出来，那一刻，企业领导人真正体会到了什么叫人才的捉襟见肘。

毫无疑问，对于事业部而言，事业部总经理是最核心的岗位，企业是否能派出得力的总经理人选直接决定着事业部的正式建立问题。举个例子，如果企业成立三个事业部，却一个总经理都选不出来，统统需要空降，那我奉劝这样的企业，还是暂缓事业部的建立。因为，把所有业务都扛在外来和尚的肩上未免风险太大。如果说两个总经理能够选出，一个外招那还可以商量。

其实，事业部制对人才的需求是整体性的，除了事业部总经理外，事业部主抓业务的副总经理也非常重要。换个说法，事业部的领导班子成员的胜任性都很重要。同步，我们还要审视一下企业总部职能管理部门的负责人的素质与能力，虽然联系企业实务，在人才储备或现状上，企业都不可能尽善尽美，但是一些关键岗位还是要有合适的人选，只有这样才能满足事业部制对人才的整体要求，也才能驱动事业部体制的良性运行。

6. 看企业的发展意愿与视野

企业领导人的风格各有不同，纵使事业部制有着各种优势，分析企业实际也具备事业部制转型的条件，可企业习惯于过去的管理模式并且乐在其中，并没有改革的意愿，那么我们所谈的事业部制构建思想与操作要点也无法派上用场——可能企业领导人不一定保守，也称不上是另一种稳健，或许是对本身的发展路径有着不同考虑使然。当然了，也存在小富即安，或不想冒这种体制转型风险的可能。总之，企业领导人的发展意愿或视野决定了事业部制的启动按钮能否被按下。应该说，事业部制建立在强烈的发展意愿基础上，其体现了一种规模化的大视野，包含了企业领导人的再创业冲动。没有这些激发因素发挥作用，即便实行事业部制，也只能是搭建个干瘪的外壳，让人感受到的将多是拘谨、局限与犹豫不前，失败的概率会大大增加。

总结

1. 事业部和事业部制是不同的概念。事业部是企业内部根据不同产品线、地域、细分市场或职能所组建的利润中心，而事业部制是指以事业部为核心组织构成，并以推动与管控事业部发展，从而成就企业总体发展为目标的一整套组织运营体制与机制。

2. 事业部制通过划小经营单位，提供了一种“大规模、小经营”，以“事业分化对抗规模惰性”的发展模式，从而使企业面向复杂的经营局面做出体制性的应对，为进一步上规模提供了强有力的支撑。而与事业部制的优越性相对照，事业部制给企业带来的麻烦和困扰也同步而生，其表现为对企业整体管控、协同能力、规避重复建设等方面提出较高要求。

3. 事业部制的体制特征体现为“集中决策、分散运营”，事业部的体制核心为“构建虚拟利润中心”，事业部的经营内涵为“虚拟公司运营”，同时，事业部的运营要符合总部的管控要求，其要在规定轨道内行进，不能走偏，而且要服从公司的旨在追求整体利益最大化的资源整合与调用。

4. 并不是所有企业都适合采用事业部体制，创建事业部的条件可以从六个角度来审视，分别为：看企业的规模，看企业所处的发展阶段，看企业是否具备事业分化要素，看企业的管控水平，看企业的人才状况，看企业的发展意愿与视野。

第二章

事业部制的组织系统设计

组织系统是企业总体治理思想精髓的化身，是企业推动和维系运营的固化制度平台。对于事业部制企业而言，组织系统是其构建思想落地的最重要载体，其主要包括组织结构、组织功能、组织运行三部分内容。从组织系统的具体设计脉络和结果中，我们能够看到企业对事业部制纵向分工与横向协同所作的一系列组织性安排，同时，也能够体味企业结合实际情况，对标准事业部制体制所做的精巧、灵活甚至富有创新的异化改造设计。

第1节　事业部制的宏观组织结构

如何按照事业部体制设计公司的组织架构呢？这也是总经理给郑涛部署的重点工作之一。原来研产销结构，郑涛轻车熟路，而转型成事业部，在架构上会发生哪些变化呢？如果能从大框架上展示一下事业部制的总体结构就好了，因为这样可以纲举目张，把握原则，防止一步落到具体设计层面而走偏。带着这样的想法，郑涛找到了相应部分如下……

事业部的宏观组织结构主要研究事业部的组织构成板块。

一、事业部制组织的三大构成板块

总部、经营型事业部、辅助支持型事业部是事业部制企业的三大组织板块，见图2－1。

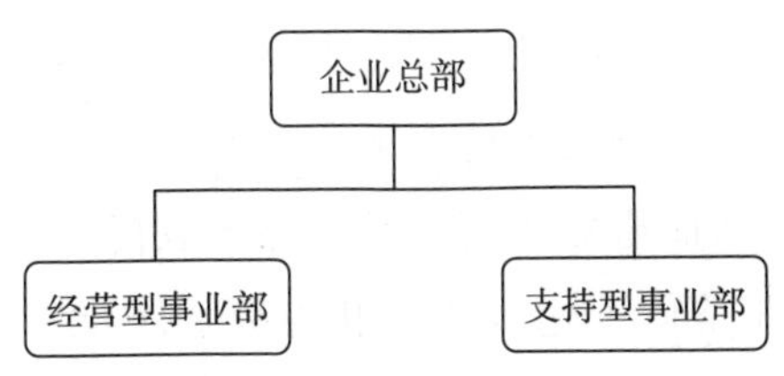

图2-1 事业部的三大组织板块

1. 三大板块的功能定位

(1) 企业总部作为事业部的管控主体，主要承担的重要职能

①事业部的拆分与新事业部的孵化、创建。

②事业部负责人的职务任免、薪酬方案的设计、经营绩效的评价以及权限的收放。

③事业部总体发展方向的把握、经营计划与预算的管控、日常运营的监控。

④事业部间资源的调配共享、业务的协调协作。

从企业总部的职能来看，以及从事业部制企业总部应该承担的使命来看，总部实质为企业发展中心、决策中心、关键运营管控中心、协调中心、政策中心、人事与财务中心的集合体。

(2) 经营型事业部的功能

经营型事业部是指能够创收、盈利的事业部，承载着企业的经营服务业务，主要包括前面介绍过的按照产品线、客户、区域、职能要素划分的事业部。经营型事业部的主要职能为：

①以企业划分的业务资源为载体，对外经营以获得收入、赢得利润。

②构建事业部的竞争优势，将事业部做强做大，走向持续良性发展的事业轨道。

③为创造集团效应发挥作用。

从经营型事业部的职能来看，以及从其履行的责任来看，经营型事业部实质为企业的业务利润中心、日常具体业务决策中心、业务执行中心。

(3) 辅助支持型事业部的功能

辅助支持型事业部是指以保障经营型事业部业务良性发展而构建的服务性

质的内部机构，只不过赋予这样的机构以事业部制的体制，实行有偿服务，收取参照市场价的服务费用。辅助支持型事业部的成立，有助于具有相同属性的服务工作的集成提供，从而避免经营型事业部分散精力，也防止了有关服务机构的重复建设，从企业整体上达到集约化经营、降低成本的目的。其主要职能为：

①为经营型事业部提供服务。一般包括如下服务内容：

第一，生产制造服务。通常情况下，如果产品存在一定相关性，那么生产制造资源往往可以集中，此时，便产生了按照职能角度构建的制造或生产型事业部。相对产品线事业部等对外经营的事业部而言，制造事业部被认为是保障型事业部，因为它完成的是企业内部面向经营型事业部的产品提供动作，并不涉及与外部客户的接触，尚不能直接创造经济效益（允许对外接单的生产事业部另当别论，但即便如此，对内服务也占主导）。

第二，房产维修、总务、车辆提供等后勤服务。这部分工作显然在各个事业部都存在，不做不可以，但做了分散主营精力，因此可采取内部委托的形式来完成，为此，事业部制企业会成立相应的事业支持中心来有偿承接这部分工作。

第三，会计服务。实行事业部制，必然带来各个事业部的会计核算工作，这部分工作同样可以有偿委托、集中统筹进行。

第四，物流服务。事业部的产品发运没必要各自为政地分头寻找或管理货运公司，可以实行内部有偿委托，在一个物流平台上统筹进行，既经济又有效率。

第五，社保代理服务。对于人力资源事务性工作，如社保的具体手续操办，都可以有偿委托来完成，从而节省事业部的人力和精力。

第六，日常办公服务。日常办公服务主要指办公用品采购、复印、传真等业务，可以统筹委托进行。

从上面列举的情况我们可以意识到，除了制造环节之外，其他工作均可纳入到一个“支持型事业部”当中来统筹完成，不可能分业务成立各自的小型服务类事业部，除非企业规模过大，服务业务规模也随之膨胀到一定程度。

②实现合理利润。辅助支持型事业部的主要使命有两个，一个是保障经营型事业部主营业务的顺畅开展，二是达到企业整体集约化经营、降低成本的目

的，在此前提下，可以保持一个合理利润水平。在这里，需要指出的是，支持型事业部不能过于强调其盈利性，因为其主要使命并不在赚钱上。所以，每年在为其确定经济指标的时候，要审慎考虑各项指标的强度。

作为内部事业部，支持型事业部貌似容易运作，但实际情况是面临着不小的挑战。给支持型事业部带来诸多麻烦的根源就在于：企业将其定性为以服务为主体的机构，要其提供优良的内部服务，且服务水准不能在外部同类服务机构之下，同时，又不能赚取更多的利润——这个平衡度是比较难以把握的。

专栏 2.1　支持型事业部的烦恼

因为主抓公司后勤工作出色，刘炜在公司事业部制改制后被任命为产业支持中心总经理。可是，不到一年时间，这位管理后勤十几年的干将就叫苦不迭了。

新年酒会上，已近微醺的刘炜对公司王总经理大倒苦水：

“王总，我这个经理太难干了。”

“怎么难干？”王总微笑着问。

“你看，价格难定，愁死我了。有些价格有市场参照，还好办，有些就没有，你像我们代办会计核算工作，怎么定价？代办保险，怎么定价？”刘炜一脸苦恼。

“这个，我当然知道，不过总有方法，你还是没找到方法。”王总轻松地说道。

“我也有方法，但作为内部客户的事业部人家不认同啊，就说价格定得没依据，偏高。”刘炜争辩，同时抱怨道。

“哈哈，你如果对自己的定价方式有信心，那就要去说服他们。”王总虽然脸上在笑，但内心一紧。这类服务价格到底怎么定才合理，其实到现在为止，他也没有什么好方法。两个月前他就把这项任务交给运营管理部门去解决了，可到现在也没搞出个所以然了。

“信心我是有的，好，王总，这个不说了，回头我就去说服。再说一个问题，王总，你说我坚持原则，对事业部会计工作加严要求没错吧？”

“那是当然，就该这样，要不能把会计中心放给你管吗?”王总给予明确回应。

“可是，某些事业部老爷特有手段，你不在某些问题上不开绿灯吗?那好，我让你收取的服务费也甭想顺顺当当拿到，我找你点服务工作毛病太容易了。别忘了，谁是客户，虽然是内部客户，但也好使。”刘炜挑衅似的看着王总，好像受到摧残的不是他自己。

“刘炜啊，那就看你的服务是不是真有毛病了，你要是露出破绽，那就怪不得别人做文章了，呵呵。”王总不紧不慢道。话虽这么说，但王总对事业部刁难支持中心的事儿也有所耳闻，心想，这帮诸侯，千万别让我抓住把柄，否则，绝不客气。

“王总，不仅我有毛病，公司也有毛病。”刘炜虽然有点醉了，但也没敢直接说王总有毛病。“公司让我们既要提供良好的服务，做好支持中心的各项建设工作，还要不能赚取过高的利润，因为我们是内部支持型事业部——这个尺度可真难拿捏啊。”

……

酒会结束了，王总只身回到办公室，陷入沉思当中。虽然刘炜的一番话给了他很大触动，不过有一点他认识得很清楚，那就是支持型事业部的设置是完全正确的，关键是如何解决诸如刘炜提出的一系列具体问题。

③兼顾业务监督。由于支持型事业部的神经末梢已经渗透到了经营型事业部的内部，因此，有的企业总部还委托其进行有关业务的监督工作，如客户或代理商等合作伙伴的意见反馈，市场占有率的调研等，但从结果看，效果并不令人满意，这其中有诸多原因，主要症结在于支持型事业部原有服务性质的定位与现在监督性质的工作指派存在冲突，这让其无所适从，也给经营型事业部留下了反制的空间和借口。

当然，从理论上讲，支持型事业部在满足经营型事业部服务的前提下，也可以开展对外业务。不过，在这点上，不同企业存在理念和立场的差异，有的企业是不允许支持型事业部对外经营的，即便对外经营能获得很好的收益也在所不惜。可见，这样的企业强调业务的专一性，保障公司自身的主体经营业务顺利开展是其专注目标，为此，要坚决抵御其他一切诱惑。而有的企业则比较“开通”和“弹性”，既然对外能够获利，为什么不做呢？只要不影响对内保障就可以。对这样的企业，就一定要处理好内外部经营的优先顺序与收入权重关系，防止工作方向和重心出现偏颇。

从支持型事业部的上述职能、特征及性质来看，以及从其在事业部制企业中担任的角色来看，其实质是企业总部的职能延伸与演化，是企业的服务中心。

为便于对比，现将以上三大板块实质性职能归纳如表 2－1。

表 2－1　　事业部三大板块职能实质

板块名称	实质角色
企业总部	企业发展中心、决策中心、关键运营管控中心、协调中心、政策中心、人事与财务中心
经营型事业部	利润中心、具体业务决策中心、业务执行中心
支持型事业部	企业总部的职能延伸与演化，企业服务中心

2. 三大板块的组织互动运行

简单而言，三大板块间的运行关系为：总部为经营型事业部确定了发展与运营政策，经营型事业部在总部政策的激励与引导下，开展对外经营工作，涉及支持保障工作由支持型事业部有偿提供，同时，经营型事业部接受总部的日常工作指导与监督。

从上述运行互动关系可以看到，总部是事业部制企业的方向指引者、运行规则制定者、经营成果评判者；经营型事业部是具体运营动作的设计和执行者，是企业经营成果的直接缔造者，其接受总部的监管与协调，在总部要求的轨道内运行；支持型事业部是企业主体业务实现的辅助者，其承接与主体业务相比较处于边缘性、非主流、非增值性地位的业务，使得企业的运行更具效率，整体成本更低。

二、事业部制的针对性组织设计

上述事业部的三大板块是宏观、标准形式的事业部制，有时候，企业的事业部制构建并不是“干干净净、彻头彻尾”的，此时，就要有些“尾巴”和业务残留。同样，企业为整合资源，推动新的事业部产生，基本要进行事业部制的更有针对性地设计，这些情况都将呈现出不同的企业组织板块形态。现分析几种情况如下：

1. 部分产品线没有实行事业部制，而是归企业总部直接操控

对于在构建事业部过程中遗留下来的产品（处于孵化阶段或在规模上尚不足以支持事业部制运营的产品，也可能是本着稳健路线，主业先不转型成事业部），总部需要对其进行直接管控（见图 2－2）。

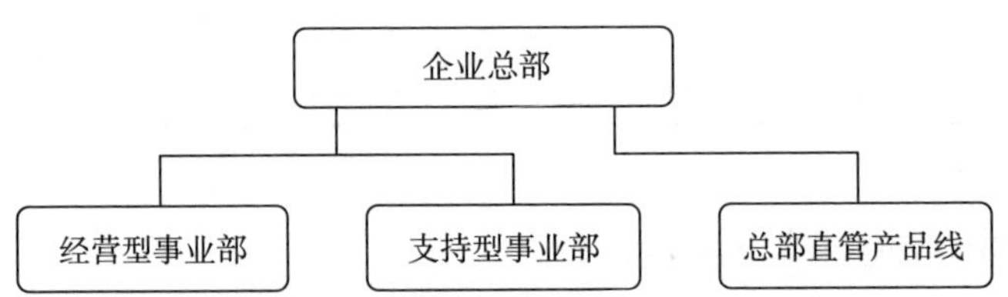

图 2－2　部分产品线归总部直管的事业部组织

2. 支持保障中心不采用事业部模式，仍为职能管理

企业通过向事业部提取管理费的形式来维系支持型业务的运作，此时，企业也可选择将保障性工作作为总部管理职能来对待。这种做法的好处在于降低协调成本，避免在内部交易上摩擦不断。弊端则是不容易控制企业服务费用成本，容易滋长服务机构的官僚作风，且不利于企业总部对核心业务的全身心关注（见图 2－3）。

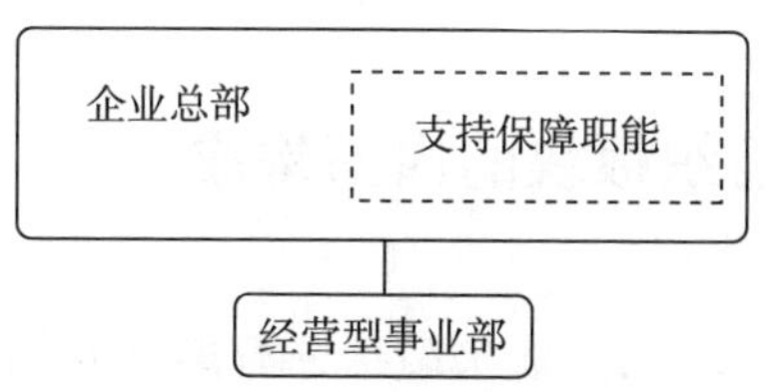

图 2－3 保障性职能不分立为事业部的组织

3. 企业建立基础研发平台

基础研发平台的构建实质是在事业部切分资源的主体思路上重新来一次必要资源的再整合，从而完成事业部无法完成，也在主观上没有强烈愿望完成的战略性研发工作（见图 2－4）。

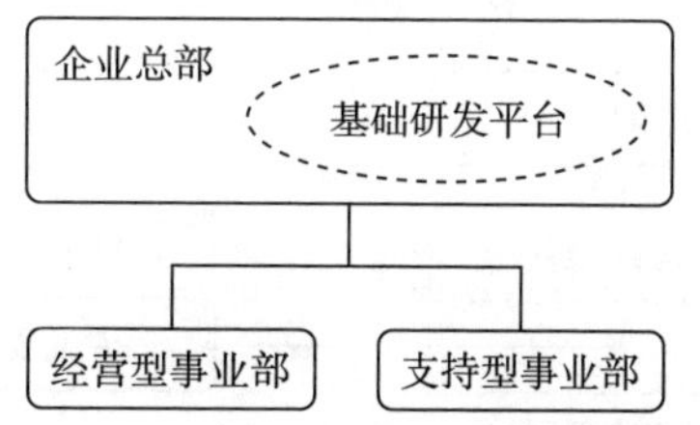

图 2－4 基础研发功能集中的事业部组织

4. 企业建立新事业部孵化器

当事业部制体制的企业全面走上正轨后，企业总部有必要在事业部业务自行膨胀的同时，加强新业务的培育，从而通过建立催生新的产品线的机构来促成下一个事业部的诞生（见图 2－5）。

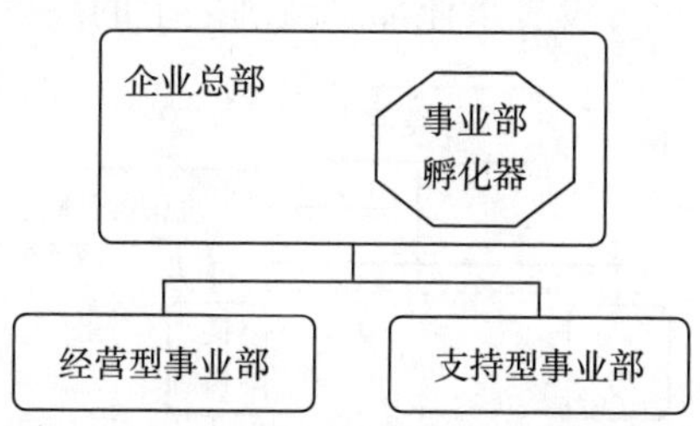

图 2－5 总部特设事业部孵化器的组织

三、事业部制三大组织板块的内部构成

单纯讨论事业部制组织三大板块结构，有助于我们对事业部基本组织架构的高度、宏观的理解，从而能够把握事业部组织总体运行脉络。不过，只是从整体性角度打量事业部是远远不够的，因此，我们要进一步剖析一下事业部各板块内的大体构成。

1. 企业总部的组织构成

从相对完善的角度，事业部制企业总部的构成通常包括决策机构、总经理、专业委员会、职能管理层等几部分（见图2－6）。

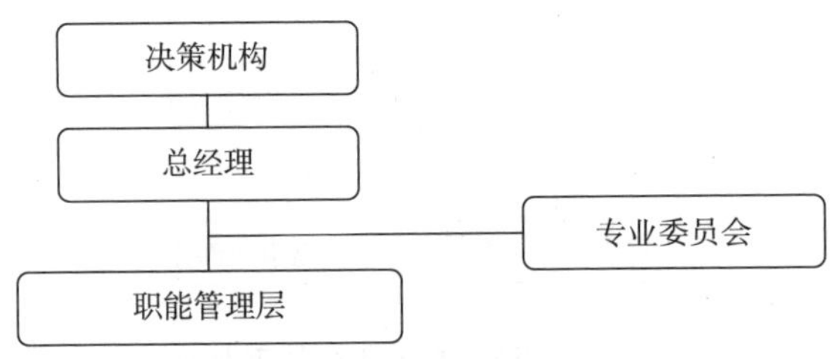

图2－6　企业总部组织构成

2. 经营型事业部的组织构成

经营型事业部在内部组织机构上，则包括事业部总经理、事业部职能管理层、事业部业务机构、事业部大区机构等几部分（见图2－7）。当然，当事业部规模大到一定程度，也可设置事业部总经理之上的决策机构。

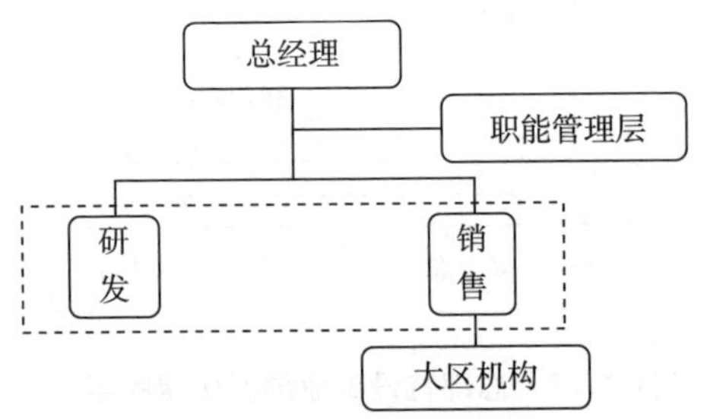

图2－7　经营型事业部组织构成

3. 支持型事业部的组织构成

（1）制造事业部的组织构成

制造事业部组织构成主要包括事业部总经理、职能管理层、生产作业层等部分（见图2－8）。

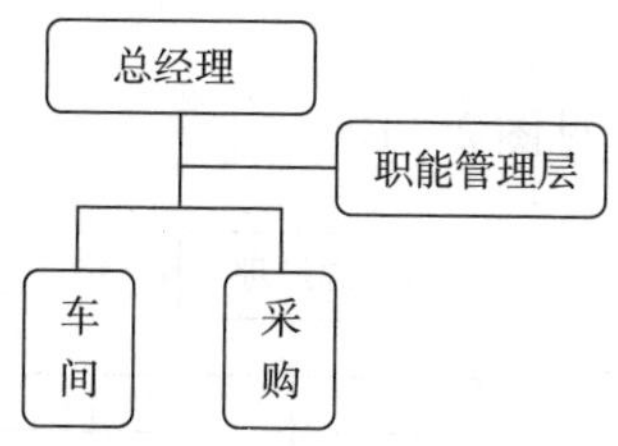

图2－8　制造型事业部的组织构成

（2）经营支持中心的组织构成

经营支持中心组织构成主要包括支持型事业部总经理、细化服务机构等（见图2－9）。当支持中心达到一定规模时，图中所示的总经理辅助机构就提升并扩展为事业部的职能管理层。

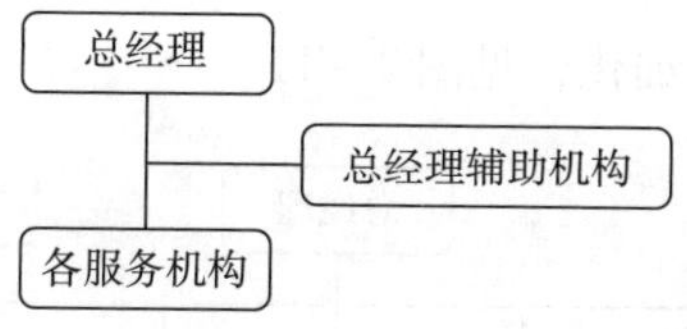

图2－9　经营支持中心的组织构成

第2节　事业部制的中观组织结构

了解了事业部的宏观组织板块，郑涛有点豁然开朗的感觉，觉得事业部的架构设计融汇了不少管理智慧，确实精彩。但宏观板块并不具体，主要讲的是结构搭建指导思想，不能直接付诸操作，郑涛急于看到具体架构形式，于是，他顾不得吃饭，接着向下看……

按照企业要素进行事业部的分化与构建是事业部制建设的基本方法。

一、事业部的动态组建过程

1. 按照产品线划分

①原直线职能制结构，见图2－10。

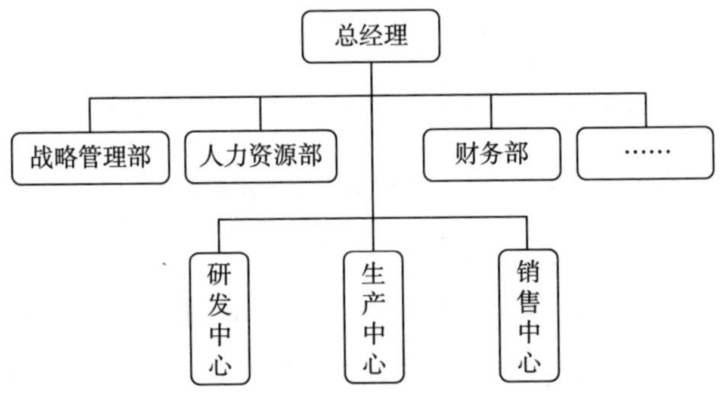

图2－10 直线职能制组织结构

②职能内部按照产品细化，见图2－11。

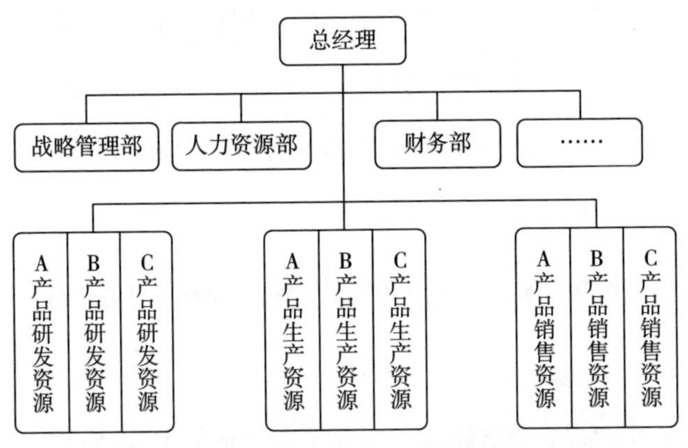

图2－11 直线职能制职能内部细分结构

③根据产品进行资源整合，见图2－12。

如果生产可集中，见图2－13。

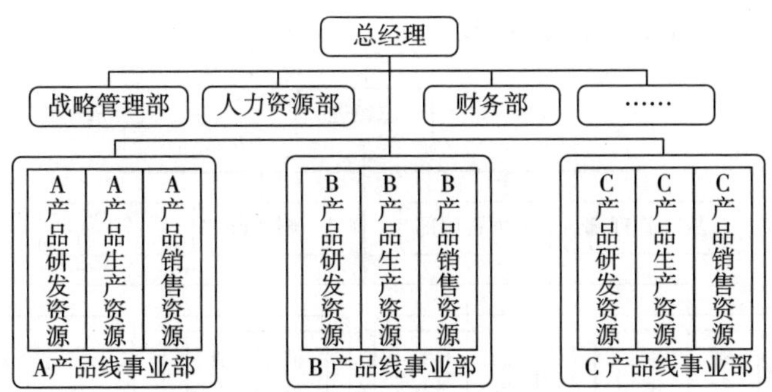

图 2－12　按照产品线组合形成事业部

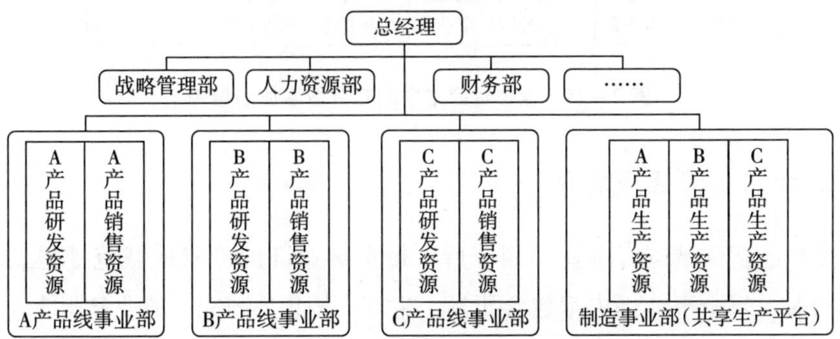

图 2－13　生产资源集中的产品线事业部组合

2. 按照客户群划分

按照客户群进行事业部划分后，每个事业部的客户群指向得到了界定，同时，每个事业部内都包含研发、生产、销售等较完善的业务职能（见图 2－14）。

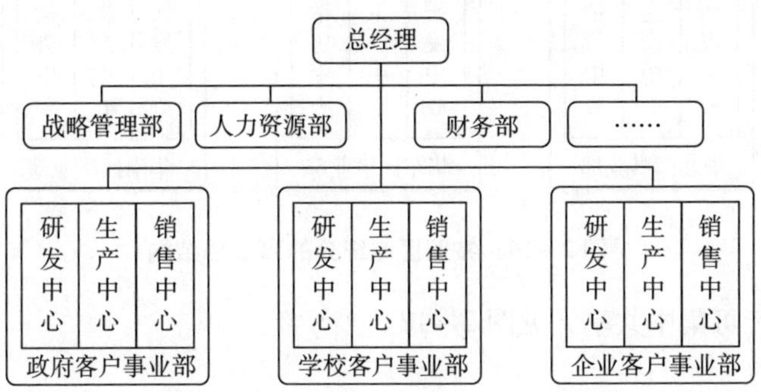

图 2－14　按照客户细分的事业部结构

如果生产可集中，见图 2－15。

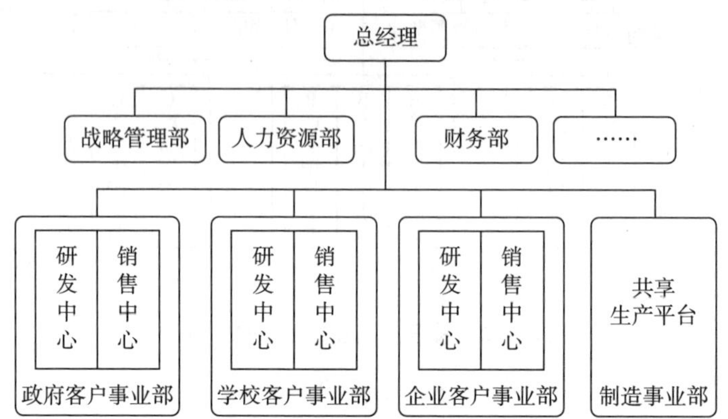

图 2－15　生产资源集中的客户型事业部结构

3. 按照经营区域划分

按照经营区域进行事业部划分后，每个事业部的经营地域范围得到了界定，同时，每个事业部内都包含研发、生产、销售等较完善的业务职能（见图 2－16）。

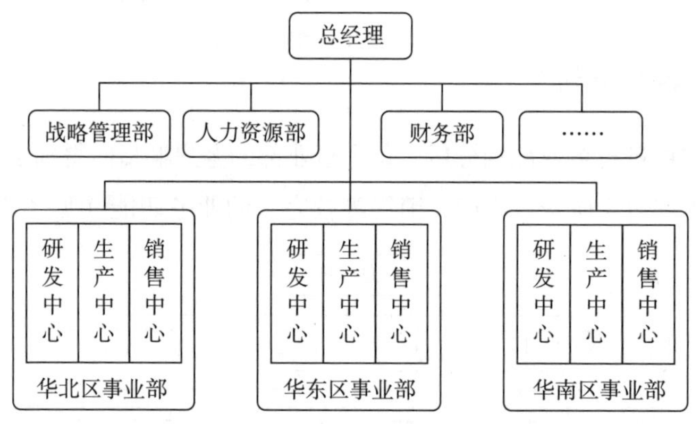

图 2－16　按照区域细分的事业部结构

如果生产可集中共享，见图 2－17。

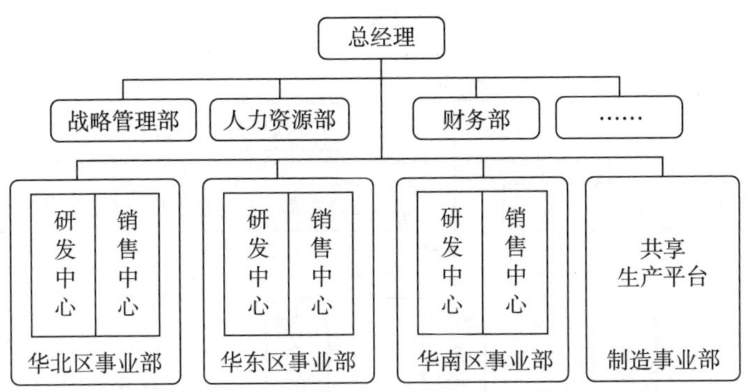

图 2－17　生产资源集中的区域型事业部结构

4. 按照企业职能分化

按照职能分化，相当于将公司的原研、产、销业务职能提升为利润中心（见图 2－18）。

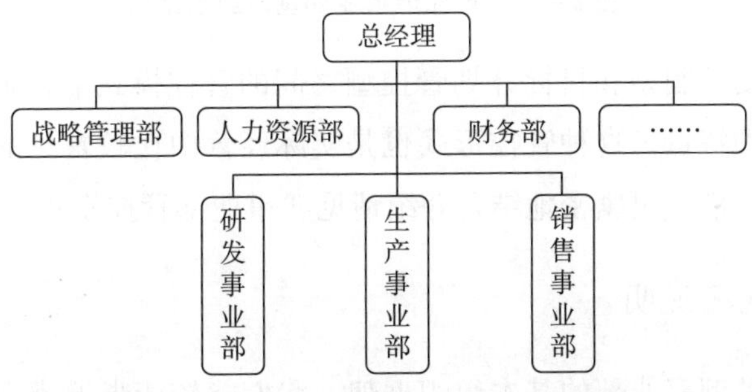

图 2－18　按照职能划分的事业部结构

另外，事业部在转型过程中还有很多动态组建的形式，详细可见第十一章。

二、产品型事业部组织结构

1. 产品型事业部的基本组织结构

产品型事业部的基本组织结构图见图 2－19。

一个组织的架构与各构成部分的功能往往与企业整体采用的管控模式有关系，例如，当总部进行比较大的权力下放或权力收得比较紧的情况下，总部各部门履行的职能是不同的。我们此处对产品型组织的介绍，是指在总部对事业

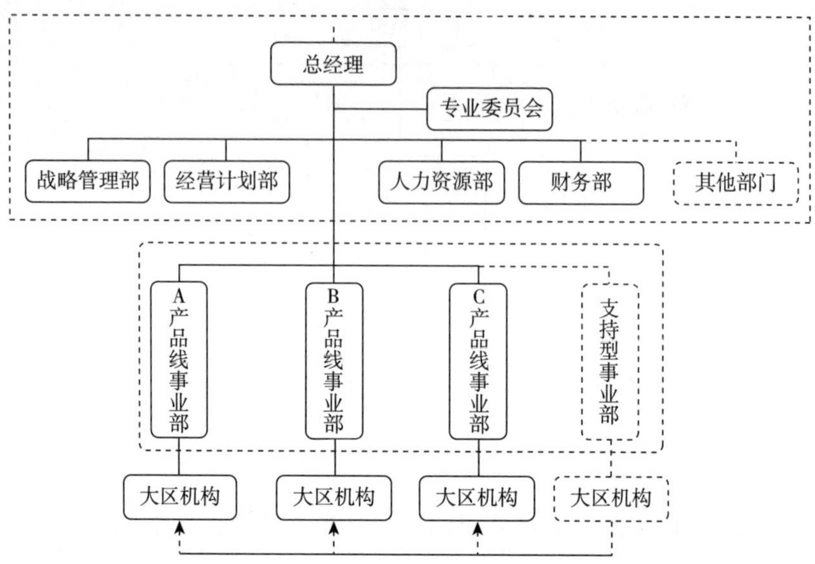

图 2－19　产品型事业部基本组织结构

部采用介于深度控制型和目标计划管控型之间的管控模式下，企业所呈现出的组织形态与管理特点。这种管控形式也是实际经营中比较常见的事业部运营管理状态。与管控模式更紧密地结合介绍请见“事业部管控模式”相关部分。

2. 组织概况说明

①通过产品型事业部的基本组织框架，我们能较清晰地辨别出其总部组织与事业部组织。

②根据对事业部的集权或分权管理模式不同，一般而言，在公司总部中，战略、经营计划、人力与财务管理是最基本的总部职能。当然，企业根据需要，可以增设更多职能管理部门。这些职能管理部门履行总部的管理职能，实现对事业部运营和发展的推动与控制。

③经营型事业部按照产品线或产品群分化创建，负责所属产品的运营与发展。对于一些企业集团而言，此处的事业部也可能是一个子公司或由几个业务相关的子公司构成的事业部。

④支持型事业部业务主要包括诸如产品制造及后勤服务等方面。

⑤支持型事业部的服务可以延伸到大区机构当中去。

3. 总部基本职能管理部门职能说明

（1）战略管理部

①制订公司整体发展战略方案与战略执行计划，制订公司整体战略预算框架。

②指导事业部制订事业部发展战略。

③组织审核事业部发展战略方案与战略预算。

④监督公司及事业部发展战略的落实工作，并进行考核。

⑤参与审核事业部的年度经营方针与经营计划。

⑥持续优化公司战略管理工作。

⑦担任公司战略管理委员会工作办公室。

（2）经营计划部

①制订公司年度经营计划与预算，制订年度经营计划执行计划。

②指导事业部制订事业部年度经营计划及执行计划。

③组织审核事业部年度经营计划与预算。

④审核事业部半年、季度、月份经营计划与预算。

⑤组织与事业部签订经营责任状，制订事业部业绩激励、考核办法及标准。

⑥监督公司及事业部年度经营计划的落实工作，并进行考核。

⑦定期开展经营计划与预算偏差分析，提出整改方案并监督实施。

⑧制订事业部内部市场交易规则。

⑨日常协调事业部之间的业务冲突及内部市场交易活动，持续优化和完善公司经营计划管理体系。

⑩担任公司计划管理委员会工作办公室。

（3）人力资源部

①制订公司人力资源战略计划及人员配置计划、人力成本预算。

②制订公司人力资源各项制度、流程、规范与标准。

③建立贯穿事业部的人力资源管理体系，大事业部可设人力资源部，小事业部可设人力资源专岗。

④制订事业部岗位激励与薪酬政策。

⑤明确事业部的各级人事权限、薪酬权限。

⑥组织事业部的岗位职能与职能标准制订。

⑦对事业部主要岗位进行胜任力评价与岗位绩效考核。

⑧统管人事服务工作。

⑨担任公司人力资源委员会工作办公室。

（4）财务部

①制订公司财务管控模式及各项内控制度。

②建立公司财务预算体系，制订公司财务预算管理制度。

③强力推进财务目标导向综合工作，督促事业部完成阶段性财务指标。

④制订事业部资金等各项财务权限。

⑤对事业部经营工作提出财务建议。

⑥指导并做好事业部的收支、核算工作。

⑦事业部经济运行质量的监查。

⑧对事业部的回款、应收款、存货等进行重点监控。

⑨担任公司财务管理委员会工作办公室。

当然，除了上述这些基本职能管理部门外，公司总部还可能设置办公室、企管部、信息中心等常规部门，同时，为了加强对事业部业务管控，也可设立营销管理部、技术与质量管理部等部门，在此不作为重点介绍。需要指出的是，有些上规模的企业还要单独设立审计部门，以加强对事业部的监督力度。

前面在介绍事业部组织主要构成模块时，曾界定过事业部总部实质是各类功能中心的集合平台，那么在事业部组织的中观结构中，我们可以进行各中心至职能部门的功能承接与落实安排，见表2-2。

表2-2　　总部主要功能及承接机构

总部功能	承接部门
发展中心	战略管理部
决策中心	总部决策机构、总经理及其班子、辅助决策的专业委员会
运营管控、协调与政策中心	经营计划部
人事中心	人力资源部
财务中心	财务部

另外，在这里需要提一下专业委员会的作用。实行事业部体制之后，企业经常会遇到事业部层面与企业整体层面需要决策的事项，仅靠总经理或几个副

总是难以承担这么大工作量的，同时在决策质量上也不会有十足保障。例如，事业部的2~3年发展战略计划方案制订完成，提交上来了，怎么审，怎么批？此时，专业委员会便应运而生。

顾名思义，专业委员会是在某个专业领域或方向上发挥作用的松散型组织机构，其集合公司专业优势人才资源，按照特定程序和规范开展工作，为公司最高决策层提供权威专业意见。由于企业内部的工作是实实在在的，因此，在面对一项工作是否应当获得批准时，专业委员会不应当采用诸如投票之类的决策方式，因为这种方式随意性太大。而应在各委员发表意见后，由主任委员进行民主集中，给出委员会最终意见。专业委员会在人员构成上，只要避免“裁判员”与“运动员”一人兼任的情况（或对具体审议方案予以回避），那么就可以吸收包括事业部人员在内的委员，从而组成卓有成效的委员会组织。

三、产品型事业部的基本组织运行

1. 产品型事业部的组织运行关系

产品型事业部组织运行关系见图2－20。

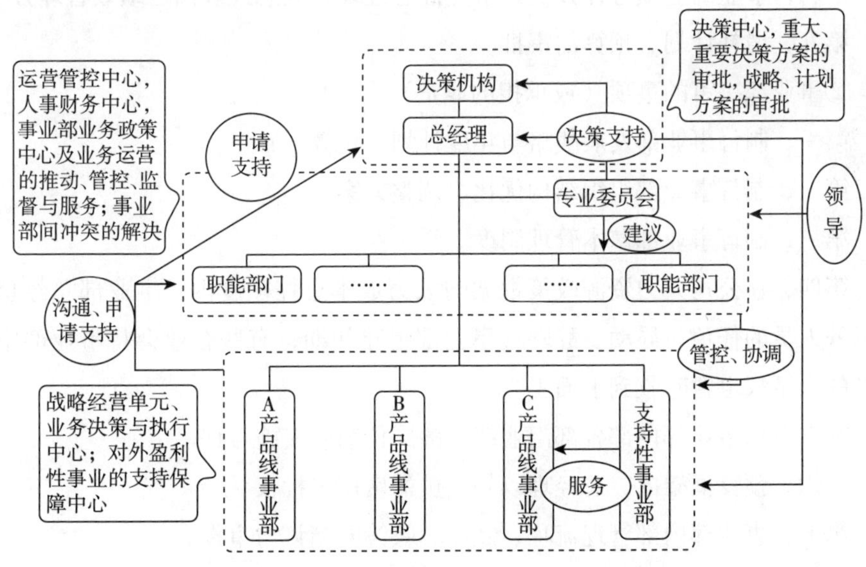

图2－20　产品型事业部的基本组织运行

2. 产品型事业部制组织运行的主要内容

（1）总部与事业部间的权限划分是组织运行的关键

总体而言，涉及公司整体性、重要性经营事项以及事业部重要经营事项应提到总部层面进行决策，涉及具体市场开发、客户服务、业务管理与产品研发等事项应放给事业部去处理。只有权限分化合理，业务审批流程明晰，才能确保组织运行顺畅、高效、低风险。具体而言，权限可作如下划分：

①总部决策的事项。

第一，公司整体发展战略与年度计划、预算；事业部发展战略与年度计划、预算。

第二，公司组织结构与事业部组织结构调整、优化。

第三，公司职能管理政策。

第四，公司基本管理制度、核心业务流程与规范；知识管理制度。

第五，事业部总经理任期制、事业部人事任免制度。

第六，事业部总经理、副总经理岗位说明书。

第七，事业部总经理、副总经理薪酬方案。

第八，事业部业绩考评办法；事业部总经理、副总经理岗位绩效管理方案。

第九，增补计划、预算的审批。

②事业部决策的事项（或承担的职责）。

第一，制订事业部发展战略与年度计划、预算。

第二，制订事业部组织结构优化、调整方案。

第三，制订事业部基本管理制度。

第四，在公司人力资源政策框架与人力成本总控额度内，事业部总经理班子以外人员的任免、异动、辞聘（事业部组建初期，有些企业会将事业部中层人员的人事权也暂时收到上面去）。

第五，对事业部内部各部门业绩、各岗位绩效实施考评。

第六，预算框架内，总经理以外人员的费用审批权。

第七，事业部内部管理流程、制度、政策的制订与审批。

第八，在事业部年度经营计划框架内，事业部日常业务处理权。

(2) 企业经营计划与预算体系是事业部组织运行的轨道

对事业部运行管控的有力工具就是企业经营计划与预算体系。当每个事业部都在企业整体计划框架内进行计划运营的时候，企业及事业部的工作便变得目标明确、规范有序、可控可查且可衡量。因此，制订企业的年度经营计划与事业部的年度经营计划是事业部制企业最重要的工作之一。

为什么经营计划与预算体系会有如此突出的价值呢？原因在于以下三方面：

①经营计划与预算体系是目标导向体系。经营计划与预算首先就强调经营、管理的一系列指标，包括经济指标、业务指标与管理指标。在事业部制企业中，一个指标群会把总部与事业部的目标紧密联系到一起，从而实现总部对事业部经营成果要求的定量、定性传达。指标的夯实与确定，其实质就界定了事业部的经营成果，从而成就企业整体的经营成效。

②经营计划与预算体系是严谨的依据论证体系。在目标确定了之后，经营计划与预算体系要求事业部回答为什么能完成经营指标，依据是什么，风险有多大，资源是否具备，操作路径是否清晰。这些都是一份严格、规范的计划所要求的内容。定指标的时候还可以拍拍胸脯，谈依据的时候就要根据客观事实靠智慧、靠能力、靠资源了。对指标的论证必须要能说服审核人。在审批指标可行性，也就是论证计划举措可行性的过程中，企业总部就自然而然地成为了事业部的管控者，对其业务就会加深了解，并为推动与管控事业部的运营、发展发挥价值。

③经营计划与预算体系是具体的执行系统。经营计划举措得到批准后，还要制订具体执行计划，执行计划对具体动作作出了内容上、时间上和结果标准上的界定，因此，能够保证宏观思路的最终微观落实。执行计划既可以拿到总部审批也可以放给事业部审批，但至少要在总部备案。不过，对于初建事业部，或者业绩不佳的事业部，或有重要经营调整的事业部，建议这部分计划也要连同总体计划举措一并审批，只有这样，才能全力保证计划的高标准完成。

一份经历反复论证、获得批复的经营计划与预算就形成了组织运行的轨道，事业部的行进方向、目标、路线乃至行进方式都得到了界定，只要不出现大的环境、形势变化，只要事业部严格执行计划，那么基本不会违反总部界定的经营原则与大思路。至于计划执行的结果是成功还是失败，那就是企业的能力问题了。但一点很明确，具有较强计划能力的企业一定会在胜率上大大提高，尤其是事业部制的企业，因为计划与预算体系不仅是一套谋划体系，还是一套严谨的控制体系，它是在谋划的基础上将企业主导思路通过分解和具体化一步步落实到位的。

（3）总部职能管理政策、规范与流程是实施事业部日常管控的依据

企业总部要对事业部制订相应职能政策，使得事业部的职能运行要符合总部的一系列原则与规定，以确保业务不走偏、经营低风险。这些职能包括战略、组织、计划、人力、财务、技术与研发、生产与质量、销售与服务、文化等方面。

事业部制企业的职能管理是存在一定难度的，这个难度就体现在职能管控的分寸拿捏上。手伸长了，事业部会抱怨总部职能部门干涉经营，削弱了事业部自主决策的优势，职能部门手伸短了，则总部领导会认为其管理不力。被夹在中间的职能部门如能在“有所为、有所不为”中得心应手、游刃有余地发挥职能管理作用，那确实是职能管理中的“高手”。

职能管理的原则在于：出台政策性机制或规范以统领职能管理局面，达到提纲挈领管控事业部对口职能的核心点、关键点、敏感点与薄弱点的目的。同时，要从体系性、创新性、价值性等角度提升事业部的职能管理水平，从而将职能管理工作持续推向新的阶段。在这里，一定要控制住事业部职能管理信息这项发力资源，如果连事业部正在从事什么关键职能管理活动都不知道，那么，如何协调和管控事业部就无从谈起了。其次，要在职能管理方面拥有丰富的经验和突出的能力，从而可对事业部进行有关职能管理的专业指导，为事业部降低管理成本、防范经营风险、促进效益达成带来实惠，使之信服。如能达到这样的境界，对事业部的职能管理工作就会获得积极的响应和配合。另外，要善于运用据有的资源对事业部职能管理进行激励和约束，也就是说要对职能工作开展优秀的事业部进行资源的多投入与再激励。

（4）事业部之间遵从市场化合作方式

在事业部制的组织运行中，事业部之间应该按照内部市场交易规则进行市场化有偿合作。例如，经营型事业部之间可以进行产品代理合作、技术协作等。合作双方可以模仿外部合作签订合同，并明确产品价格、服务收费、分利模式与比例等。支持型事业部与经营型事业部之间则可按照社会普遍价格进行服务收费。

为建立健康的内部市场，监控公正的内部价格体系，确保内部交易顺畅、高效进行，降低管理成本，通常情况下，总部要制订内部交易准则与规范，而并不是合作双方或多方自行达成一致即可。总部要在维护企业整体利益的前提下推动事业部之间的内部合作。在总部的内部市场交易规则框架内，事业部之间可以广泛、自由地合作。

内部市场交易活动中，出现最多的纠纷便是付费一方认为另一方定价偏高，此种情况下，“内部客户”一般而言无权直接选择外部服务提供商，而又对内部服务不满意，此时，是比较郁闷的。在这个关口，总部主管内部交易协调的部门必须出现，从而考量服务提供方的服务价格和质量，尽量促成双方达成合作。在此协调过程中，总部相应部门会了解到很多高价值的信息，如支持型事业部在某项服务上已无力提供，或其成本远高于社会成本，或服务理念陈旧、服务质量较低。这些信息对于支持型事业部的优化、调整、革新是非常重要的。因为企业总部在此情况下将直接推动这类事情的进一步落实。

（5）及时解决事业部之间的冲突与事业部提出的困难

事业部制体制下，企业总部还是协调中心，因为这种总部与经营群的层面划分，以及多个事业部、不同性质事业部的组合体制，会使总部协调工作增多。总部与事业部层面的划分，为什么会产生协调工作呢？因为职能管理部门与事业部之间的工作会产生诸多不畅，例如，职能管理部门的政策过严、管理过于细化，或事业部并不服从总部部门的职能管理，或者在对口职能管理上存在意见分歧，此时，总部更高一层的经理，甚至总经理就要出面协调。当然，有些事情可以拿到委员会中去研议、解决。而事业部之间的冲突多半是由于内部市场合作意见不统一，存有异议，以及在市场当中出现因同一用户、代理商或合作伙伴的相关业务撞车导致摩擦。对于事业部之间的矛盾，总部相应职能管理部门要首当其冲进行协调，同时不断地完善有关内部合作规则，必要时，更高一层经理要出面进行协调。

实行事业部制体制之后，协调会议将不断召开，因此，对协调会议的会制建设要予以关注。如何召开才有效果，争执不下的时候采用什么样的会议机制决策都需要深入设计。作为担当事业部企业运营协调中心的总部职能部门，一定要向公司总经理申请“尚方宝剑”，以在关键或最麻烦的时候“一剑定音”，否则，很多协调会议会没有结果。其实，没有百分之百的公平，也难以权衡，只要各类主体因素兼顾到了，就可以直接拍下来。总经理授出“尚方宝剑”之后，要绝对支持“持剑者”的工作——这是最基本的工作原则。

在这里面，有一个底层业务冲突问题，那就是在各事业部销售大区分立，并未共享资源的情况下，也存在各事业部的大区之间的业务冲突，也就是涉及到上面提到的关于争夺用户资源、渠道资源而产生摩擦的问题。对于销售大区层面的冲突，首先应在事业部之间进行协调，协调无果再上升到公司总部层面。对于这样一个底层冲突问题，解决的根本途径还在于公司的事业部制组织运行机制的完善，也就是说，需要在制度层面予以明确及细化规定，使事业部及大区机构知道如何包容和协作，并在出现冲突时能够掌握处理原则，只有这样，总部才能不被具体工作所扰。

另外，虽然事业部在年度经营计划与预算中已经仔细考虑了一年当中的资源需求，但企业毕竟是在动态环境中运行的经济主体，预算也不可能准确到丝毫不差，因此，在实际事业部运营过程中，还会提出各种资源需求，此时，总部要积极予以响应和研究，千万不能僵化地以计划和预算框架为由鲁莽拒绝事业部的申请，如果合理，总部一定要给予及时支持。当然，对于当初计划和预算明显失职导致的资源短缺或经营工作存有漏洞则另当别论，除了及时帮助其弥补之外，要根据有关计划与预算的考核制度进行相应处罚。

四、资源整合型事业部组织

联系企业实际，可能会出现一些异化的事业部组织形式，这些组织形式的出现往往是为了共享资源，或完成事业部不能完成的工作。

1. 事业部面对共同的大区机构模式

在前面介绍过的产品型事业部的组织结构图中，我们能够看到每个事业部都建有隶属于自身的大区销售机构，这样做的好处是每个事业部的销售体系尤其是最接近终端用户的销售前沿机构独立、完整、可控，可确保本事业部产品销售业绩的达成，即便没有达成也责任清晰。然而，在某些情况下，这一标准结构会出现较大变化，这些情况包括：

①企业虽然划分为多个事业部，但这些事业部的终端客户重合率较高。

②原直线职能制下的销售体系营销能力很强，短期内，不宜于分解，也无法取代。

③各事业部的产品主要通过共享的分销渠道销售。

在上述三种情况下，企业构建的事业部就有可能是图 2－21 的组织形式。

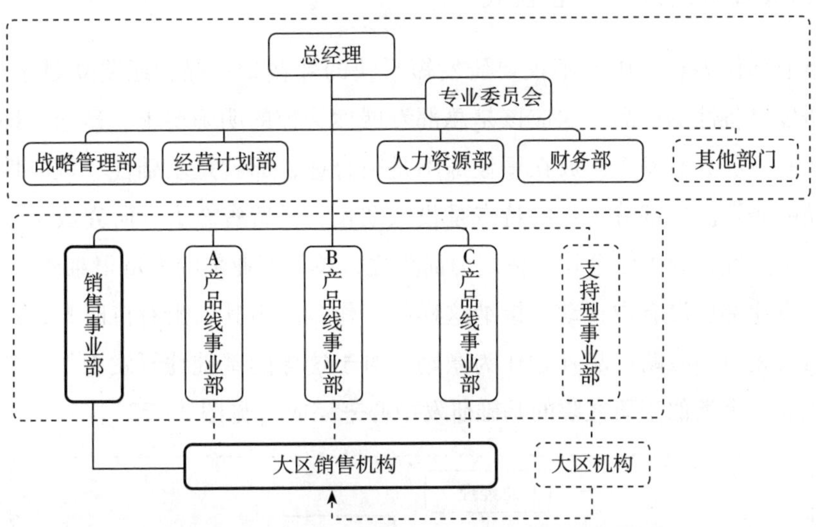

图 2－21　共享销售资源的产品线事业部组织结构

这一组织形式的特征为：

①各产品线事业部共享一个统一的销售平台。

②可将销售平台做成销售职能事业部。

③销售事业部相当于各产品线事业部的总代理，销售事业部与产品线事业部之间构成内部市场交易关系。

④各产品线事业部同样要设有营销策划及销售管理部门，以指导和管控销售事业部开展工作。

采用销售平台共享的事业部，其好处是：因对接责任清晰且责任主体唯一，因此方便了终端用户、代理商与企业沟通，而且能够充分发挥中间商作用，且为公司节省了资源，避免了销售体系的重复建设。弊端在于：销售事业部据有销售资源，可能为追求利益最大化而对相关产品厚此薄彼，尤其是公司看好前景需要长期投入的产品，更可能耽误在其手上。另外，由于多个产品线事业部与销售事业部间要实现同步协作与互动，所以，因多头业务处理而频繁出现的冲突会带来较高的协调成本。

销售资源共享的事业部可作为阶段性产物进行过渡，最终，事业部应该拥有独立、完整的销售体系，按照虚拟公司的模式进行运作。

2. 基础研发统一平台模式

事业部作为利润中心不仅要研发短平快的效益型产品，还要立足于发展，立项研发储备性的产品，这应该是总部发展性管控的明确要求。然而，即便如此，还有一部分研发工作放在事业部不是很合适，那就是基础性、核心性技术和产品的研发。这部分工作的特点是投入期长、耗费资金大、研究成果市场化需要一个过程，要求倾公司整体之力而为之，单靠事业部的力量很难做出成效。而且，事业部也没有内在动力接纳这样的工作，因为其产出有待时日，顶多公司能给其相应的战略产品补贴作为激励。对于这样的基础性研发工作，需要在公司成立一个类似于研究院的基础研发中心来完成（见图2－22）。

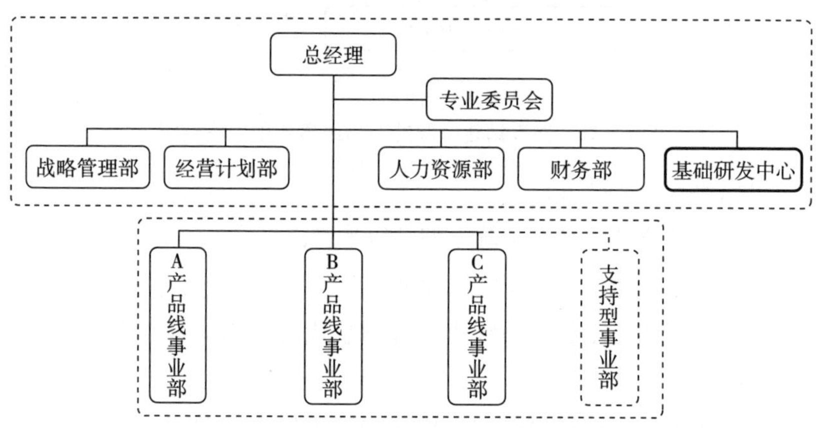

图2－22 设有基础研发平台的产品线事业部组织结构

基础性研发中心的成立也使得公司的关键技术与产品研发分出了层面。事业部的研发部门立足于应用性研发，其追求当期和有限时段内的效益特征比较明显。而公司基础性研发中心其使命在于立足长远，在技术上进行前瞻性开发和积累，以支持公司技术持续领先和做出更好的产品。

对于基础研发中心，公司要赋予其丰厚的激励，以安抚资深技术人员稳定工作，达成既定目标。之所以在这里提到这一点，就是因为事业部的技术人员的研发成果可以很快见效，那时候，体会到的不仅仅是成就感，还有丰厚的奖金作为回报。此时，基础研发中心技术骨干却在挥汗如雨，然而什么时间成果能显现还征途漫漫，其间的反差容易动摇基础研发军心。因此，要设计有针对性的激励予以保障，并在最后成果验收通过后给予重奖。例如，在事业部制框架下，可在内部市场中鼓励基础研发与应用研发对接，通过对应市场创造的效益来关联回报基础研发的贡献。

还要说明一点的是，虽然总部基础研发机构归总部主管，但其研发经费可来自于向各事业部提取的科技发展基金。科技研发基金的提取应成为企业的既定政策，只不过在实际执行时，会对新组建的事业部、经营情况欠佳的事业部进行一定的政策优惠，体现企业的扶持力度。

3. 共享采购平台模式

对于业务相近的相关性事业部企业，当生产加工环节分划到每个事业部之后，其采购往往存在着整合的机会，从而可以考虑将采购资源打造成一个平台，成立采购事业部（见图 2-23），以实现大规模集中专业采购，避免多线采购造成的重复和浪费现象。

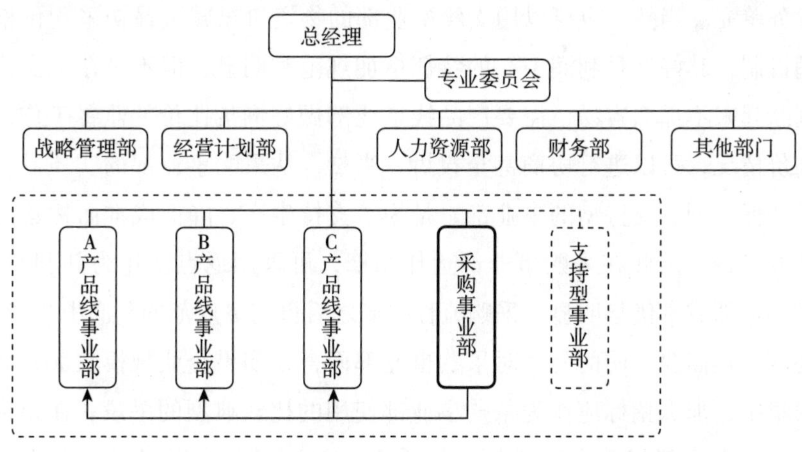

图 2-23 设有集中采购平台的产品线事业部组织结构

当然，共享采购平台，也会使问题接踵而来。首先，各事业部面对不属于自己直管的采购机构，在提高了采购效益的同时，也可能失去了采购效率；其次，如何将采购事业部打造成为利润中心？这需要一番精心设计，尤其对事业部利润产生环节需要深入研究；第三，作为利润中心的采购事业部在获取利润的同时，各产品线事业部因集中采购获得的效益是否会因采购费用的支出而变得不复存在。

作为采购事业部，使其存在的价值就是要在保证采购效率的同时，降低采购成本，如果做不到这一点，那么就没必要打造这样的统一平台了。因此，在采购效率上，采购事业部必须体现出其专业化能力，一定要超越原事业部内部采购体系的工作效率——采购事业部要密切结合事业部生产活动，做好采购计划和合理库存，关注采购市场的一系列变化，为及时供货、保质供货、低成本供货而努力。

在企业实操中，我们还会发现，在通用性大宗物质集中采购的同时，总有些数量不大，产品线特征明显的物质无法集中。针对这一类器材，应归到产品线事业部去采购，唯有此，才能提高采购效率。

那么，采购事业部的利润中心体制如何构建呢？在公司整体年度经营计划当中，可规定采购业务的降成本目标，从降成本超额中提取一部分作为事业部所得。在这样一种类似于返点的机制下，采购事业部就成为了一个相对独立经营的业务单元。当然，也可以用卖给事业部的物资价格减去最初采购价格来建立利润机制，其好处是利润中心的特征更加规范和明显，但不足在于卖价是高是低判断起来不那么容易，需要产品线事业部做好询价比价的监督工作，一旦出现高价情况，可以进行协商甚至投诉。当然，从采购事业部的实质看，它仍然是一个保障型、支持型的事业部，是为了支持生产、降低成本而构建的采购资源获取平台，因此在采购事业部运作初期，可采用返点法作为其利益所得，在采购事业部成本优势明显、采购流程顺畅之后再向更规范的利润中心转型。

还有一点需要说明的是。对采购事业部而言，如果企业规模较大，物资采购相对集中，那么招标应作为采购事业部使用的比较典型的手段。在招标过程中，产品线事业部相关人员要作为评委进行深度参与，以对供应商作出综合评判。

第3节 事业部内部的微观组织结构

学习了事业部的中观组织结构设计，郑涛在思路上逐步变得明晰起来。可以说，联系公司实际情况，他头脑中能够浮现出一个大概的一级架构图。他为此变得有些兴奋，也为自己的学习效果感到一丝满意。高兴之余，他转念又想到一个问题：一级架构建立起来之后，二级架构，也就是事业部内部的架构如何设计呢？这是一个需要他一并考虑的问题。他清楚记得，总经理特意嘱咐他不能将这项工作简单抛给事业部去完成，而要从公司层面去总体考虑。于是，郑涛赶紧把书翻到这一节……

事业部作为利润中心，拥有自己的产品线和相应业务内容，因此，其在组织结构上应模拟公司保持相对健全的组织建制。不过，作为企业内部创造的组织产物，事业部组织结构与部门的设计还与诸多影响因素有关，主要包括事业部所处的发展阶段、事业部的规模以及企业总部对事业部采用的管控模式。

一、精简原则下的微观组织结构

通常情况下，如果事业部规模不大，或刚刚组建，那么在内部部门设计上要本着精炼原则，职能可以整合的暂时整合到一起，随着发展再进行新部门的拆分，如图2-24所示。

如果总部对事业部采用一种比较紧密的运营型管控，那么事业部可不必设立财务会计部门，如果总部同时提供较多的后勤服务或设有支持型事业部提供内部交易服务，那么，事业部内部的相应职能部门也可以精简。

实际上说到底，事业部的初期组织结构应紧紧围绕研产销的业务开展来设计，因为事业部本身是公司直线职能制的二次再现，其组织发展路径与公司走过的历程相近。只不过，由于总部采用的事业部管控模式思路不同，在事业部内部部门设计上有所取舍和差异。

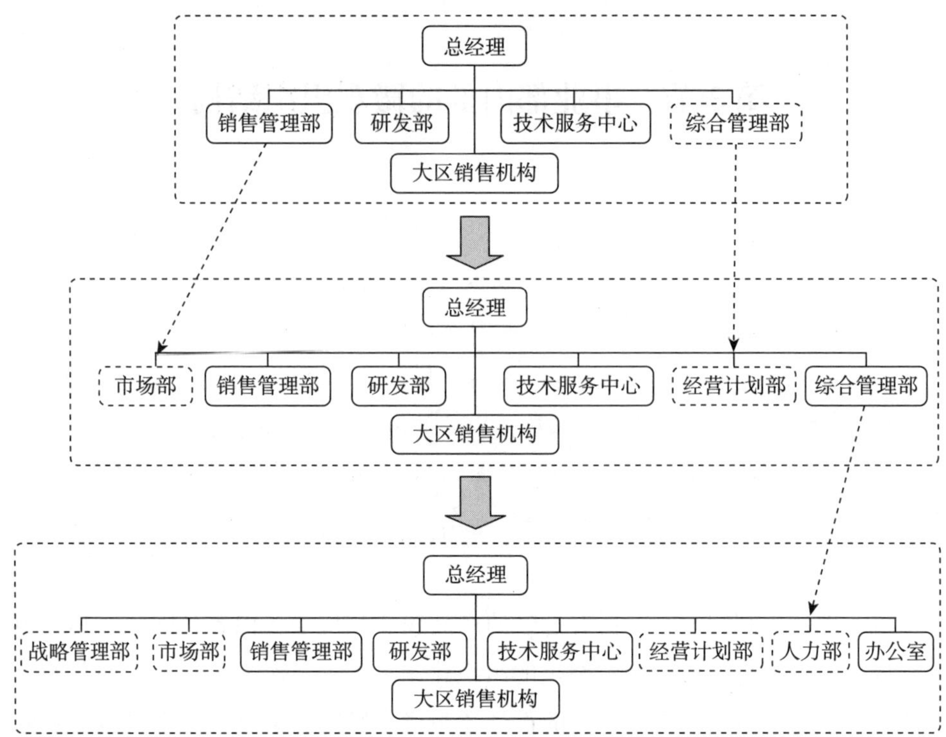

图 2－24　事业部内部组织发展过程

二、保障型事业部的微观组织结构

对于保障型事业部的微观组织架构，有必要在这里列出。

①制造事业部，见图 2－25。

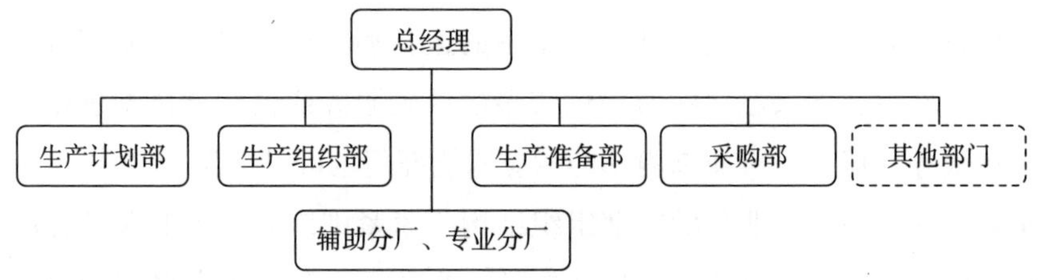

图 2－25　制造事业部内部组织结构

②提供各类服务的服务事业部，见图 2－26。

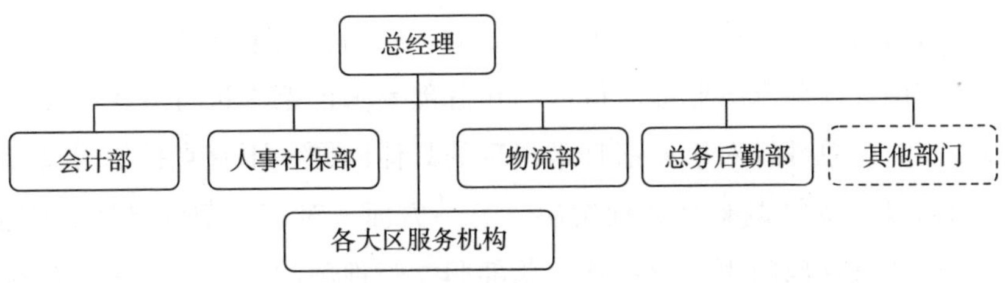

图 2－26 服务事业部内部组织结构

服务事业部的大区机构可与各事业部大区机构集中办公，从而集约资源、降低企业运营成本，同时，服务事业部可提供大区机构的各项服务。如果服务事业部还兼有经营信息监管职能，那么在贴近各事业部一线机构的驻外大区机构开展此项工作将更加便利。

三、微观组织结构的三个重要细节

观察事业部的微观结构，我们还能发现三个问题。

①多层微观架构问题。对于企业集团而言，在下属事业部内部所呈现的第一层级微观架构可能是其职能部门与几个业务相关的子公司（当然，也可以是业务相关的子公司与二级事业部）。

②事业部的领导体制设计问题。即，在组织结构图上呈现出的事业部总经理可以说是总经理岗位，也可以说是事业部领导班子集体。通常而言，总部为了确保事业部经营低风险，往往会任命事业部副总经理作为班子成员，与事业部总经理共同构成事业部的决策机构。副总经理往往具有明确的工作分工，如主管销售、研发或管理工作，并在事业部重要决策时予以参与。

③事业部职能管理部门与总部职能管理部门的关系问题。一句话概括，是对口管理关系。这个对口说起来容易，但操作起来较难，总有说不清道不明的东西掺杂在其中，其结果常常会导致总部职能管理效果不佳。导致这一问题的背景是：企业实行事业部制体制后，经营权一定程度下放，总部如何定位及如何对事业部进行管理本身就是一个两难的课题，“管控之手”探得深了或浅了都不行。这其中的矛盾产生于事业部的职能管理实际状态与企业的总体管控要求之间。一方面，总部的职能管理部门一定要坚持“有所为，有所不为”的管

控理念，从而偏重于在职能管理方针、政策、原则、基本管理制度制订与建设方面发挥作用，并要求事业部对口部门在总部要求框架下进行具体工作的开展和管理，同时，总部针对事业部日常出现的具体问题，不宜直接发号施令，而要通过沟通以及政策调整来敦促解决。另一方面，对事业部的具体管理情况，事业部的职能管理部门更了解一些，总部职能管理部门与之相对照，存在着信息不对称造成的认识偏差。而且，在职能管理制度不是十分健全的情况下，直属于事业部总经理的职能管理部门还是会听从事业部自身指令的，这期间就会出现诸多不规范的行为。可见，所说的对口管理关系还是比较微妙的——存在着管理范围界定，采用适当而又有效的管控方式以及管理深度如何把握的问题。

总结

1. 组织系统是企业总体治理思想精髓的化身，是企业推动和维系运营的固化制度平台。

2. 事业部制企业的宏观组织结构：总部、经营型事业部、辅助支持型事业部是事业部制企业的三大组织板块。总部实质为企业发展中心、决策中心、运营管控、协调与政策中心、人事与财务中心的集合体；经营型事业部是指能够创收、盈利的事业部，承载着企业的经营服务业务；辅助支持型事业部是指以保障经营型事业部业务良性开展而构建的服务性质的内部机构，只不过赋予这样的机构以事业部制的体制，实行有偿服务，收取参照市场价的服务费用。

3. 事业部制企业的中观组织结构：企业总部根据需要，可以设置若干职能管理部门，这些部门履行总部的管理职能，实现对事业部运营和发展的推动与控制；产品型事业部制的组织运行要点为：明确总部与事业部间的权限划分，推动企业经营计划与预算体系运行，制订科学的管理政策与运营流程，事业部之间遵从市场化合作方式等。联系实际，企业可能会出现一些异化的事业部组织形式，这些组织形式的出现往往是为了共享资源，或完成事业部不能完成的工作。

4. 事业部内部的微观组织结构：事业部作为利润中心，其在组织结构上应模拟公司保持相对健全的组织建制。不过，作为公司内部创造的组织产物，事业部内部组织结构与部门的设计还与诸多影响因素有关，主要包括事业部所处的发展阶段、规模大小以及总部对事业部采用的管控模式。另外，还要重点对事业部领导体制、公司紧密管控类业务及对口职能管理等进行深化设计。

第三章

事业部制的总部价值与管控模式

在事业部制企业中，事业部已将具体业务分划承接，并能够自成系统相对独立运营，此时，居于事业部之上的总部其价值到底体现在哪里，其真的能够创造不可或缺的价值，还是徒增企业管理成本，其又如何能够穿透事业部的壳而有效贯彻公司的管理意图呢？同样，总部价值与企业采用的管控模式密不可分，不同的管控模式体现不同的总部价值，反过来，不同的总部价值定位决定了企业将选用不同的管控模式。那么，事业部制企业的管控模式从大的形态上应该如何进行划分，企业又如何进行选择呢？本章将就这些问题进行具体讨论。

第1节　事业部制基本管控模式

前两天，郑涛向总经理汇报了自己的学习情况，并结合公司实际，谈了一些对转型的初步看法，得到总经理的充分肯定。郑涛很受鼓舞，但也马上想起了总经理提出的新的问题，就是在组织架构搭建的同时，要同步考虑总部对事业部的管控模式。管控模式这个词经常被说起，但细品起来，还真有许多模糊之处，尤其联系事业部制，该如何选择和把握呢？带着问题，郑涛继续投入到学习中……

所谓事业部制企业的管控模式是指企业在事业部体制下所采取的事业推动、监管与运营的方式，其说明了企业集权与分权程度，界定了企业的管理重点，表现了企业的管理脉络。管控模式包含着对企业运行推动方式的选择，凝聚着领导团队控制企业组织的思想。采用恰当的管理模式无疑是驾驭事业部制企业稳健发展、顺利运营、实现战略与效益目标的关键。不过，虽然管控模式具有举足轻重的位置，但是在这里需要说明的是，管控方式是依据实践所作的理论总结，并没有哪个企业一丝不差地执行某种管控模式，而且，管控模式也是动态调整与变化的。不过，对管控模式的偏重定性的归纳与总结还是具有积极意义的，其价值就在于为事业部制企业提供了易于理解，可供参考的管控模式的基本面，企业可以在基本管控模式的基础上结合实际情况进行具体模式的完善和改进。而且，基本管控模式的归纳可以比较明显地体现管控模式所包含的管理思想，相对明晰地透视出企业的管理意图，这些，对企业领导人将具有很好的启发作用，使其可以按照此脉络进行本企业的管控思考，并在管控模式上有所创新。

一、事业部管控模式的分类

根据对事业部制本质及企业管控的研究，现将事业部制企业管控模式归纳为如下三类。

1. 深度控制型管控模式

所谓深度控制型管控模式是指企业总部对事业部主要经营、管理事项均要经手进行管控。这些涉及管控的事项包括：

①事业部的发展战略与战略计划审批。

②事业部的年度、季度、月度计划与预算审批；增补计划与预算审批。

③事业部的组织结构优化、调整。

④事业部主要管理制度、流程、规范的审批。

⑤事业部中层（含中层）以上人员的任免、辞聘、异动审批。

⑥事业部中层（含中层）以上人员的薪酬方案审批。

⑦事业部财务经理的派驻或财务职能的托管。

⑧预算框架内，事业部大额资金、专项资金的审批，事业部总经理费用的审批。

⑨事业部营销、生产、技术与产品研发政策、机制、制度的审批。

⑩事业部主要业务活动的指导、审批或通报。

⑪组织对事业部总体业绩的考核、事业部总能经理班子岗位绩效的考核。

⑫事业部的横向协作规则优化、事业部内部交易协调、事业部冲突处理。

深度控制型管控模式是一种相对集权的管控模式，适合于事业部组建初期或事业部领导班子能力偏弱的情况。这种模式要求企业总部具有业务指导和管理能力，同时要采用适合于此模式的相应组织架构来支持。

深度控制型管控模式的优点在于：企业对事业部控制力较强，能够保证事业部按照企业发展意图开展日常经营与管理，企业失控风险小。其不足在于：一定程度限制了事业部的经营自主性，削弱了组建事业部的初衷，有点怕失控而加紧控制的味道。在深度控制型管控模式下，事业部需要请示和审批的事项较多，势必影响运行效率，发展速度也将受到一定程度制约。如果企业总部能力并不很强，那么这种管控方式将为企业带来较高的管理成本，却不能创造更高的价值，事业部的发展将受到总部能力的限制。而且，如果事业部间的业务相关性不强，呈现明显的非相关多元化趋势，那么这种深度控制型管控模式将难以全面发挥作用。

2. 目标计划型管控模式

目标计划型管控模式主要指总部围绕事业部发展战略、经营目标、经营计划与全面预算实施管控，目标和计划是总部管控的关键依据。在目标计划型管控模式下，总部主要管控事项如下：

①事业部发展战略与战略计划审批。

②事业部的年度、季度、月度计划与预算审批；增补计划与预算审批。

③事业部的经营计划与预算执行追踪、偏差分析、下达整改计划并监督整改计划的落实情况。

④专门出台针对事业部计划与预算完成情况的考核办法。

⑤事业部的组织结构优化、调整。

⑥事业部总经理班子成员的任免、辞聘、异动审批。

⑦事业部总经理班子成员的薪酬方案审批。

⑧预算框架内，事业部总经理费用的审批。

⑨组织对事业部总体业绩的考核、事业部总能经理班子岗位绩效的考核。

⑩事业部的横向协作规则优化、事业部内部交易协调、事业部冲突处理。

目标计划型管控模式是一种集权分权相对有度的管控模式，较适合于业务、能力较成型的事业部企业。这种模式要求企业总部具有较强的目标与计划管理能力，能够建立科学、有效的计划与预算管理体系，从而根据目标缺口、计划与预算偏差发现问题、实施管理。在这里，我们能够看到，目标与计划实质提供了一套衡量和保障业绩的标准，凡是存在偏差的都是总部的发力点。不容置疑，从偏差出发扩展出的管理面也是很有宽度的，而且这样的管理很有目的性，也容易奏效。因此，目标计划型管控模式本身是一套业绩管理和推动工具，事业部制企业总部就是在运用这样一套工具进行下属事业部的业绩规划、监督和考核的。

当然，目标计划型管控模式不及深度控制型涉及面广、管控力度大，但却牢牢控制了目标与计划这一主流管理路径，并从偏差出发有的放矢地实施管理，其涉及的问题基本涵盖了企业管理一些重点环节。

目标计划型管控模式的优点在于：管控脉络清晰、有“路”可循、发力充分、事业部相对信服。其不足在于：容易走进刻板的死胡同，从而在外界条件或环境改变的情况下仍坚持原有的计划考核方法，同时，会出现重经营而轻管理、关注当期效益而忽视长远储备的倾向。

3. 增值运营型管控模式

增值运营型管控模式是指在经营计划型管控模式的基础上，进行增值业务环节的管控和推动，从而促进事业部业务创新和突破。在增值运营型管控模式下，企业总部主要管控事项如下：

①事业部的发展战略优化与创新；战略方案与战略计划的审批。

②事业部的年度、季度、月度计划与预算审批；增补计划与预算审批。

③事业部的营销模式创新，新市场的开发。

④事业部的技术发展、产品创新、新品销售业绩成长推动。

⑤事业部成本管理体系建设。

⑥事业部的组织结构优化、调整。

⑦事业部总经理班子成员的任免、辞聘、异动审批。

⑧事业部总经理班子成员的薪酬方案审批。

⑨预算框架内，事业部总经理费用的审批。

⑩组织对事业部总体业绩的考核、事业部总能经理班子岗位绩效的考核。

⑪事业部的横向协作规则优化、事业部内部交易协调与机制创新、事业部冲突处理。

增值运营型管控模式也比较适合于业务成型的事业部，尤其适合倡导创新文化的事业部制企业。增值运营型管控模式的突出特点是：在稳健运行的前提下，针对业务增值点发力，通过一些系列创新机制和行动寻求事业部及企业整体的更好发展。增值运营型管控模式突出了总部的创新推动作用。

增值运营型事业部的优点在于：能够关注事业部业务关键点，通过推动创新经营为事业部业务成长不断注入动力和活力，充分体现企业总部的价值。同时，关注增值环节也为企业有限资源的投向起到了引领作用。增值运营型事业部的不足在于：容易过分标新立异，从而因精力分配问题导致事业部经营局面不够稳健，甚至影响事业部的总体业绩。而且，增值运营型事业部对总部的能力要求较高，尤其在事业部间呈现为非相关多元化业务性质的情况下，对总部的能力更是十足的挑战。

二、三种管控模式特征对比剖析

事业部制的三种管控模式在总部目标、总部与事业部功能定位、职能管理等方面存在一定的差异性，主要方面对比如表 3－1。

表 3－1　　管控模式特征对比

对比方面	深度控制型	目标计划型	增值运营型
总部目标	全面、深度掌控事业部情况，紧密指导、推动并控制事业部各项业务工作进展	推动并管控事业部完成战略计划、经营计划与预算目标	在完成经营目标、计划的同时，指导并推动事业部业务的创新发展
总部与事业部的功能定位	总部为事业部的决策和管理中心，事业部为事业的执行中心	总部为事业目标与计划管控中心，事业部为目标与计划的规划与执行中心	总部为事业发展的推动中心，事业部为事业规划和执行中心

续表

对比方面		深度控制型	目标计划型	增值运营型
事业部业务自主性		在主要业务事项审批与全面预算框架内，具有具体业务执行的决定权	在经营计划与预算框架内，具有业务规划与执行的决定权	在经营计划与预算框架内，具有业务规划与执行的决定权
职能管理	战略管理	事业部制订，总部审批，事业部执行，总部监管	事业部制订，总部审批，事业部执行，总部监管	事业部制订，总部审批；事业部执行，总部监管
	组织管理	事业部制订，总部审批，事业部执行，总部监管	事业部制订，总部审批，事业部执行，总部监管	事业部制订，总部审批；事业部执行，总部监管
	经营计划与预算管理	事业部制订，总部审批，事业部执行，总部监管	事业部制订，总部审批，事业部执行，总部监管	事业部制订，总部审批；事业部执行，总部监管
	人力资源管理	事业部中层由总部直接管控	总部管到事业部班子层面	总部管到事业部班子层面
	财务管理	总部财务集中管理，甚至事业部不设财务部	事业部可设财务部，但财务总监由总部派驻，财务人员接受总部财务部考核	事业部可设财务部，但财务总监由总部派驻，财务人员接受总部财务部考核
	研、产、销等业务管理	总部出台业务政策，并对关键环节实施审批管控	总部出台宏观业务政策，并按照经营计划中的业务计划实施管控	总部出台宏观业务政策，并按照经营计划中的业务计划实施管控；对业务创新、增值性发展实施管理
	后勤服务	总部托管或进行内部市场有偿服务交易	总部托管或进行内部市场有偿服务交易	总部托管或进行内部市场有偿服务交易

三、三种管控模式的选择

对事业部管控模式的选择，是一项综合决策活动，需要考虑的要素较多，表3－2列出了选择事业部管控模式所涉及的方面。

表 3－2　　事业部管控模式的选择

	深度控制型	增值运营型	目标计划型	
总部追求管控力度，希望集权				总部追求管控有度，希望适度集分权
事业部能力偏弱				事业部能力强
事业部组建初期				事业部稳定运行业务成型
事业部制运行制度非常不健全				事业部制运行制度比较完善
事业部制有失控的倾向				事业部制运行良好没有失控倾向
总部职能管理部门能力较强				总部职能管理部门能力偏弱
总部追求谨慎发展				总部追求快速发展
总部追求保守发展				总部追求创新发展

四、三种管控模式下的组织结构设计

三种管控模式下，企业组织机构会有一定变化，以支持相应管控模式的顺畅运行。

①深度控制型，见图 3－1。

对于企业采用深度控制型模式，就要求企业总部健全部门建制，尤其要增加诸如营销管理部、技术管理部、生产管理部、后勤服务管理部等直接或间接涉及业务管理和运营的部门，以紧密跟踪事业部业务进展情况，实施日常业务指导或审核。为了加强对事业部的业务管控力度，企业往往还会配备相应的业务主管或分管副总经理，并将具体业务管理职能部门置于其下。同时，由于深度控制涉及的诸如计划、人力、财务等管控线也呈现工作繁杂的情况，因此，企业也可能设置计划、人力、财务等副总进行分管或主管。总之，深度控制型的事业部制企业需要较庞大的总部机构，只有这样才能承担起日常对事业部的业务管理和处理工作。

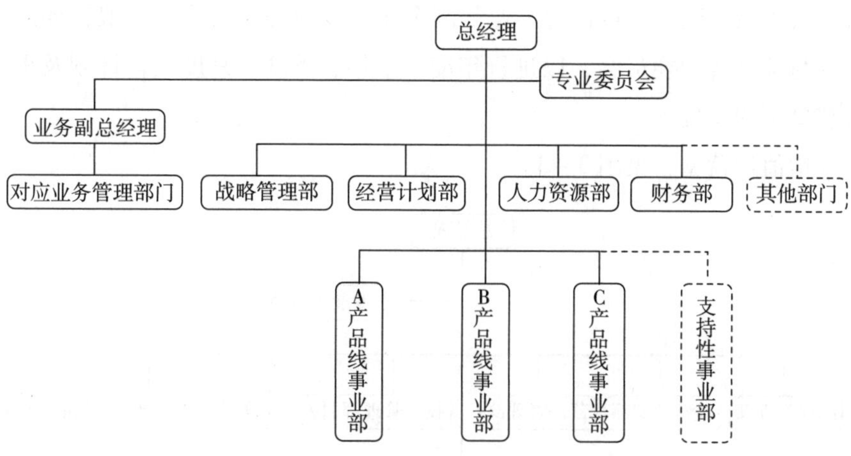

图3-1 深度控制型事业部组织结构

②目标计划型，见图3-2。

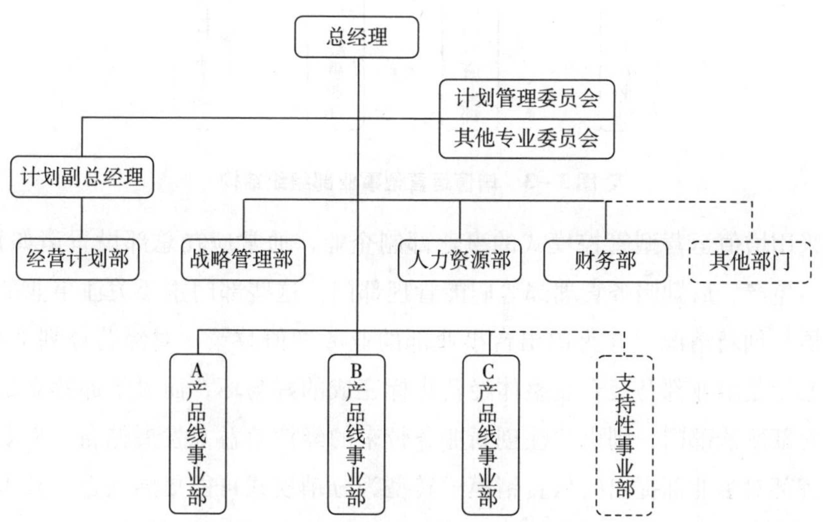

图3-2 目标计划型事业部组织结构

很明显，采用目标计划型管控模式的事业部制企业肯定会加强总部的计划管理能力，因此，在机构设置上会进行针对性地设计。首先要确定经营计划部的核心运营管理地位，同时，为了加强计划管理力度，会配备一名副总进行主管。当然，在这里还可以采用计划副总兼经营计划部部长的形式，从而进一步强化总部的计划管理职能。由于企业计划管理涉及管理事项较多，有些还是重要或重大决策，因此，这样的事业部制企业在专业委员会当中一般都要成立经营计划与预算管理委员会，以进行年度、半年、季度、月度经营计划及重大计划调整事项的审批。

③增值运营型，见图3－3。

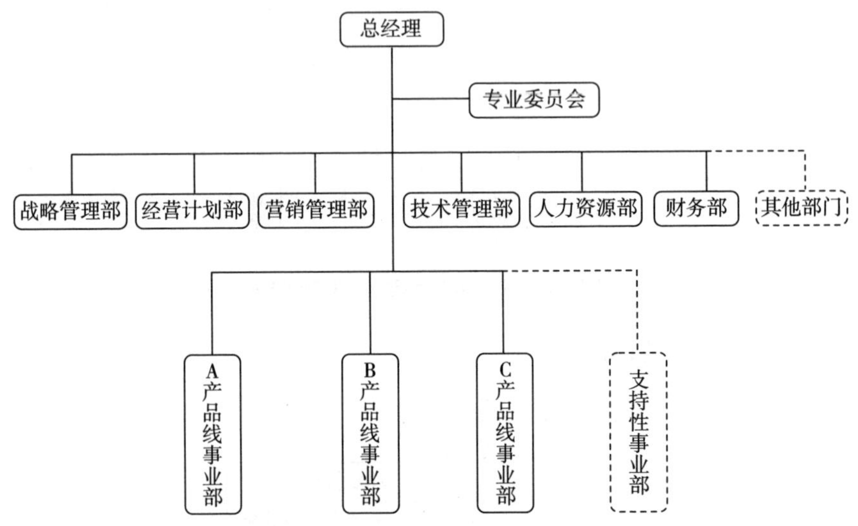

图3－3　增值运营型事业部组织结构

采用增值运营型管控模式的事业部制企业，通常应在总部设置诸如营销、技术、生产、后勤服务管理部等职能管理部门，这些部门主要关注事业部的业务发展与创新情况，并为此出台事业部的业务增值政策。对经营计划部而言，其关心的是事业部乃至企业整体经营指标完成的好与坏，而对于那些立足于增值的总部职能部门，则更关注创新业务带来的经济效益及发展储备。例如，营销管理部对事业部提出的从直销模式转型为分销模式可能更感兴趣，技术管理部对事业部提出的新的技术队伍激励方案以及与众不同的项目管理方式可能更乐于提供支持，生产管理部则对生产事业部中的产能提升促进方式颇为心仪，后勤服务管理部则对支持型事业部增加的新的服务内容更赞赏有加。增值业务并非标新立异那么简单，还需要附有真正的经济价值或发展价值。因此，职能部门如要洞穿增值业务的本质，就必须对事业部业务进行一定深度的研究。当然，除此之外，总部的职能管理部门还能为其欣赏和看好的新业务提供资源支持并协调相应机构一并支持。从这点上来看，增值管控与提供服务的职能管理部门就像内部的风投公司一样，需要有眼光有实力。所不同的是，这个内部的风投机构承担着更多的责任，包括分析事业部创新业务为何太少——这从某种角度而言，说明企业激励增值业务的相关政策不到位，抑或事业部在增值业务创造方面没有入门，因此，必须采取后续措施，改善当前的创新乏力的局面。

现实中，事业部制企业运行时，可能不会严格按照上述三种模式进行管控，也许在深度控制的基础上依然强调创新，也许在目标计划型的基础上进行部分业务的具体关注，不论怎样，上述模式都对事业部制企业管控具有积极的借鉴意义，其传达的信号在于：告诫企业领导人，不论采用什么管控模式，甚至无法说出是哪种管控模式都不要紧，关键是要符合你的管理意图，同时，要结合企业实实在在的现状进行模式的构筑和调整。

在这里还需要说明三点。第一，事业部制的管控模式是动态变化的，例如，当事业部从成立初期走向稳健运营之后，总部的管控模式应随之调整，从而赋予事业部更大的自主权。当事业部的经营指标完成不力，可能要加强计划管理，那么就要按照突出目标计划型的方向进行事业部管控模式的构建。而当事业部或企业整体业绩平平，缺乏活力的时候，往往更应该讨论一下增值运营型管控模式的精髓；第二，同一个企业内部针对不同的事业部可采用不同的管控模式，不要一刀切。企业内构建事业部的时间有早有晚，事业部的能力有强有弱，总部关注的事业重心也不是一成不变的，因此，管控模式的运用要结合企业的整体战略思路及事业部的实际情况，“因部制宜”地选择。企业内部管控模式的差异化应用，需要总部领导人与职能管理部门在工作中更多地体现柔性的一面，从而遵从企业的总体管控思想，不断变换角色实施管理；第三，不应因为领导人更换而轻易改变事业部管控模式，从而将制度化的行为人为改变。一些企业每当领导人调整，新上任的“官”就会来个开门三板斧，管控模式的改变往往首当其冲。如果因为前任领导能力平庸，管控模式选择不当，那么该调整就要调整，不过，如果原管理模式再恰当不过，就没有必要因为其他原因而重新选择。事实上，在原管控模式的基础上进行持续优化是明智之举。

第 2 节　事业部制企业总部价值定位

事业部制是分权体制，业务基本下沉了，那以后总部管什么呢？得知郑涛奉命在考虑事业部制这件事儿后，公司职能部门不断向他提出这个疑问。是啊，以后总部的价值到底在哪里，这么多职能部门又该做些什么呢，在管理方式上有没有什么实质性变化？一连串的问题让郑涛的思维几乎都停滞了，他匆忙打开书，开始寻找答案……

在直线职能制及事业部制体制下，企业总部的管理作用与价值已经发生了变化。企业总部面向事业部应该发挥怎样的价值？这是我们这一节需要探讨的问题。

一、企业总部功能的转变

在直线职能制体制下，企业的业务一般处于比较单纯和简单的状态，即便业务已经出现多元化，那么也是置于统一的专业化的业务平台当中。此时，作为企业总部，其实质上是业务平台的直接管理机构，企业领导班子成员及职能管理部门基本都要深入业务，兼顾决策与执行工作。也就是说，直线职能制的业务规划、驱使、运作和管控，都是总部机构紧密介入完成的，可见，这里所说的总部应该说是一种集权型的业务运作总部。

而在事业部制体制下，各事业部作为战略经营单元，能够相对独立地对外、对内经营，其自成一体，主要功能基本完整，其领导班子也是对自身业绩负责。同时，总部下属事业部的数量至少在两个以上，且业务相关性有远有近，此时，企业总部的管理功能就要发生变化了，不仅在管理性质上发生了变化，而且在管理范围上也发生了变化。对此，我们可从以下三方面来讨论。

1. 要认清事业部制的核心特征

事业部制实质是一种分权架构，即，将具体经营权下放给事业部。从另一个角度理解，事业部制是一种大船变舰队的模式，通过分解规模实现更大规模也更具竞争力的发展。因此，如何激励并管控好已经拥有业务运营权的诸多事业部是企业总部要深度思考的问题。既然事业部体制其意图是这样的，那么企业就该重新定位其总部作用，改变原来针对简单业务的直接运营方式，走向面对若干经营单位的“有所为，有所不为”的更高层次的管控方式。哪些管理事项一定要管，而且要管彻底，哪些业务事项必须要放，而且要放彻底，这都是总部职能转型的要点所在。在事业部体制下，总部在与业务单位血脉相连、密不可分的同时，也要清晰界定两者的管理界面，只有这样才能充分发挥下属事业部的主观能动性，避免对事业部的越权干涉。毫无疑问，用直线职能制管控方式对待事业部显然会“两头遭罪”——一头是企业总部会越来越力不从心，也管不明白；另一头事业部更会被频繁干扰，大脑仍不长在自己脖子上。这种情况下，就没必要建立事业部体制了。所以说，直线职能制下和事业部体制下，总部管控性质和方式都要发生变化。

2. 要意识到事业部制带来的新的管理问题

事业部制会带来哪些新的问题呢？这些问题对企业总部的功能提出了哪些新要求？现简要介绍以下三个方面。

①多个事业部之间的协调、协作需要企业总部发挥作用。一般而言，事业部作为利润中心一旦发生内部协作，则要按照内部市场规则行事。这套内部协作规则的建立以及在具体执行中发生的冲突，都要企业总部进行推动与协调。当然，直线职能制也存在研产销业务之间的协调，但两者在内涵和管控方式上有明显区别。

②为避免重复建设，企业总部要关注机构、资源等的分立与整合情况。在事业部制体制下，由于按照产品线进行了业务的纵向分划，每个事业部都自成体系，“五脏”俱全，因此，不免会存在机构重复建设、资源重复投入问题。例如，后勤服务机构有可能重复建设，事业部各建各的，造成组织成本增高。

再比如，中间渠道资源也许可以共用，但并未实现共享。这些问题都是为保持事业部的相对独立性和运行效率而产生的。同时，由于事业部总是盯着自身的组织运行效率，不会关心整体成本问题，因此，只有总部站在更高层面，才能进行共享资源的整合。在直线职能制下，这种情况基本比较少见，因为，专业化的分工平台做到了资源的不同投向，重复率较低。

③结构性的事业调整与新事业部的孵化、创立是事业制总部的重要功能。在事业部制体制下，保持企业整体竞争与发展优势，推动企业向更大更强迈进，这个责任无疑落到了企业总部的肩上。具体而言，就是在事业部之间进行事业范围、事业重心的调整与整合，或者进行事业部的整合，以及从现有事业部中分化出新的业务或总部直接论证新的业务方向从而构建出新的事业部。总部这一功能产生的根源就在于事业部制体制提供了可进行事业调整、组织运作与腾挪的空间。而在直线职能制下，则难以进行类似的操作。

通过以上三点分析，我们看到，事业部总部的功能内涵十分丰富，其因事业部体制的建立而增加了许多新的责任，这也是企业总部职能要随之变化的原因。

3. 要顿悟事业部体制下，主要管控对象已经从“业务与产品”变成了“经营单位”

组建事业部之前，围绕业务与产品的具体工作是管理层关注的焦点，实行事业部制后，总部的管理理念要随之拔高——应将事业部当做一个整体，去思考如何激活和管控这一组织，使其拥有扩张动力，持续发展。管理具体业务与管理经营单位，其在管理方式上有很大差别，明白了这一点，事业部制企业总部的功能特性与价值重心就会容易把握。

二、企业总部存在的价值及价值发挥

1. 总部价值

此部分我们将较详尽地讨论一下事业部制下，企业总部价值的重要性及企业总部应该具有哪些价值。

事业部制下，各事业部作为相对独立的战略经营单元基本可以自主经营，那么，还要在上面“盖帽”一个企业总部，其道理在哪里呢？这个总部到底是成本中心还是价值中心呢？

一个好的事业部制企业总部可以创造出远大于其成本的价值，而一个不胜任的企业总部不仅会成为十足的成本中心，往往还会对事业部体制运行造成价值损毁和破坏。其实，这并不难理解。举几个极端的例子，如果一个企业总部对事业部具体业务横加干涉，对事业部横向协作没有丝毫建树，对企业整体发展思路不清，也没有能力对事业部发展战略提议作出正确判断，甚至屡屡出现决策失误，那么这样的企业总部的存在显然是企业的灾难，事业部制不可能运作成功。所以，回归原点，很多企业都在自问一个最朴素但很较真的问题，那就是，事业部制体制下，各事业部都在红红火火地忙乎，而我们总部应该做些什么，做到什么程度才是一个真正有价值的企业总部呢？

实际上，在现实企业领域，很多企业转型成事业部制后，就立刻陷入总部价值缺失的迷茫当中，找不准自身的价值定位，不知道该做什么，不该做什么，该做的也不知道怎样做。其实，企业总部的价值定位应该在转型之前就进行深刻分析和充分准备，但实际情况往往是问题很尖锐地顶到头上的时候才开始反省和重视。

总部定位不清的事业部制企业，总部管理人员总有有劲使不上的感觉，甚至最后被折磨到认为在总部工作既没价值也没效益，而下到事业部工作那才是真刀真枪、效果直接。事实上也确实存在这样的情况，一些管理人员在总部工作一段时间，业绩平平，可是被放到事业部后则生龙活虎，屡创佳绩。这些现象都应引起企业领导团队的反思——其根源在于没有搞清企业总部的价值和作用，没有对总部定位进行深入研究与探讨。

那么事业部制企业，其总部的价值定位到底在哪里，如何才能建设一个正确的企业总部呢？下面，我们从以下六方面来阐述这一重要问题：

（1）从事业部制内在机制的本质特征来分析企业总部的价值

事业部制表达的机制特征在于分权制，即具体业务规划、决策、执行权的下放。建立在分权制基础上的企业总部其主要价值肯定不体现在具体业务的处理上，如果这样做了则与事业部的建立初衷相背离。不过，不干涉具体业务本身并不能体现出总部的价值。那么，在分权框架下，事业部总部的价值体现在哪里呢？体现在如下两点上。

①体现在权力的正确规划和布局上。哪些权力该下放，哪些权力该集中，如何能够实现，这是总部的价值所在。一个对权力分划结构研究透彻并实施到位的企业总部，将为事业部制的运行提供科学的权限治理保障，从而能够充分发挥企业总部与事业部的各自价值。在提供给事业部确保经营自主性的充分的权力资源的同时，也对事业部构成必要的权力制约，这实质已经体现出了重要的总部价值。不过，从反向来看，如果总部在权力治理方面能力不足，则会带来诸多弊端，从而破坏了事业部制体制，造成价值损毁。

②分权同步对应着对权力使用的监管，也就是管控要能同步跟上权力的下放。否则，只强调分权，不强调管控，只能将企业置于失控的高风险境地。采用什么模式、方式、机制实施对事业部的有效管控，这都是企业总部承担的责任。对事业部管控有章有度有效的企业总部无疑确保了企业整体的稳健发展，其价值贡献同样是巨大的。

（2）从事业部制规模化发展意图来分析企业总部的价值

事业部这种体制架构意味着可以不断分划出或充实进新的事业单元，从而实现企业联合舰队的更大规模的发展。通过不断孵化新的事业部，企业持续获得新事业的充实，同时，可对原有事业进行结构性优化，从而保持企业发展竞争力和规模增长的兼得。新事业部不论来源于现有事业部的业务剥离，还是企业总部直接思路的产物，都需要总部一手推动，事业部本身是没有动力和责任去推动新事业部建设的。因此，企业总部承担着推动企业整体发展和保持事业结构最优化的使命，这是总部的一个重要价值。与企业总部“再生”新事业部相对应的便是如何使这一决策做得正确。否则，孵化事业部的方向是对的，动机是好的，但决策不科学，同样会导致无法构建新的事业单元，甚至让企业蒙受严重损失。这就牵扯到企业是否有一部新事业构建章程，以约束和规范新事业构建行为——只有走向制度化的决策才能避免头脑过热的冲动。

（3）从提高企业竞争力来分析总部的价值

将巨轮拆分，组成联合舰队，其新的竞争力是如何产生的呢？

首先，是划小经营单位，将大利润中心拆分成若干小利润中心，以独立经营和相对分权的机制对抗规模产生的新的竞争力。我们都知道，当企业到达一定发展阶段，由于所含业务较多，已经不再适于用直接管理的模式进行具体业务的控制，其带来的弊端比比皆是，诸如对客户服务效率降低、高层管理乏力、官僚化作风严重等等。此时，必须彻底从体制上进行问题根源的思考，架构在原体制，如直线职能制上进行变革最终不能根治这个顽症。采用事业部制，则在总体业务架构内创造出若干虚拟公司，相当于面对市场进行了一次贴近用户的业务分划和重整，企业决策层不再直接处理具体业务，而由前端多个事业部富有效率地完成面对客户的服务及面向市场的竞争。具体业务规划与执行权的下沉，同时将分化的业务装在激励作用更强，更易界定成果的虚拟利润中心内，是事业部制企业重新找回市场反应能力的主要原因。因此，集团总部要紧紧把握住这一点，在权限分划和政策出台上，朝有利于发挥下属事业部主观能动性的方向努力再努力。不同的企业总部提供的激励机制模式都会不一样，谁做得越好，谁的价值就越大。

其次，大船面对市场时是一只重拳出击，联合舰队面向市场则是多拳组合出击。大船一旦建成，内部结构很难调整，就如同建成一幢高楼之后需要改造，其难度可想而知。联合舰队则不同，变换一下队形，更换一只旧船，增加一只新船，船和船之间进行一下补给或救济都容易做到。这就是事业部制形成的组合型结构营造的竞争机会，属于一种“集团效应”（见图3-4）。只要是多个事业部置于一个企业总部之下，那么就存在这种组合竞争的可能性，而且，为了发挥事业部制的优势，也一定要运用这种特性。例如，“固本求新”机制的运用，即，在保全主业的基础上，利用新的事业部探讨新业务，扩大企业的业务涉足范围，同时降低分散主业精力的风险。再比如，“构建战略性运营结构”，即，哪些事业部现阶段意在提供现金流，哪些事业部意在提高市场份额，哪些事业部则要卧薪尝胆，埋头于新产品的研发——这些都是在进行相匹配的战略性安排。另外，面对同一用户群体，事业部制间可以进行同步联合开发或策略性梯次开发。所谓同步联合开发，是多个事业部为用户提供一揽子服务计划，而所谓策略性梯次开发，则是某一个事业部充当客户先锋，某些事业部伺机再跟进达成新的合作。这一系列战略、战术性的组合安排惟有在总部的组织、协调、利益赋予及平衡的情况下才能顺利达成，这都是总部的价值所在。一个好的企业总部，能够充分运用这种组合机制，从而将企业打造成一个智慧集团。

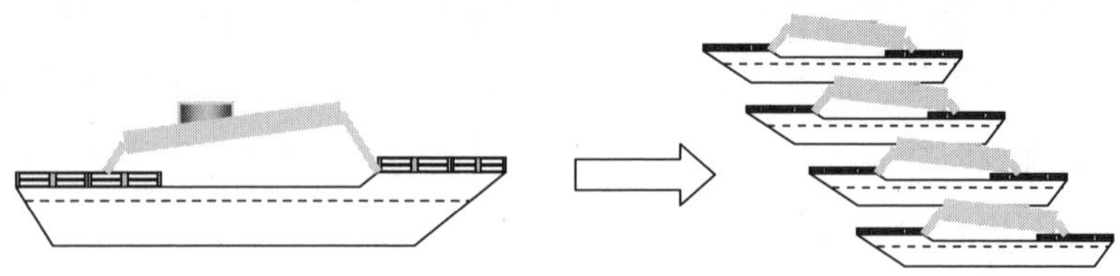

图3－4　事业部大船变舰队的结构

第三，由于事业部之间可进行内部市场交易，因此，本来由外部提供的服务现在做到了内化。这种内化服务如果达到四个标准，那么这种内部交易就是在创造价值。这四个标准是：提供低于外部服务成本的服务；提供更稳固的服务；提供在质量、效率上更优于外部机构的服务；提供企业要求的战略性的服务。与外部服务相比较，内部服务在提供的长期性、稳定性上优势明显，而且其能够服从企业特定服务安排，提供对事业部自身不见得有利，但对企业整体有利的战略性服务，这些都是外部服务机构无法比拟的优势。因此，事业部要在低成本运营，提供更富效率、更有质量的服务上下功夫，否则，内部服务不但不能创造价值，还会徒增成本，甚至阻碍企业的发展。企业总部的价值就在于维护内部服务的公平性、高质量与低成本，做好内部市场机制的总设计师及内部市场交易的监管人。内部市场建立的相对科学、公平、规范、完善，就会有效维护内部协作秩序，从而降低事业部的运营成本与企业整体成本。

（4）从事业部制企业运行成本与效率来分析企业总部的价值

上面谈到的内部市场交易涉及到企业运营成本与效率的问题。同时，对于事业部制企业而言，对于有关资源的整合及避免重复建设都是该范畴的问题。由于多事业部的构建，可能导致诸如区域销售机构、代理商资源、后勤服务机构重复建设，作为总部，可以根据具体情况，将这些资源或机构提炼出来进行集中整合。不过，有些机构到底是集中建设好，还是重复设置好，需要深入讨论。例如，各事业部的大区机构轻易就不能整合成一个平台，因为只有分立才能最彻底地表达事业部的销售意图，并实施最锐利的销售执行，从而支持事业的高效运营和发展。如果统一成一个销售平台则必然要面临与多个产品线事业部衔接的局面，厚此薄彼的情况一定会发生，这种因组织结构导致的问题通过日常协调或常规机制来解决比较困难。同样，资源的整合必然要由企业总部来规划和运作，这也是企业总部的重要价值所在。如果一个企业总部没有这样的能力，从而导致规划不科学、整合不到位，那么就会造成运营成本的二次增加，甚至直接导致事业部制的优势被削弱。因此，整合的原则一定是在保证事业部制体制优越性的前提下进行，切勿舍本求末。

专栏 3.1　关于大区机构合与分的争论

枫茗公司是一家大型涂料企业，提供工装、家装涂料产品，为此，公司组建了两大事业部，即，家装事业部与工装事业部。事业部成立之初，公司将全国各地的销售代表处一分为二，分别置于两个事业部直管之下，从而在每个区域都形成了两个事业部销售前端并存的局面。刚开始，两个事业部都是新的领导班子上任，工作起步速度偏慢，加上全国各地两组大区机构人员急剧膨胀，管控不利，公司成本急剧增加。此时，公司重新出现了一种呼声，那就是呼吁整合大区机构，以节约成本，即，两个事业部共享一个大区平台，并为此可以成立一个销售事业部，以下辖全国各地的大区机构。面对管理层的频繁提议，公司赵总灵机一动，说道："这样吧，我们召开一次辩论会，赞同整合和反对整合的 PK 一下，我们听听到底哪一边更有道理。"

辩论会那天，甚是热闹，赞同整合的管理干部派出了以孙俊为核心的代表团，坚持分立的则派出了以周康为代表的团队。为加强气势，孙俊还头缠白布条，前面写着两个字：整合，后面写着一个有别常理但意味深长的算式：1 >2。周康也不含糊，经组委会同意，桌上摆了 5 听啤酒——公司的人都知道，周康一着急就缺氧，但喝上啤酒就如有神助，思路会如泉涌一般。

辩论正式开始，孙俊首先发问："请问对方，一个大区机构卖两个事业部产品，不是很好吗？为什么要重复建设两个大区机构呢？"

周康是公司事业部体制的设计参与人之一，在其原来的企业中也是事业部体制建设的亲历者，这个问题对他而言，还不需要借助啤酒的威力，于是他马上回答道："原因很简单，是为了把我们的家装、工装两大产品卖得更专业，市场做得更有针对性，也更深入！"

"那事实怎样呢?"孙俊锐利地问道，还不等对方作答，孙俊接着自问自答"事实是人多了，但产品却没卖好。"

看着对方团队得意地鼓起掌，周康沉静地说道："的确，这是事实，不过只是现阶段的事实，逐步就会改变，等到明年，我们就会有所收获。"

"什么收获?"孙俊反问道。

"因专门设置大区机构而获得比成本高得多的收获。"周康回答道。

"你这只是预测，我只说事实。"孙俊两手一摊。

"事业部收获的就是我们的希望，我们要的不是眼前，而是未来，一个可预期的未来。"没等周康继续讲下去，周康团队里的韩清开始插话了。周康趁机开了一瓶啤酒，砰的一声响逗笑了众人，赵总也跟着哈哈大笑起来，他笑的不是周康的举动，而是对眼前的景象倍感高兴和欣赏——企业就需要这些有理想、重现实的人才啊。

"我们两个事业部的产品不是没有关联，最起码还是一大类产品，大区在同一个地域可以一手托两家，拜访所有客户，没必要分成两个销售机构分别去做，这是浪费啊。"孙俊又开始进一步摆明观点。

喝了啤酒的周康向前伸了伸脖子，眼神坚定地看着孙俊说："孙老弟，你知道，家装市场有多大？无边无际啊。工装市场呢，一望无垠啊，我们公司的确做得不错，可是市场份额才吃到嘴儿多少？我们大区机构不分开能做得深入，能做得透吗?"

"别总盯着成本，要看我们的意图。成本我们可以控制，但大思路不能改变。"韩清又开始补充道。

"再者说了，大区整合也会增加成本，你想想，两个事业部又要面对独立的大区平台了，这其中要协调多少事儿啊。"周康团队的刘璃也开始发言了。

> “所谓的大区平台肯定不能孤立存在，为此要成立销售事业部，大家思考一下，产品线事业部与销售事业部之间的摩擦得有多少啊！”“没有了直属的销售大区，产品线事业部的市场嗅觉还能那么灵敏吗？新品推出速度也会受到影响的。”周康的队员连珠炮般开始发威了。
>
> ……
>
> 辩论会结束的时候，已经是午夜，可是赵总没有一点睡意。他因找到了答案而兴奋，那就是加强管理，坚持现在的分设大区的思路——只有这样，才能构建起完整的事业部组织，将事业部承载的事业专向做强做大。

（5）从事业部制企业的发展战略来分析企业总部的价值

事业部制企业由于存在着多个事业部的格局，因此，其总体发展战略内涵到底是什么则显得非常重要。也许，对这样一个问题你会感觉诧异，甚至不认为是问题。其实，这句话的意思是说：由于每个事业部都有自身的发展战略，那么企业整体的战略到底是什么，需不需要再有企业整体战略，如果需要，那企业整体战略难道是将多个事业部的战略进行汇总？这些看似浅显的问题实质上在战略范畴内是比较深的课题。

显然，企业整体战略不可或缺，企业整体战略也不可能是事业部战略的大汇总。在事业部体制下，企业的整体战略要站在更高层次上来进行相应规划，其要素主要涉及界定产业领域范围，指明主业方向，确定一定时段内的资源投向，明确企业体制、机制、架构特点，给出企业整体经营、管理、竞争模式框架及事业部之间结构性的组合竞争原则等。

居于事业部之上的总部，将对企业总体发展原则、整体发展战略做出正确规划和有力贯彻，唯有此，事业部制企业才能有方向、有重点、有原则、高智慧地持续发展，企业的管控与日常运营才能找到施力依据与施力点——这都体现了总部的价值。

（6）从业绩管控与业务管控来分析企业总部的价值

以上五方面的价值主要建立在两个基点之上，一是因总部与事业部角色分层导致的权力格局需要纵向分划，二是多事业部结构创造出企业新的运作模式和竞争力产生机制。不过，除此之外，企业总部还需关注每个事业部的业绩及运作模式，对每个事业部实施目标及重点环节或方面的管理。只有这样，才能维护事业部作为战略经营单元的良性发展。这也是企业总部的重要价值所在。这部分管理主要依赖企业总部的职能管理部门来完成，这里不再赘述，详细内容请参见职能管控部分。

现将以上事业部制企业总部的价值统一归纳如表 3－3。

表 3－3　　事业部总部的价值

序号	事业部总部的价值	价值含义
1	分权格局部署	解决权力资源正确配置、动态配置问题，使总部的权力集中与对事业部的权力下放明确，适度，合理，做到权力分化界面清晰
2	发展驱动	通过孵化新事业部推动企业规模化发展
3	打造企业竞争力	通过事业部间的业务配合、相互支撑等业务协同行为来输出因组合产生的竞争力
4	降低企业运营成本 提高企业运行效率	尽量减少重复建设、积极共享资源、内化有关服务
5	整体发展战略规划	确定企业整体发展的范围、主业定位、体制与机制、经营模式与事业结构等大原则
6	事业部的业绩与业务管控	关注每个事业部的发展，对其实行目标与过程中重要环节的管理

2. 企业总部价值的切实发挥

总部价值的发挥受到很多因素的影响，并非在总部价值实现定位之后就能发挥到位。这里说到的很多因素主要包含如下五方面：

（1）与总部的综合能力有关

总部的综合能力其实是影响总部价值发挥的最主要方面。综合能力包括什么呢？主要包括整体战略规划与执行能力，权力格局的设计与部署能力，新业务规划与孵化能力，业务组合与协同产生竞争力的能力，资源整合与服务内化能力，对事业部的业绩、业务管理能力。说了一圈，实质还是事业部制企业总部价值创造的能力。

从另一个角度讲，如果总部不懂战略管理，权力随意分划，孵化新业务不知如何下手，虽下辖多个事业部但组合拳不会打，也不知道如何避免重复建设，对事业部的业绩和业务管理也不在行，那么，可想而知，其事业部综合管理能力是何等的不足，那么总部价值的发挥也就无从谈起。这里说的情况当然是极端说法，一般而言，一个完美的事业部总部难找，但在某一方面或几方面还能胜任的总部还是占相当一部分的，这样的企业就应该抓紧时间、采取各种办法以提高总部的全面能力。

（2）与总部对事业部总体情况的了解有关

这里说的总体情况是宏观说法，其实质是在说总部应构建一个渗透至事业部乃至市场前端的经营、管理信息系统。而且，这一系统的相应部分被企业总部职能部门所掌控，只有这样才能制订出好的方针与政策，总部的价值才能充分发挥。试想，连事业部的基本情况都不了解，其出台的政策、规范、制度和机制一定会出现偏差，更会被事业部所贻笑。如何能够及时获得系统、准确、有用的信息呢？答案是企业总部要建立一套缜密的企业经营监测系统，来实现定期不定期地信息反馈。这套系统会在“事业部侧翼监控机制设计”部分作以介绍。当然，企业总部还要对事业部的重要经营、管理行为进行监控，以把握住事业部的运营主干，获得有价值的信息，这就要求企业总部对事业部的重要经营管理活动实行备案或报告制。到底什么是重要经营管理活动呢？只有对此进行严密的界定，才能防范事业部“钻空子”，从而脱离报告制管控。归纳一下，就是事关事业部发展战略、组织机构、经营指标、年度计划、营销模式、新品研发机制、竞争策略、各类重要创新以及年度计划以外的重要活动。

（3）与对事业部制体制的认识有关

如果对事业部体制的本质缺乏认识，或者认识的不够深刻，那么必然把握不住事业部制管控的实质，影响企业总部价值的设计质量，从而不能充分地发挥企业总部的价值。关于对事业部制本质认识由于本书涉及内容较多，并多次重复提到，此处不再赘述。

（4）与领导层的经营理念有关

很多领导是偏袒事业部的。理由很简单，事业部能够创造效益。职能管理部门价值也很大，但在有些领导眼里，其工作始终不尽如人意——这也是职能管理部门的尴尬所在。在这种情况下，企业总部在实施具体管控的时候，某些部门就会瞻前顾后，因为害怕发生工作冲突而领导不予支持，到头来弄得“上下不是人”。另外，企业在从直线职能制转型成事业部制时，往往将原来的主业演化成最主要的事业部，这类事业部的总经理通常比较强势。再有，企业总部的某些部门是在事业部构建后产生的，可以说先有的“儿子”，后有的“老子”，这也助长了事业部的心理优势。种种情况，都使企业总部的职能管理部门在地位上处于下风，在此背景下，让其实施深刻的、负责任的、卓有成效的职能管理可谓难上加难。唯有全力支持职能管理部门工作，树立其管理权威性，为其真正赋权，并给予充分信任，才能切实发挥总部机构的作用，从而协助领导团队有效实施面向事业部的各项管控工作。那种低估职能部门的作用，不真心做好职能部门后盾的行为，最终削弱的是总部的力量，直至影响到企业领导层的执政力与威信。

（5）与企业采取的管理模式与管理方式有关

总部的功能到底怎样去履行？这涉及到事业部制企业的管控模式与管理方式问题，只有选择正确的管控模式，同时在管理方式上做到符合事业部制企业特征，才能取得较好的执行效果。具体可参见本书关于事业部制企业管控模式与职能管控部分。

三、企业总部价值与管控模式的关系

不同的管控模式下，事业部的价值发挥具体形态不同，具体可通过表 3－4 体现。

表 3－4　　事业部总部价值与管控模式的关系

管控模式	总部价值的发挥	
深度控制型	分权格局部署	集权多、分权少
	发展驱动	事业部的新业务可通过行政手段“拔出来”，以构建新的事业部
	打造企业竞争力	业务协同、组合进行得更有行政力
	降低企业运营成本 提高企业运行效率	避免重复建设及实施资源整合、服务内化工作更有行政力
	整体发展战略规划	注重整体战略与事业部具体业务计划的匹配
	事业部的业绩与业务管控	管控更深入、更直接、面更广

续表

管控模式	总部价值的发挥	
目标计划型	分权格局部署	计划框架下、集分权有度，部分权利下放
	发展驱动	依靠行政力或激励、补偿政策去推动原事业部新业务剥离，以构建新事业部
	打造企业竞争力	业务协同、组合倾向于在引导、调节、激励不见效果的情况下的行政力使用
	降低企业运营成本 提高企业运行效率	通过相应政策引导、调节、激励实现低成本运营，不见效的情况下，使用行政力
	整体发展战略规划	注重整体战略与事业部经营计划的结合
	事业部的业绩与业务管控	通过目标、计划与主要业务政策管控事业部业绩、业务，管理深度适度
增值运营型	分权格局部署	计划框架下、集分权有度，部分权力下放
	发展驱动	依靠行政、激励或补偿产生剥离原事业部新业务，以构建新事业部
	打造企业竞争力	①业务协同、组合倾向于在引导、调节、激励不见效果的情况下的行政力使用 ②注重事业部增值业务的发展
	降低企业运营成本 提高企业运行效率	通过相应政策引导、调节、激励实现低成本运营，不见效的情况下，使用行政力
	整体发展战略规划	①注重整体战略与事业部经营计划的结合 ②注重事业部创新业务对战略的支持作用
	事业部的业绩与业务管控	①通过目标、计划与主要业务政策管控事业部业绩、业务，管理深度适度 ②对事业部业务创新与增值工作设定任务目标、出台相应政策与激励办法

四、企业总部价值的动态变化

由于企业在引入事业部制这个时点上可能处于不同的发展时期，或者企业发展过程中，不断孵化出新的事业部，抑或多个事业部业绩并不平衡，有好有差，所以，针对不同情况，企业总部的价值发挥也不同，如表3-5所列。

表 3－5　　事业部总部价值的动态变化

总部价值	事业部制组建之初（或存在新事业部）	事业部制成形（或事业部走上正轨）	对业绩差的事业部	对业绩好的事业部
分权格局部署	集权多些	较组建初期放权	集权多些	分权多些
发展驱动	该职能发挥有限	正常发挥	看企业整体情况	看企业整体情况
打造企业竞争力	该职能发挥有限，但要进行规划	正常发挥	发挥业绩支撑作用，甚至进行业务剥离	使其成为组合主力
降低企业运营成本提高企业运行效率	发挥有限，但要进行规划	最大程度降低运营成本、提高运行效率	看企业整体情况	看企业整体情况
整体发展战略规划	在整体战略管控框架下持续进行			
事业部的业绩与业务管控	加强业绩与业务管控	一定程度管控	加强业绩与业务管控	一定程度管控

第 3 节　事业部制与母子公司管控模式的区别

今天上班的时候，人力资源部的小张很恭敬地问了郑涛一个问题：事业部制的管控模式与母子公司管控模式有什么不同。郑涛表面不露声色，但内心却真被问住了，这个问题的答案好像就在嘴边却又说不出来。正当郑涛进退两难时，总经理的电话救了他。晚上一到家，郑涛立刻翻到这一节，仔细地读起来……

通常情况下，母子公司存在着财务管控、战略管控及运营管控三种典型的管控模式。一般解释为：财务管控关注财务指标的完成，而对事业部业务基本不予干涉。言外之意，完成指标就是“好猫”；战略管控型则关注事业部的发展方向与发展路径，对事业部采用的是偏宏观管控；运营管控又称为操作型管控，则是对事业部有关业务都要插手，属于紧密型管控。

与母子公司管控相对比，事业部制管控模式具有其自身的本质性特点，具体如下。

一、强调对经营过程和要素的管控

事业部制企业不论采用什么模式，都不能松懈对事业部的经营过程、重要经营事项进行管控。换个角度而言，如果事业部制中的总部只是要个经济结果，或者只是宏观管控事业部发展路径，那么就失去了事业部制构建的意义。事业部这一特征的本质含义是事业部总部必须要发挥其价值作用，这一作用不仅包含投资收益的取得，更重要的是要影响、推动和管控事业部的业务进步和整体发展，并通过资源整合、互助、内部市场交易及横向协调，形成 1 +1 >2 的联合舰队效应。

二、事业部制管控更易表达管理意愿

另外一点，对于规范的母子公司，往往通过股权关系或对子公司董事会的影响进而影响子公司经营行为，达到表达母公司战略意图或经营思想的目的，同时，集团总部职能管理部门亦可发挥相应职能管理作用，但是一旦子公司以规范的母子公司管控为借口，针对母公司管控之手伸得太长向总部提出意见，母公司也会陷入尴尬的境地。而事业部与其相比较在管控体制上就要灵活得多，其管理弹性和张弛度调剂空间较大。不过话说回来，事业部也可以组建董事会，甚至可以进行虚拟股权改造，但是从企业领导人而言，一定要头脑清醒，之所以叫事业部，而不叫母子公司，绝不是徒有虚名。在事业部体制下，事业部再大也是企业的一部分，与企业血肉相连，那些董事会构架、事业部治理结构乃至事业部的股权改造，都是为了激励事业部管理团队或推动事业部发展所采取的更优化的方式。而且，当事业部大到一定规模，则要继续进行分解，既可以分出新的业务成立新的事业部，也可以调整成超事业部组织形式。总之，依然要保持事业部市场反应迅速的应有规模与本质属性。当然，如果母子公司也采用这里所言的事业部制的管控模式，总部的手想伸到哪里就伸到哪里，想伸多长就多长，那么，就另当别论了。

事业部与母子公司基于各类管控模式的比较见表3-6。

表3-6　　事业部与母子公司基于各类管控模式的比较

比较对象	主要异同
母子公司的财务管控型 事业部制的目标计划型	母子公司的财务管控型模式更注重经济指标的实现，而对实现目标的计划举措涉及较少，甚至不太过问。实现目标是这一模式的第一法则。这一模式的好处是：对集团总部在与事业部相关联的业务能力上要求不高，比较超脱，可以腾出精力进行资本运作和从事投资业务。不过，这一模式下，集团总部要具有一定的预算控制力。当然，这一模式的弊端也是明显的，那就是事业部短期行为严重，发展储备不足。事业部制下的目标计划型管控模式则不仅关注目标，还关注实现目标的保障措施有哪些，是否有说服力，能否执行到位并要实施相应的过程管控。这样的模式对事业部制企业总部具有较高的计划管理能力要求，当然，这一模式也存在关注短期效益的弊端，因此，应加强经营计划中战略储备工作的落实力度
母子公司的战略管控型 事业部制的目标计划型	母子公司战略管控型模式肯定不会只管理宏观战略，而是包含经营目标与计划内容在里面，不过这与事业部的目标计划型管控模式还是有一定区别，那就是母子公司的目标与计划仍偏重宏观，而事业部制的目标计划型管控更微观些，管控更直接，干涉力度更大
母子公司的战略管控型 事业部制的增值运营型	母子公司的战略管控型模式涉及到业务的增值大思路，但由于管控较宏观，落实起来会吃力些，不排除在结果衡量上模糊化。事业部制的增值运营型管控则相对具体，实效性会更好，实操性更强
母子公司的运营管控型 事业部制的深度控制型	这两种模式比较相似，如果说区别，那么仍然是母子公司模式相对宏观些，事业部制则相对微观、具体些

总结

1. 事业部制企业的管控模式是指企业在事业部体制下所采取的事业推动、监管与运营方式，其说明了企业集权与分权程度、界定了企业的管理重点、体现了企业的管理脉络。

2. 根据对事业部制本质及企业管控的研究，可将事业部制企业管控模式归纳为三类：深度控制型管控模式，即，企业总部对事业部主要经营、管理事项均要经手进行管控；目标计划型管控模式，即，总部围绕事业部发展战略、经营目标、经营计划与全面预算实施管控；增值运营型管控模式，即，在经营计划型管控模式的基础上，总部对事业部进行增值业务环节的管控与推动，从而促进事业部业务创新和突破。

3. 三种管控模式下，企业组织机构会有一定变化。企业采用深度控制型模式，要求总部健全部门建制；采用目标计划型管控模式，要突出和强化经营计划管理部门的设置；采用增值运营型管控模式，通常应在总部设置业务职能管理部门，其主要关注事业部的业务发展与创新。

4. 一个好的事业部制总部可以创造出远大于其成本的价值。企业总部的价值主要体现在：规划企业整体发展战略，管控具体事业战略；持续划小经营单位和维护“集团效应”，以增强客户服务能力和市场竞争能力；权力格局的正确规划与分布，以及同步做好权力使用的监管；降低企业运行成本、提高企业运营效率；持续实施各事业模块业绩管控、业务运营轨道铺设及状态监控。

第四章
事业部领导体制设计

事业部领导体制的设计思路渗透着企业总部的管控智慧与企业稳健发展的治理意愿。从本质上来看，事业部领导体制遵循的是保障工作力与必要制约力之间的平衡原则。即，这样一套领导体制要在保障事业部坚实领导力的前提下，同步产生民主制约性，从而推动事业部更正确地决策、更稳步地发展。

第1节　事业部总经理及总经理班子负责制

事业部总经理负责制就是总经理一个人说得算吗？早在半年前这个问题就在发展规划部炸开了锅，大家当时的争论近乎白热化，可谁也说服不了谁。眼下，研究事业部制转型，又要遇到这个问题了，应该如何辩证地去理解呢？郑涛倒了一杯咖啡，打开书……

一、两种负责制的内涵

1. 事业部总经理负责制

事业部总经理负责制是指事业部总经理是事业部层面经营管理总负责人，其拥有最高决策权。在这里需要特别指明的是事业部总经理负责制并非指事业部大事小情由总经理一个人拍板决定。也就是说事业部总经理负责制与民主决策并不矛盾。总经理负责制应该是民主决策基础上的总经理负责制。对此一定会有质疑的声音：不由我完全决策，为何让我来负责？对此问题要从事业部总经理岗位的使命说起。事业部总经理的使命绝不是一人决策，然后出了问题敢于负责。这样的总经理虽然“威猛”，貌似有魄力，但绝不符合事业部总经理的岗位职责要求。因此，带有集体智慧与制约机制的民主决策机制应运而生。

民主决策机制是公司的制度化安排，而且事业部总经理在运用民主决策机制决策后仍要对其结果负首要责任。

2. 事业部总经理班子负责制

事业部总经理班子负责制表达的本意是事业部的重要决策事项要通过总经理班子按照一定程序民主决定。与总经理负责制的上述阐述相类似，总经理班子负责制也并非指事业部的所有事情都要民主决定，也不是说民主决策都是人手一票的决定。因为事业部总经理作为领导核心的地位必须予以体现，均分权力对于事业部无异于治理灾难，也难有人愿意出任这样的事业部总经理。因此，要在保障总经理负责制的前提下进行民主决策。

二、两种负责制的结合使用

理解了事业部负责制的本意，其叫法就不是最重要的了。作为治理严谨的企业，从来都不会根据称谓进行管理理解，而是要根据称谓后面的一系列规定和程序来履行职责。因此，事业部总经理负责制也好，事业部总经理班子负责制也好，都不过是一种领导体制的强调性表达，可能更强调总经理岗位的决策、指挥作用，也可能更强调总经理班子的集体决策作用，不论怎样，我们都不能极端地理解成要么是全部由总经理说的算，要么全部事项都要集体决策。事业部的科学领导体制在结构上一定是集中与民主、个体与集体的结合架构。

另外还有一个理解角度，也有必要说明一下，那就是事业部总经理负责制专指事业部决策事项的具体执行是由总经理负责的，但执行前决定的作出也许是总经理一个人拍板的，也许是事业部领导班子集体定夺的。从这个观点来看，事业部总经理负责制与领导班子负责制是个层面的划分与权限结构搭配的问题，这种观点对事业部的实际运作有一定指导意义。

三、事业部领导体制独立性的保持

之所以会产生事业部，一个重要原因就是因为企业规模变大，业务线条变多，企业直管模式已经不能对市场作出及时反应。因此，设立事业部后，必须保障事业部总经理及其领导班子对事业部的相对独立的领导，只有这样，才能发挥事业部根据前沿信息及时决策的作用。因此，在公司管控框架内，事业部领导体制一定要具有足够的自由度，以支持事业部行使充足的经营管理权限，驱动事业部更快更好地发展。那种依靠一个大脑思考整个企业发展的经营方式已经在企业实行事业部体制后寿终正寝，一个大脑带着若干小脑的模式被推上历史舞台。既然要发挥小脑的作用，那么就要建立保障小脑正常运转的企业运行机制。

维护事业部领导体制独立性的途径通常有如下六方面：

①明确事业部总经理的授权，并清晰划分总部与事业部之间的权限界面。

②明确经营管理事项审批流程，清晰划分流程节点上总部与事业部承担的责任。

③明确企业管理标准，为事业部各项工作“合法”开展提供“灯塔”与“航线”。

④对管理制度空白区进行预先规定，从而当遭遇无制度指导情况时，可以遵照一定的管理程序进行工作的推动。

⑤总部各职能部门在制度框架内开展职能管理，对于制度框架外事项，职能部门没有对事业部硬性管控的权力。

⑥公司领导不能轻易超越有关规范和原则，在主体上应通过完善制度来推动事业部的管理，辅以沟通、指导、纠偏与重要环节的指挥。

理论上而言，只要事业部在公司管控框架内，应拥有完全的自主决策权。不过，在事业部实际运营中，复杂的事情很多，制度没有做出超前界定的事项可以说比比皆是。对于游离在规范之外的事项不能说事业部总经理都可以决定，这会给公司带来很大的风险。如果以公司没有相应规定为借口，擅自做出明显错误的主观决定，那么这样的事业部总经理是缺乏企业政治素质甚至职业操守的总经理，其已经不胜任这样一个重要岗位。因此，我们一般做出如下的原则规定：制度之外的重大经营管理事项，事业部需向总部相关领导汇报自身想法或方案，批准后执行；制度之外的重要事项，情况紧急的事业部自行决定后再向公司汇报，不紧急的向公司领导请示后执行；制度之外的一般性事项，事业部自行决定后向公司相关职能部门备案。

第2节　事业部领导班子制约机制设计

谈到制约，这对郑涛而言是个新课题。没错，与激励并行的就是制约，为了避免事业部失控，必须在领导班子层面率先引入制约机制。那从何入手，又采取什么具体方法来实现呢，郑涛想了想，觉得毫无头绪，于是，他翻到这一页……

相对于事业部领导体制的独立性而言，就是要建立事业部领导体制的制约机制。

建立事业部领导体制制约机制的宗旨在于两方面，一是权力不制约就会膨胀，就会在企业二级经营层面出现“一言堂”，因此，制约机制要打破“一总独大”的局面。二是建立事业部领导体制制约机制仍是为了保障事业部决策的正确性，在决策上还是要发挥集体的作用。

事业部领导体制制约机制分外部制约与内部制约两部分，具体如下。

外部制约由企业总部来完成，主要途径集中在事业部领导班子成员产生方式设计、总部与事业部权限的分划、加强有关制度、业务审批流程执行过程的监督、派驻财务等职能管理人员驻扎事业部、总部直接开展财务或管理审计等方面。在这里，我们主要谈一下事业部领导班子成员的产生问题。要想建立事业部领导体制制约机制，那么总部就必须首先控制好事业部领导班子成员的产生资格与批准权问题。换句话说，假如公司将事业部领导成员的任免权下放给事业部，那么这种情况下组成的班子制约力一定会大受影响。同样，即使事业部班子成员任命权在总部，但对成员的任职资格缺乏审查，任命的都是总经理亲信或根本没有能力的人员，那么一定也不会达到制约效果。可见，要想产生制约力，事业部班子成员的任免权都要收到企业总部来，同时，要履行严格的任免规范和程序。这里有个细节，就是在这种情况下，事业部总经理可不可以有提名权。回答是肯定的。这主要基于两方面原因，一是如果最终任命的是事业部总经理提名的人选，那么将有利于事业部班子的团结，有利于事业部总体工作的推动。第二，制约与推荐并不矛盾，只要任命审查程序科学、严密，那么谁推荐，谁提名并不影响大局。同样，对于事业部班子成员的免职也要谨慎对待，因为这里面存在一个制约反弹效应问题，即，当班子成员对事业部总经理真正构成制约的时候，往往会被总经理一时抓住小辫子提出免职提议，此时，如总部真的批准了免职请求那么将正中其下怀，可谓打击了“忠臣”，助长了邪气。而应引起警惕的恰恰是那些团结得一塌糊涂，却漏洞百出且业绩不佳的事业部，因为这类事业部领导班子制约机制已经潜藏了不少问题，甚至已经处于制约失效的状态。

事业部领导体制的内部制约主要指来自于事业部内部的结构性或机制性的约束，以保障事业部的有关重要决策公正、客观、正确作出。内部制约的方式通常有如下五种。

一、事业部领导班子结构性分工

事业部领导班子的构成及分工是事业部内部制约的基本方式，可以根据事业部的规模和业务内涵确定法定性班子成员数量与固定分工。例如，事业部规模比较大，需要制约力强一些，那么就可以设定5名事业部总经理班子成员，分别为总经理、常务副总、销售副总、技术副总及生产副总。其大致分工为：总经理主抓全面，常务副总主抓人力资源、财务和行政后勤工作，销售副总主抓营销和服务工作，技术副总主抓产品研发、技术进步与技术支持工作，生产副总主抓采购与生产制造工作。再比如事业部规模不大，财务工作由总部直接管理，生产制造业务由公司内统一设置的生产事业部集中完成，那么可以设3名事业部总经理班子成员，分别为：总经理、营销副总和技术副总。

在这里，有三点需要讨论，一是针对事业部总经理班子的人数和分工，事业部有没有权力自己确定？二是事业部总经理某一方面业务管理能力较强，可不可以兼任该业务的副总经理？三是副总分管和副总主管在概念上有没有区别？

首先，对于事业部班子成员人数与分工，应该由总部来确定，否则就变成了运动员给自己制订比赛规则了。不过，总部在设计这一结构性制约工作的时候，要充分考虑事业部的实际情况和特点，一定要制订出既有制约力又能满足事业部经营管理需要的方案。切忌为了制约设计虚职。通常情况下，财务、营销、技术、管理四个点是制约岗位应该瞄准入座的四个方面，可以安排副总进行管理。

其次，在事业部规模较小的情况下，兼职是可以考虑的，但是也不能因此削弱制约作用，而对于规模较大的事业部，不应该考虑兼职的情况。分立制约与一人兼职本身就是一对矛盾，需要平衡来考虑。

第三，关于分管和主管的概念与内涵。笔者认为，分管的决策权仍在分管委托人手里，分管执行人获得的是委托人给予的授权。而且，这种分管授权是有弹性的，是因人而异可大可小的。例如，对事业部新任营销副总各方面素质还有待观察，那么事业部总经理可将所有业务批准权上收，如果一段时间后发现其综合能力很让人放心，那么可将大部分业务审批权下放。而主管与分管则不同，主管人所获权利直接来自于公司的规定，并不来自于上级岗位。例如，事业部新任营销副总在主管业务上具有哪些权限是公司制度性文件早有规定的，并非事业部总经理能够调整的，即便调整，也要经过审批。从以上对分管与主管的解释可以看出，如果要产生刚性的制约力，那么，就采用副总主管的模式，如想给事业部留下一些灵活处置的空间，那么就采用分管的模式。当然，在这里，需要说明的是，一些企业对分管和主管并没做什么区分，那就要看公司有关制度是如何进行实质权限与权限应用的界定的了。

此时，大家可能还会提出一点质疑：事业部的副总往往没有重要事项的决定权，重要事项的决定要么总经理做出，要么总经理班子做出，那么，在总经理做出的情况下，对总经理的制约机制还存在吗？其实，对事业部总经理的制约并非完全是一种反制，而是一种期待产生更好思想的决策机制。当事业部副总的提案和意见正确的时候，总经理在一般情况下没有不批的道理。毕竟，作为事业部总经理，其主流思想是要将事业部经营好，在这一点上，事业部班子成员是高度一致的。而且，通常情况下，事业部副总在业务上比总经理更专业，此时，这种一致性本身就是一种制约性，因为这种一致性的达成是通过班子成员互动达成的，而不是“一言堂”做出的——当副总的主张得到发挥实际上制约机制就在发挥作用了。当然，也一定会有不论副总怎么做，就是难以取得总经理首肯的情况，此时，制约机制也可以发挥作用，事业部类似的事情就会“鼓包”，从而将问题暴露出来。

通过以上的剖析我们看到，事业部领导班子的结构性分工实质上是将事业部置于一个团队的领导之下，这样的领导体制将是比较稳健的。而且，结构性的制约机制既是违规决策的防范方式也是更优决策的促成机制。

二、事业部内部权限分划

在这里，事业部内部权限分划主要指事业部领导班子成员间的权限分划。我们在此重点说明一下事业部副总经理应该拥有的权限，主要如下。

①业务战略方案及执行计划的制订权。

②主管业务涉及组织机构调整或优化的提案权。

③年度、季度、月份业务计划与预算的制订权；已批准计划与预算框架内，主管业务资金、费用的审核权；计划外事项及预算的提案权。

④主管部门负责人、基层员工任免的提名权。

⑤主管部门负责人、基层员工薪酬方案的提案权。

⑥主管部门负责人、基层员工一定额度内的日常经济、行政奖罚权。

⑦主管部门负责人、基层员工的绩效管理方案制订权、批准方案框架内考核权。

⑧主管范围内年终奖金发放方案的制订权。

⑨重要业务或涉及大额优惠、较大变故等事项提案权，一般性业务事项的决定权。

从以上权限分划中能够看到，分给副总经理的权限在一般性业务处理上为决定权，其实这是个很大的权限，相当于主管业务的日常性运营权力基本下放到副总经理手里。而其他权限虽然更多的表现为方案的制订，但这本身就是在行使副总的权限，而绝非单纯“干活”的含义。因为，组织制订方案更多地会融合进自己的思想，相当于“法定性”发表自身的观点。而且，有些重要事项是需要班子集体决定的，所以，只要方案没问题，通过的可能性还是很大的，从而支持副总经理的思路得到确立和贯彻。从这个角度看，事业部副总价值的发挥相对于总经理的“一言堂”那就是一种良性的结构性的制约机制。

三、事业部审批流程的制度化

在权限划分的基础上，事业部内部的审批流程制度化及规范履行也体现为一种无处不在的制约。因为在每一条重要流程的运转过程中，必然涉及到总经理与主管业务线的副总共同签批的情况。即便有些审批申请没有按照程序呈报副总，而是直达总经理了，总经理也会按照要求将审批转至相应副总先行处理，因为不履行这样的手续按照制度性要求就是违规行为。而对于副总而言，流转到手中的待批事项可能会被其审核通过，也可能不通过，副总的价值和制约作用因此得到体现。可见，多名班子成员共同监管一条流程的运转，这本身就是在发挥集体决策和相互制约的作用。所以，要将制约机制发挥得更到位、更具体、更细致，那么就要抓好审批流程的制度化工作，将这项工作全面铺开、定期完善，持续做好。

四、事业部重要事项的集体决策

对于事业部内的重大、重要事项，往往需要事业部领导班子集体决策。集体决策既是搭建一个汇聚集体智慧的平台，以得出正确结论，同时也潜藏着浓烈的制衡机制在其中。集体决策比较实用的有以下两种方式：

1. 投票决策

所谓投票决策，就是事业部领导班子成员投票决定是否通过某一提案。一般而言，超过半数（高要求可提升为三分之二）赞同票即为通过，所以，事业部领导班子成员总数一般设为奇数。当然，也有为了突出总经理作用的，其一票视为两票，此时，事业部领导班子成员总数应为偶数。

对于事业部重大事项的决策，还可以召开扩大会议，邀请中层干部或专业骨干参加投票，以增大投票基数。另外，对于决策报告不能只有一个单纯的票数结果，因为企业经营毕竟复杂，因此，还要附上投赞同票及反对票的事业部领导人的综合意见，这样送达总部的报告才是一个内容完整，并支持上一层决策的有效的工作要件。当然，对于不需再上报审批的决策，投票结果就是最终决定结果了，事业部内部可以将报告存档备查。

对有些企业来说，为了加大制约力度，往往硬性要求事业部内部的决策采用投票的形式，以避免大家抹不开脸面与总经理争执。不过，投票决策一般适用于人员的任免、人员的处罚方案等方面，太过复杂的决策并不适宜。

2. 民主记录决策

民主记录决策是指在会议最后，事业部领导班子成员都要发表结论性意见，即，认为该方案是否可以通过，理由是什么，事业部总经理在此基础上进行民主集中决策。而后，这样一份会议结论都要原原本本向上汇报，总部在此基础上进行上层决策。当然，对于不需上报的决策事项则直接得出内部结论，报告材料存档即可。民主记录决策适用于对经营策略、管理思路方案的审批或审议，而且一些即便通过的方案也可能会有一些补充事项，因此，需要总经理最后进行总结性完善及其工作再部署。

对于以上的投票决策和民主记录决策，实际上投票决策的刚性制约力更大。所以，如果事业部的总经理比较强势，比较霸道，又因能力问题需要一定程度制约，那么就可采用投票决策方式，各位副总也比较容易坚持自己的意见，总经理对结果也只能接受。而对于日常就比较民主，风格相对稳健、能力确实突出的总经理则可采用民主记录决策的方式，以给其进一步的发挥空间。

五、事业部重要信息的共享

企业总部对事业部的内部信息共享情况要给予制度化规范并进行工作检查，确保事业部有关信息在总经理班子成员间、事业部领导层与中层之间、中层与基层间能够充分共享。在这里，需要说明的是，事业部信息不仅指产生于事业部内部的经营管理信息，还包括来自于企业总部的各类信息，如总部下发的管理政策，各项制度以及明确说明需传达到相应岗位的各类文件等。

封锁信息的情况在事业部内部往往是存在的，例如，在信息技术应用落后的事业部，其总经理就有看完公司新下达的文件后就将其锁在自己抽屉里的习惯，或者晚一周再传达。类似的行为如果严重，很多信息就会被阻断，久而久之，这种做法就会使班子其他成员眼花耳聋，沦落到彻底的信息不对称境地，将无法提出有见地、有力度的观点，也会给总部以能力较差的错觉，显然，也会因此让事业部重新回到“一总独大”的格局中。当然，企业信息化及总部的频繁检查可使事业部这一被动局面得到扭转，但事业部内部的经营信息的不共享仍须通过制度建设有效防范。

第3节　事业部“双核”领导体制设计

“在一个公司有两个平起平坐的‘头儿’，这可能吗?”郑涛自言自语道，反正在他们公司采用这种体制的可能性不大。说也奇怪，心里已然是这么想了，可还是不由自主地翻到了这一页，这个并不多见的“双核”体制仿佛有一种魔力……

所谓“双核”领导体制是指企业拥有两位最高领导人同时领导企业的情况(见图4-1)。例如，企业可能设置两位执行官共同领导企业发展，只不过各有分工。

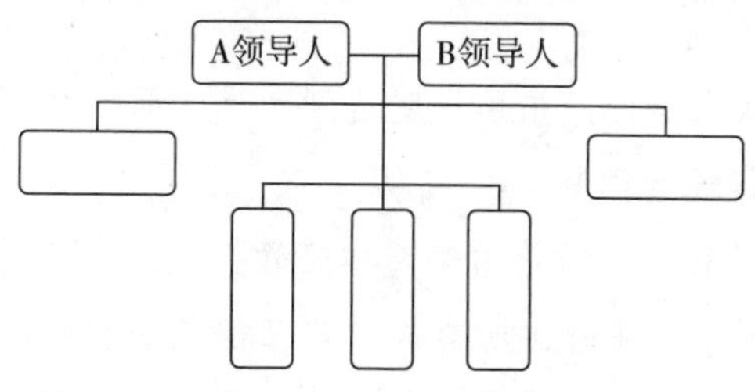

图4-1　同样级别的“双核”领导

通常情况下，我们都习惯于一人领导企业，应该说这已经成为我们的一个思维定势。其实，超越一人的并行领导体制也是值得研究的领导模式，而且其对事业部制企业而言别有一番意义。在企业界，“双核”领导并不是新鲜事物，很多知名企业如高盛、因特尔、雅虎等都采用过这种看似怪异的领导模式，并取得了不小的成功。

如何理解这种“双核”领导体制依据的管理原理呢？

回归企业运营和发展需要坚实的领导力的起点，我们不难理解企业领导人只不过是企业产生领导力的源泉。可是，谁又能说产生领导力的必须而且只能是一个企业领导人呢？两个人握手在一起如能产生更强的领导力，那么可不可以取代一个人作为最高领导的模式呢？要知道，我们要的是持续的领导力，而不是一个人或两个人。

那么，“双核”领导力构架成立的本质性特征又是什么呢？是互补。如果“双核”领导在结构上不能产生互补作用，那么这样的“双核”是没有实际意义的。

当然，产生领导力的若干方案中有个最优化的问题，也许，我们实践更多认识更透的是一人领导，而“双核”领导体制由于貌似存在多头领导以及确实存在二人协作的问题，在获得其独一无二的组合优势的同时也必然产生一定的管理与协调成本，因此，我们往往在这个相对复杂和朦胧的问题面前退却了，只不过，有少数企业提着这把双刃刀迎难而上了，并取得了令人惊喜的业绩——事有一利就有一弊，最怕的是没有探究就略过了，也许，“双核”制带来的一些麻烦我们是能避免或者减少的。

专栏4.1　海盗的双核领导体制

海盗之所以从未消亡，并且一度达到鼎盛，原因之一便是其建立了极具特色的“双核”领导体制。

海盗组织的“双核”领导由船长和船管构成。在平时军事训练、策划进攻行动及指挥现场战斗时，所有成员均归船长全权指挥。船长具有绝对的权力，包括船管在内，都要按照船长的指令行事，否则，会受到严厉的惩罚。而在战事平息、养精蓄锐时，则全船的总管权转由船管负责，此时，船长就要反过来听从并支持船管的安排，以维护日常生活秩序，并完成对战利品和生活资源的公平分配。

> 根据职责分工的性质，一般船长都头脑灵活、善于谋划、刚毅勇猛、果断干练、个人战斗力出众，且具有丰富的临场指挥经验。而船管则为人亲民、性情稳健、凝聚力强、善于沟通、具有良好的团队管理技能。这种性格与能力上的互补实现了海盗组织的平衡管控，使之不论遇到什么情况，都有领导及时现身，履行自己的职责，使船队始终处于有序运转状态中。
>
> 海盗“双核”领导体制的建立，也使得船长在日常得到很好的休息和调养，根本不会为琐事劳神操心，从而一心研究军事行动，并打好每一仗，有力保障船队的“收入”。而船管则潜心于船队的整体秩序维护，全面做好后勤服务工作，支持船长的每一次行动，并在战斗结束时做好善后工作。
>
> 海盗上述战时非战时的明确分工，以及船长与船管的秉性互补，有效避免了“双核”之间因领导界限不清导致的冲突，同时，顺利化解了对最高领导“既能战又能管”的近乎完美的要求，变一为二，从而构筑起一个奇特而又稳健的领导体制。

下面，我们主要谈一下“双核”领导体制在事业部制企业内的应用。

一、构建“双核”领导体制的意义

1. 宏观意义

在这里，我们首先要抛出一个关键性问题，那就是在事业部层面探讨“双核”领导体制是为了构建制约机制还是驱动机制，即，是为了事业部领导层能力互补还是为了相互牵制？

应该说，“双核”领导体制两方面的作用都有，不过，一点是明确的，主流一定是为了加强事业部的领导力、决策力和管理力，辅助的才是制约作用——这一点十分重要，不能将其宗旨搞偏了。只有发挥1+1>2的作用，“双核”领导体制在事业部才是有意义的，否则，一味强调制约就会变成1+1<2甚至<1。

因此，从宏观角度而言，“双核”领导体制因互补性结构能为事业带来更强大也更丰富的领导力、更稳健也更正确的决策力、更专业也更充沛的管理力。

2. “双核”领导体制面向的方向与微观意义

如果事业部采用“双核”领导体制，那么这两位领导应该如何分工呢？

其实，这种分工必须结合总部的管控思想来确定。因为事业部采用了这种体制，那么一定是总部的一种制度性安排，作为事业部总经理是没有丝毫动力建立这种体制的。

作为总部，其实最担心的就是事业部的长远发展问题及制度建设问题。作为战略经营单元的事业部，其总经理人选一般在业务上都比较擅长，或者营销出身或者技术出身，专门从事管理工作的也有，但还是从业务线上得到提拔的居多。而注重短期利益的争夺，忽视战略性发展工作则一直是事业部的薄弱环节。因此，如果建立“双核”领导体制的话，总部会优先考虑事业部的一位领导主抓业务运营工作，一位领导主抓战略规划与管理制度建设工作，从而达到既重视眼前收益，又面向长远发展，既能抓好经营，又能强化管理的目的。

至于“双核”领导的分工还有一些落脚点，例如，一位领导抓好营销工作，一位领导抓好技术、生产与后勤工作；一位领导抓好新市场新客户的开发工作，一位领导抓好老用户的维护和产品开发工作；一位领导抓好战略规划与新品开发工作，一位领导抓好现行产品的运营工作；一位领导抓好渠道销售与服务工作，一位领导抓好个别大客户直销与产品开发工作等。这些落脚点虽然也呈现出一种分工的性质，但是弊端较多，主要表现为要么分工界限不够清晰，要么分工后的工作量及工作重心明显偏向其中一位领导，当然，最大的问题是分工的目的模糊，价值不大。而按照业务运营与战略规划、制度管理进行分工则意义不同，其互补性最强，利于事业部在保持市场竞争力的同时获得发展驱动力。有一句话从另一个角度比较生动地描述了“双核”领导的各自价值，那就是双核领导中一人负责“埋头拉车”，另一人负责“抬头看路”。

二、“双核”制的运营原则与策略

在本部分，我们将继续细化事业部“双核”制领导体制，以弥补上述粗线条论述的不够形象和具体。我们可以按照如下思路来建立事业部的“双核”领导体制。

1. 确定双核领导的职务名称、地位关系与分工

我们可以确定一位领导为事业部的运营总经理，一位领导为事业部的管理总经理。运营总经理与管理总经理是平级关系。其分工如下。

（1）运营总经理

①主抓事业部的营销、技术与生产采购工作。

②主抓事业部的经营计划与预算工作。

③主抓事业部的行政办公、财务、人力资源与后勤管理工作。

（2）管理总经理

①主抓事业部的战略管理工作。

②主抓事业部组织建设、机制建设与制度、流程建设工作。

③参与事业部的经营计划与预算监督及各类考核工作。

④主管事业部的内部信息系统管理工作。

⑤贯彻公司的各类政策与制度。

“双核”领导除了分工之外，还有重要事项要合议，例如，事业部年度经营计划的最后确定，副总、中层干部的任免提名等。当然，其中一些合议事项是要提到事业部领导班子会上去决策的。

2. 选派“双核”领导的合适人选

在任职资格上，“双核”领导应该强调其各自特质与专业能力，从而形成互补的领导格局。通常而言，运营总经理应具有十足的工作魄力、善于推动经营、与外界客户沟通能力强，业务运营经验丰富。而管理总经理则应风格稳健细腻，善于战略规划和内控管理，同时在组织运行、激励机制建设上具有丰富的经验。

3. 建立“双核”领导的直属工作机构

直属机构的主要职能在于按照总经理的思路落实具体工作，并进行过程监

督与考核。

对于运营总经理而言，其直属机构较多，此处不必赘述。而对于管理总经理，则要建立必要的工作机构，以协助其具体落实有关管理工作，否则，其工作将逐步被虚化，不能切实发挥刚性作用——这是解决脑袋下面要有腿的问题，否则，只有思路在空中飞，却没有腿脚在地面走。如果事业部具备一定规模，那么管理总经理之下应设有承担战略管理、企业管理、信息管理职能的部门。当然，为了机构精简，战略、企管、信息职能可以归入一个部门如战略与管理中心。

4. “双核”领导的权限

在日常直管范围的业务处理上，双核领导拥有各自的决定权，例如，运营总经理对研产销工作的推动、协调和控制具有充分的自主权，管理总经理对战略管理、组织优化和制度建设具有充分的自主权。不过，上面已经提及，在涉及事业部重要的经营活动、方案、人事、财务等问题，则需要“双核”领导合议决定，甚至需要总经理班子集体决定。

5. 确立“双核”领导的共同责任制

“双核”领导虽然在地位上平起平坐，而且各有分工，但其工作宗旨与大目标是高度一致的，那就是要让事业部达成总部要求的经营目标并保持持续发展的内在动力——这是“双核”领导承担的共同责任。从这个角度而言，“双核”领导应该是一体化的领导主体，一荣俱荣，一损俱损，所以，应该特别注重工作的协助和配合。从对“双核”领导的绩效评价方面，总部要在考核其各自分工绩效的基础上，将事业部整体经营结果与“双核”领导共同挂钩，从而提高“双核”之间的协作黏性，增大双核体制的合力。

6. 制订“双核”领导的薪酬机制与业绩考核制度

由于“双核”领导既有分工又要合作，因此，对“双核”领导的薪酬与业绩考核机制应本着以下要点进行制订。

①对事业部的年度经营结果的考核，运营总经理占较大比重挂钩，管理总

经理占次要比重挂钩；对事业部立足发展的要素考核，管理总经理占较大比重挂钩，运营总经理占次要比重挂钩。

②对于日常绩效考核，则按照双核领导的各自分工各自考核。

③建立对“双核”领导之间的配合与制约考核机制，即经常发生冲突或“同流合污”的双核负责人一定会按照有关规程受到相应的处罚。

④“双核”领导在应得收入额度上应基本持平。

7. 建立“双核”领导的协商机制

作为“双核”领导，日常工作的摩擦是不可避免的，这也是“双核”体制需要付出的管理成本代价。因此，一定要建立相应的协商机制，否则，有些冲突就会变得不能及时得到调和而影响事业部的正常运营。“双核”体制的协商机制主要包括如下内容。

①以统一形象一致对外。“双核”领导在员工、合作伙伴及客户面前，一定要让外界感觉其关系是非常团结与稳固的，是合作愉快与相互支持的——外界窥探不到任何分歧，只有这样才能提高事业部的领导力与凝聚力，才能顺利贯彻事业部的有关政策与制度。所以，“双核”领导彼此有不同意见可以私下交流，在公众面前，要表现出融洽的一面。

②遵守管理界限，以建议的形式参与对方管理。按照分工与组织隶属关系，“双核”领导都有各自的直管部门和管理范围，超越管理界限，将手伸到对方的“一亩三分地”去发号施令是违反组织运行原则的，也是会制造很多冲突与不愉快的。如因工作需要，必须跨范围开展工作，那么应该事先作以沟通，以避免误解。另外，在日常工作中，如对对方工作有自己的想法，那么可以以建议的形式提出。

③私下协商或请求评判。有时候“双核”领导之间会发生激烈冲突，此时应启动事先约定好的预案，一种方式为两人将争议暂时搁置，下班后找个宽松的环境深度沟通，沟通原则为一方谈想法，另一方不准打断，且必须站在对方角度考虑，期待最后能够达成一个妥协方案。另一种方式为邀请事业部更多干部进行商议或请求总部级领导进行评判。

专栏4.2 “双核”领导的冲突

有一周了，公司的沈总不见笑脸。知情人都了解，沈总是为事业部的“双核”领导体制所烦恼。也是，公司五个事业部，除了一个省心，其余四个中有三个“双核”人物不和，还有一个关系太和了，和得快成“一核”了。

这三个不和的，有一个是明着就不和——两个脾气倔强，情商不高的人物被鬼使神差地安排到了一个事业部。有两个是明和暗不和，四个人都很阴柔、城府很深。而那个和到一起的“双核”则丝毫不会发挥制约作用了。

“这种情况不能再继续下去了”，想到这儿，沈总开始谋划思路：两个倔人不能放在一起，其中主抓管理的其固执的性格不适于在事业部做领导，需要作职位调整。另四个“城府派”有一个跟谁都难以配合好，也要作调整。已经“合二为一”的两位必须掰开，其中一位不能再担任事业部领导职务。

不过，沈总也很清楚，解决这些问题不能单靠人员调整，公司的激励和约束机制也有缺陷，干部的政治素质和职业素养也需提高，这些都要采取措施予以弥补。当然，沈总烦恼归烦恼，对于最终解决眼前的问题他还是有一定信心的，尤其那个让人省心、人人称道的事业部令其颇感欣慰，他打算亲自过问一下，看看人家“双核”之间是如何协作的。

8. “双核”领导对上负责关系的设计

“双核”领导对谁负责呢？有如下两种模式可供讨论：

①“双核”领导均归公司总经理直接领导。此种模式的好处是可以促进“双核”领导更有效率地走向一致，包括日常出现冲突也好协调。差强人意之处在于总经理协调工作量增大，一旦精力不够用，也会耽误事业部的正常运营。另外，由于直面总经理往往存在心理压力，因此有时候问题不会得到最快暴露，

而是埋在事业部内部，积累多了一旦爆发将造成更大损害。

②“双核”领导中，运营总经理归公司运营副总领导，管理副总归公司主抓战略、制度建设的副总领导。此模式的好处是总部领导对事业部工作的推动是按照专业分工进行的，因此能够更深入、更细化，事业部“双核”领导得到的支持会更及时、更有效。不足之处在于一旦“双核”领导发生冲突，矛盾上移，而主管运营的副总与主管战略制度的副总也不能达成一致，此时还需要总经理出现协调，从而造成多层级协调，工作效率较低。

三、“双核”领导体制异化设计

①“双核”领导职位的异化设置：事业部设总经理与首席制度官岗位，其为平级地位，分工与协作原则同上。

②“双核”领导体制异化的宗旨为：首席制度官不仅要做好事业部的战略与制度化工作，同时还要做好对事业部的整体监督工作。

③“双核”领导体制异化的具体模式特征。

——首席制度官由公司总部派驻，以加大对事业部长效机制的建设、整体工作的监控及公司相关政策的贯彻工作。

——公司总部层面亦建立同样的“双核”管理体制，事业部首席制度官由公司首席制度官领导和派出。

——首席制度官与公司领导层之间保持独立沟通。

——首席制度官可在不同事业部实行轮岗制。

四、“双核”领导体制的应用原则

“双核”领导体制相对比较复杂，管理成本较高，一般用于规模较大、管理基础较好、领导层理念较新或处于高速成长期的事业部制企业。对于小规模、管理基础薄弱、管理层思想保守的企业不宜采用。

第4节　事业部总经理的产生

谈到事业部总经理的遴选与上任，这好像是所有人都关心的话题。这不，有好几个人都在背后向郑涛打听诸如用人标准、任命程序的事儿了。的确，只有规范、有效的用人制度保障，才能让人才选脱颖而出。想到这儿，郑涛深感责任重大，于是，挑灯夜战，攻读这一节……

作为企业的核心岗位人，事业部总经理人选的产生机制和程序至关重要，这是事业部制治理中不可或缺的重要内容，值得我们去深入研究和实践。一套完善的总经理上任规程将不仅包括总经理职位的用人标准问题，还包括对总经理的人选来源及总经理的上任步骤与策略的思量，其目的是降低总经理的用人风险，避免任用不慎造成组织震荡，影响事业部的经济效益和阶段性发展。

一、事业部总经理的用人标准

事业部总经理是事业部制企业的核心价值岗位，因此，从人力资源角度要对其用人标准作出明确的界定。一般而言，企业会根据事业部所处的发展阶段以及事业部亟待加强的业务重点进行总经理用人标准的确定。例如，当事业部处于组建初期时，企业希望有一位富有魄力、决断力强，能够把控局面的事业部总经理出现，而且最好营销方面是其专长。当事业部发展到一定阶段，业务成长达到一定程度的时候，企业则希望一位侧重管理的总经理在任，以便能够从制度、机制角度进行事业部的持续建设，支持事业部的规模化发展。

事业部总经理的用人标准通常与岗位职责相结合，共同写在职位说明书当中。我们就从通常角度出发，制订一份事业部总经理的岗位说明书，具体如表4－1：

表 4－1　　事业部总经理岗位说明书

<table>
<tr><td>岗位名称</td><td>×××事业部总经理</td><td>所属部门</td><td>×××事业部</td><td>直接上级</td><td>公司总经理</td></tr>
<tr><td>直接下级</td><td>事业部副总经理等</td><td>部门规模</td><td>×××人</td><td>岗位定编</td><td>1</td></tr>
<tr><td>职　系</td><td>管理</td><td>岗位薪等</td><td>×级×等</td><td>晋升岗位</td><td>总部职能部门负责人、公司副总经理、总经理等</td></tr>
<tr><td colspan="6">岗位地位与功能概述：
事业部总经理是公司事业分支的负责人，其属于公司核心价值岗位。推动事业部持续发展，取得既定的经营业绩是事业部总经理的使命。其主要岗位职责包括：事业部的发展战略管理、经营计划与预算管理、组织与人事管理、财务管理、日常业务运营管理及负责与总部的沟通，以取得必要资源与工作支持。</td></tr>
<tr><td>岗位职责</td><td colspan="5">1. 事业部战略管理
（1）制订事业部发展战略、战略计划与战略预算，并通过公司的审批；
（2）承接战略计划制订年度经营计划，在宏观时间周期内监督战略计划的执行；
（3）每半年形成一份战略计划执行报告，接受公司的战略质询与审计；
（4）每年优化一次发展战略方案，适时调整战略执行计划。
2. 事业部经营计划与预算管理
（1）承接事业部发展战略，制订事业部年度经营方针与年度计划及预算，并通过公司审批；
（2）承接事业部年度计划，制订事业部半年、季度、月份经营计划与预算，并通过公司审批；
（3）制订事业部经营计划执行计划，并监督执行；
（4）组织事业部经营计划与预算偏差分析，并进行相关整改；
（5）根据形势变化，组织经营计划与预算的适时调整；
（6）组织上报理由充分的计划外事项申请；
（7）制订事业部内部计划与预算执行考核办法。
3. 事业部组织管理
（1）制订事业部组织架构及组织运行优化方案，并通过公司审批；
（2）制订事业部部门职能方案；
（3）制订事业部内部各部门工作业绩考核方案。
4. 事业部人力资源管理
（1）制订事业部人力资源计划；
（2）制订事业部各级岗位职责说明书；
（3）制订事业部薪酬总额、编制方案，并通过公司审批；
（4）制订事业部人员任免、辞聘、异动制度；
（5）制订事业部薪酬与绩效管理方案；
（6）制订事业部员工晋升制度与培训制度。</td></tr>
</table>

续表

岗位职责	5. 事业部财务管理 （1）制订事业部基本财务管理制度； （2）制订事业部资产管理制度； （3）制订事业部资金管理制度； （4）制订事业部财务报告与财务报表。 6. 事业部业务机制与业务模式管理 （1）制订事业部研发激励机制、项目管理优化办法； （2）制订事业部生产激励机制、生产效率提升与成本管理办法； （3）制订事业部营销与服务激励机制、营销与服务模式优化办法。 7. 事业部日常运营管理 （1）制订事业部业务管理政策、制度与流程； （2）指挥、指导、组织、协调事业部具体运营活动。 8. 事业部间合作与内部市场交易 在公司内部运行规则框架下，制订事业部产品或服务价格、合作模式。 9. 资源获得 （1）利用任何机会，争取各类资源； （2）利用年度经营计划与预算的制订、沟通过程获得有关资金、资产、权限、人员等资源； （3）根据形势变化，随时提出各类请求，并尽力说服总部。
权限	1. 人事权 （1）领导班子其他成员任免、薪酬方案、年终奖金的提名、提案权； （2）中层及基层员工任免、辞聘、异动、薪酬方案、年终奖金的决定权。 2. 财务权 预算内资金使用（事业部总经理本人费用除外）审批权。 3. 业务权 公司规定需上报审批外的所有其他事项的审批权。
薪酬与绩效	1. 月薪 （1）月薪结构为：基本工资 + 岗位工资，其中岗位工资中 30% 为绩效工资； （2）绩效工资按照事业部总经理岗位绩效考核办法每月考核发放。 2. 年终奖金 （1）年终奖分为年度效益奖金与发展贡献奖金两部分； （2）年度效益奖金按照年度效益奖金办法考核发放，主要考核指标为收入、净利、净现。发展贡献奖金延迟一年发放，主要考核指标为：事业部经济指标增量及战略计划执行情况、经营模式创新、新品销售额及占比、新市场开拓情况、代理商发展情况、骨干人才流动率、管理制度优化与完善等方面。 3. 公司总经理特别奖 按照公司总经理特别奖评选标准评价、发放。 4. 股份 （1）持有 × × 股虚拟股份； （2）在岗则有，离岗则无； （3）根据股份分红方案分红。

续表

<table>
<tr><td>职务待遇</td><td colspan="2">1. 配置××标准的公车；
2. 办公室使用面积在××米~××米之间；
3. 配置高档笔记本电脑；
4. 未婚可享受独身宿舍单间，单间内配有空调、电视、冰箱、微波炉、炉具及必要家具；
5. 可配备专职秘书，限一名。</td></tr>
<tr><td rowspan="5">任职条件</td><td>学历要求</td><td>正规统招本科以上学历。</td></tr>
<tr><td>工作经验</td><td>具有大中型企业事业部、子公司总经理岗位3年以上管理工作经验。</td></tr>
<tr><td>专业能力</td><td>在企业全面管理与运营、营销或技术方面具有一定的专业能力。</td></tr>
<tr><td>素质要求</td><td>1. 具有较强的领导力、善于沟通、工作富有魄力；
2. 能熟练使用办公软件。</td></tr>
<tr><td>其他要求</td><td>创新意识强。</td></tr>
</table>

作为公司人力部门，应从战略人力资源的角度将事业部总经理职位用人标准工作管起来，出台事业部总经理岗位用人标准优化制度，根据企业对事业部提出的新要求以及事业部不同发展阶段的形势变化，同步进行总经理用人标准的修正。具体管理要点如下：

①从当期效益和发展储备两个角度分析，同时结合对事业部具体发展计划要点的把握，总结企业对事业部的关键要求，从而在总体层面构建事业部总经理的素质模型。

②从事业部目前处于“营销拉动”还是“技术驱动”角度进行总经理能力的判断。

③从影响事业部发展的能力“短板”出发，界定事业部总经理职位的突出能力方向。

④从事业部总理班子的搭配和互补的角度来判别总经理需要具备的能力。

⑤结合事业部所处的发展阶段进行考虑。

⑥根据事业部的整体文化氛围进行事业部总经理的素质考量。

⑦从对事业部总经理的岗位职责描述层面进行事业部总经理复合型素质的总体把握。

当然，在实际操作中，一旦事业部总经理上任后，即便从人力资源角度制订的总经理用人标准在“与时俱进”的不断修正，也不见得要立刻更换现有总经理人选。因为人无完人，只要用人标准与实际人选没有决定性的出入，一定坚持原有人选的延续。从这个角度而言，用人标准的修正与人选的不动似乎矛盾，是不是说明用人标准管理这项工作就是个“摆设”，没什么实际意义呢？答案当然是否定的。因为用人标准首先是衡量事业部总经理的一面镜子，一旦差异很大，就会将更换人选这项工作推向台前，提上日程。差异不大的情况下，其意义也是明显的，那就是从总经理角度，其可以通过对比，发现自身存在的差距，努力完善自我。而从公司角度，可以根据存在的差异，进行事业部总经理班子互补能力的加强，推动其相应职能部门、业务部门的建设，并从总部层面加强相应方面的日常管控及防范，从而弥补事业部的薄弱部分与方面。

二、事业部总经理的任命策略与形式

对于事业部总经理的任命，除了要坚持走公司既定的干部任命程序外，更要注重任命策略地运用，防止造成“被动任命”问题。

所谓被动任命是指将不胜任的人选一步到位推到正职岗位上，该人选短期内即暴露出诸多问题，造成公司不得不再次做出人事调整，或因没有更合适人选接续而导致企业处于两难境地的现象。

引发被动任命问题主要有两个原因，一是在对人选没有考查到位的情况下错误地认为已经看准了“人才”；二是不懂得任命策略，缺少任命智慧，任命上岗程序走得过急过快。

频频发生被动任命问题引发的负面后果是要引起注意的。首先，因人选工作不力，或公司要对总经理岗位再次做出调整，那么对相应事业部工作将产生影响，甚至出现动荡。其次，事业部总经理的频繁异动，显示出公司决策层在人员选用判断上缺乏能力。第三，反复出现用人纰漏，就会将这一问题上升为企业意识形态问题，导致公司领导层威信下降，员工会认为公司决策随意、风格欠稳健，视重要干部任免为儿戏。第四，也会对干部心理造成阴影或麻痹，大家逐步认为干部上下为平常事儿，晋升了也不用多兴奋，降级了也属于正常。

既然对事业部总经理人选确定不能轻率和贸然，同时对新的人选到底在实际工作中表现如何吃不准，那么就要采取稳健、渐进式的任命路线。具体方法有如下几种可供借鉴：

1. 在事业部原总经理已经离任的情况下的任命方法

①通常路线。将总经理人选先任命成事业部代理总经理，在时机成熟时，再实行转正，任命为总经理（见图 4－2）。对代理总经理可以实行代理级别的薪酬待遇，也可以一步到位实行正式总经理岗位的薪酬标准。

图 4－2　事业部总经理任命的通常路线

②迂回路线。将总经理人选先任命为公司总经理特别助理，下到事业部代管事业部工作，在时间成熟时，任命为事业部代理总经理或一步到位任命为事业部总经理（见图 4－3）。

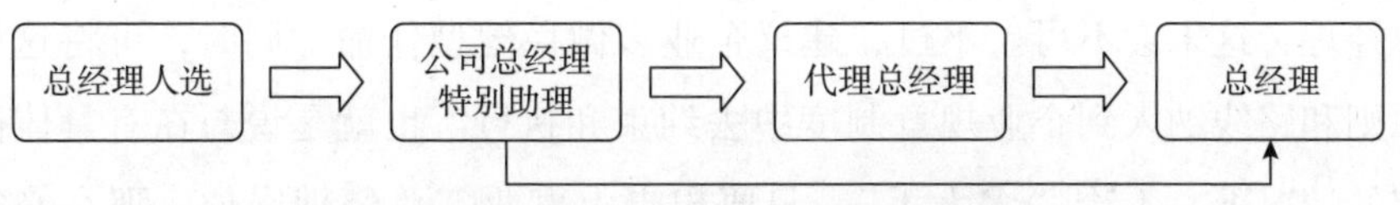

图 4－3　事业部总经理任命的迂回路线

上述两种方式的区别在于，第二种方式给公司留的回旋余地更大，在操作手法上也更具隐蔽性。也就是说，按照第二种方式操作，下一步事业部总经理是另外一个人选也很正常，因为前期的任命是公司总经理助理代管事业部，可看作是公司的一种阶段性代管安排。在细节处理上，第二种任命路线中的总经理助理，其薪酬应走总部薪酬体系，具体薪资在总部支付，而不应让事业部负担，这样做，隐蔽性也会更强。

2. 在拟调整的事业部总经理仍要短期在岗的情况下的任命方法

①可将人选任命成事业部副总经理或总经理助理，直接进入事业部主抓关键工作，待岗位正式调整时，将其扶正（见图 4－4）。

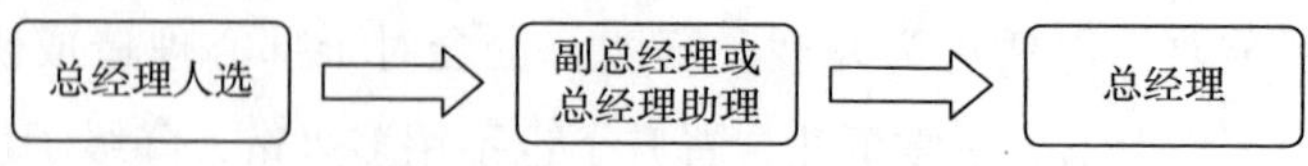

图 4-4　在事业部内任命路线

②将人选任命成公司总经理特别助理，受命于公司总经理的工作部署，在事业部外阶段性主抓该事业部的经营与管理状况调研工作，待岗位调整时，再将其任命成事业部代理总经理或总经理（见图 4-5）。

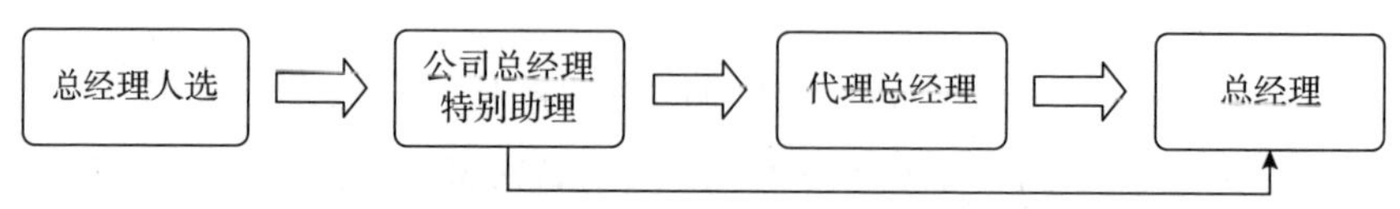

图 4-5　在事业部外任命路线

上述两种方式的好处是，可以让人选有相应的时间对事业部情况进行了解。两者的微观区别是，第一种方式可让人选对事业部关键业务有个更加深入的了解，避免一些隐含问题在事业部总经理卸任后才暴露，而第二种方式则继任推进过程更和缓一些，有利于实现更平稳的过渡。

当然，对于优秀的人选，经过综合考虑没有什么问题，可直接任命成事业部总经理，这未尝不可。不过，建议企业多做稳健型任命。同时，可将这种任命原则和路线纳入到企业规章制度中去约束和执行。也就是说，在有具体制度规定的情况下，不论“多大手”，只要想走上事业部总经理岗位，那么必须要经过所要求的过渡性岗位的锤炼，方可转为正职。

三、事业部总经理的兼任

有的企业出于不放心，在事业部组建之初，往往由集团高管兼任事业部总经理。这样做如果是短期过渡还勉强可以，如果兼任时间过长或者是一种固定兼任的安排，那么就会带来一系列问题，主要体现在以下三方面：

①会让集团决策处于两难境地。当对事业部的有关管控政策、制度等进行决议的时候，兼任高管的立场会出现矛盾，不知屁股应该坐在高管位置上，还是应该坐在事业部负责人的位置上。

②会无形中增加总部职能部门的工作难度。面对由高管兼任的事业部总经理，职能部门的心里还是“打鼓”的，特别是当其也正好为职能部门直接上司的时候，职能部门也就基本失去了管控的客观性。如果对事业部的管控是有选择性的，将很大程度影响事业部制的良性运行。

③会影响事业部之间的公平合作。毫无疑问，高管兼任的事业部处于强势地位，会一定程度影响需要通过协商促成的内部市场交易行为。同时，在出现冲突的时候，也不利于公平、公正地化解和处理，最起码在心理上会有某种负担或误解。

还有一种兼任，就是某事业部总经理兼任两个事业部负责人的情况，这种兼任只能是短期权宜之计，应尽快结束（当然，如果是事业部合并之前的过渡，则另当别论）。

四、事业部总经理的内部培养与空降

1. 事业部总经理的内部培养

在事业部制体制下，事业部总经理岗位其价值不言而喻，属于公司最具核心意义的岗位。因此，对事业部总经理人选的内部培养一定要提升为企业重要事件，并要纳入到战略性人力资源计划当中。具体原则和路线如下：

①对事业部总经理人选要立足内部长期培养，同时，实行比较低调的接班人计划，而不能“急用人急找人”、“现上轿现扎耳朵眼”。

②事业部总经理人选可源自企业诸多岗位，即可来源于事业部内部，也可来源于其他事业部，还可来源于总部，即可来自营销体系，也可来自技术体系，还可来自管理体系。

③事业部总经理内部培养计划原则如下：

定目标：每个事业部总经理都应有 2 ~ 3 名后续接班人。

定基调：培养计划要低调甚至隐蔽实施。不仅要对广大员工保密，而且被培养人本人不到培养后期甚至最后阶段也最好不要知道。否则，会对现行工作带来较大困扰，不仅现任事业部总经理会有不稳定的感觉，而且被培养人也可能产生骄傲情绪。加之培养计划可能出现变故导致过程中易人，那么被培养人情绪肯定会大受影响，从而对工作及本人在企业进一步发展不利。当然，采取这么谨慎的态度，绝对不是说连公司实行事业部总经理接班人制度这件事都不能让员工知道，这完全是两把事。也就是说，事业部总经理接班人计划作为公司的一项用人制度是要公开的，但具体行动和人选跟踪计划则是要保密的。

定实施机构：事业部总经理培养计划要由公司总经理亲自领导实施，并将具体工作委派给总经理助理或人力总监具体执行。

定方法：第一，信息收集：通过采取部门信息日常整体上报的形式，拣出候选人的上报材料进行分析；关注周围员工的评价；述职过程中，关注候选人的情况。第二，培训机会赋予：按照候选人的条件组织重要培训机会申报，并批准候选人参加。第三，轮岗锻炼：以岗位缺人和有人推荐为由，有意安排候选人在事业部重要岗位、总部关键岗位上进行轮岗锻炼，并关注其在岗表现情况。当然，岗位空缺不都是策划出来的，而是相当一部分也确实存在空缺情况，那么就趁机进行轮岗安排了。第四，特命事项考验：以解决某一问题或紧急事件为由，有意对候选人进行特命工作部署，以考验其意志、检测其综合素质、处事能力与专业能力。

建立接班人人事档案：这个档案不同于人力资源部的常规人事档案，而是为接班人计划准备的，是为了满足接班人计划实施的需要。对这份档案要实行独立管理、限权查阅。

专栏 4.3　内部培养的眼界

明仲公司是一家食品企业，实行事业部制转型后，公司启动了事业部总经理后续人选的内部培养工作。不过后续上任的总经理大部分都没坐上一两年，就因管理无方而被公司陆续免职。

分析继任计划受挫的原因，公司人力资源总监方琼自然心知肚明。当初在确定培养对象的时候，公司总经理选定的人选绝大部分是驻外销售大区的负责人，按照总经理的说法，这些人骁勇善战，攻城略地经验丰富，有股冲劲，如果再能在管理上有所提升，担任事业部总经理应该不成问题。对此，访琼多次跟总经理表达过不同意见。访琼的观点是：大部分大区经理都是销售型的人才，但事业部要求的是能够把控大局和进行深度谋划的人选，两者距离相差不小。而且，管理技能的提升是积淀出来的，并非催熟而成的，大区经理如想短期内补上管理这门课，客观而言，是比较困难的。总经理并不认同方琼的想法，他说：你看，我就是销售出身，现在不也坐在总经理的位置上主持大局吗？

其实，方琼心里很清楚，总经理青睐大区经理主要有两个原因，一是他典型的“销售出身”，确实有“销售情结”，二是他目前想要的还是短期效益。不过，事实胜于雄辩，精心培养的事业部总经理走到台前还是吃不住劲，纷纷夭折，对此，公司总经理终于受到了触动，这不，在昨天的班子会上，他作了自我检讨，并将事业部总经理后续培养计划全权交给方琼来负责。

2. 事业部总经理的空降

谈及职业经理人的空降，很多人估计会谈之变色，因为业界传说的空降阵亡率奇高。实际上，这并非言过其实，对于重要岗位采用空降的方式确实容易失败。究其原因，不外乎两大方面：第一大方面，是职业经理个人的问题，其表现在心高气傲、急于求成，最终落个欲速而不达、只好黯然离开。应该说，职业经理人大多数没有败在能力上，而败在对落脚公司情况缺乏耐心了解、对企业已形成的优势不能虚心承认、在文化方面难以真正融入以及在复杂人际关系的处理上欠缺技巧等问题上。第二大方面，是引入职业经理人的企业本身存在问题，其没有对职业经理落地生根的艰难性给予足够的预见，同时，也没有为成功接纳一名新人提供一系列的支持。这里的预见包含两方面内容，一是指对新人的到来会遇到哪些关键阻力和困难要做透彻分析，二是要认识到职业经理是人不是神，因此，来了就要求其立竿见影产生业绩实效，这样的想法危害性很大。这里的支持是指为清除各种障碍，使职业经理人能够平稳着陆所采取的一系列措施，例如，在岗位的安排上不采取一步到位的形式，而是渐进式扶正；将“刺头”人物提前调离，降低新任总经理的工作阻力；抽调得力爱将辅佐新人以及并不要求其短期内创造辉煌战绩而是给其足够时间适应、调整和发挥等方式。讨论到这里，我们会发现，上述两大方面原因归根结底也就是一大方面，那就是全部是公司的问题，因为第一方面实质上也是公司没有选准人、选对人的问题。

不论怎样，引入职业经理人确实存在一定风险，那么，对于事业部总经理这样的核心岗位，是否宜于采取这种上岗方式呢？其实，通过内部培养上岗一样存在风险，只不过企业高层对内部人比较熟悉，因此对这种风险早有预料，一旦发生风险不会感觉意外。所以，要客观看待引入职业经理人存在的潜在风险，只要最大程度规避，成功率一定会提高的。另外，职业经理人持有的现成经验是企业真正需要的，引入职业经理人，实际上是采取了拿来主义方式，这往往就意味着要冒一定风险，这也是空降的必然代价。

对空降的风险性有了一定认识和心理准备之后，我们就可以为事业部总经理岗位引入职业经理人作必要分析和安排了，主要包括如下步骤：

（1）什么类型的事业部宜于引入职业经理人

①从事业部所处发展阶段来看，对于创建期的事业部以及发展稳定期或增长乏力期的事业部，均可通过引入职业经理人推动事业部的发展；

②从事业部涉足业务领域来看，对于那些原公司资源不具备支持性的事业部可以考虑引入职业经理人；

③从事业部管理状态来看，对于规模庞大、管理混乱，公司确实无人能够胜任的事业部，可以尝试引入职业经理人。

（2）对职业经理人的慎重考查

对于职业经理人的考查务必深入、细致，不能因为急着用人就有病乱投医。如果公司将空降当作一个重要用人途径的话，那么，就该在日常同时跟踪多名职业经理人，坚持长期、持续地跟踪与了解，从而满足今后的需要。

对于职业经理人的考查除了了解其业绩情况外，还要对其品行、工作风格等进行多角度的调研，从而判断其是否适合本企业。在具体方法上可采取公司直接考查与第三方考查相结合的方式，同时，硬性要求足够的考查期以及考查结果的例证性——用典型、真实的事例说明其能力。

（3）设计及执行公司职业经理人接纳计划

根据事业部的实际情形，应建立职业经理人融入公司的策略性路线，从而让空降从“骤降”变成“缓降”，以减少震动，并提高成功率，同时，给职业经理人足够的时间了解公司情况，并为其介绍公司内部的错综复杂的关系——不能因为敏感就回避这一问题。在具体操作方式上，前面已经介绍过，在这里再次重复一下涉及的内容：

①在岗位安排上，采取迂回路线，即在岗位的任命上不采取一步到位的形式，而是渐进式扶正，例如，先安排到总经理助理或事业部副手的岗位上。

②清除破坏性的人为阻碍，即，将“刺头”人物提前调离。

③加强新生力量，从单一力量加码为群体力量，即，抽调得力爱将进入事业部辅佐新人工作。

④尽量消除“救火”想法，对职业经理人的使用要从长计议，即，不要求职业经理人短期内创造辉煌战绩而是给其足够时间适应、调整和发挥。

对于采取空降的方式完成事业部总经理的上岗，并非公司内部真的无人可选，其实作为企业核心高层，对此要有深层次的考虑。首先，新的职业经理不同于公司内部多年成长起来的老人，其能够带来全新的经营理念和运营模式，因此，可能会给事业部带来完全不同的发展格局和前景。其次，对于多事业部管控的企业，形成新老结合的模式，可以避免人员聚团要挟公司的风险。当然，这不一定是引入新人的主要目的，但其客观作用确实真真切切地存在。

总之，认清空降只是一种上岗方式这个实质，就不用太神化以及太忌讳这种方式，既不能轻率操作，也不必因噎废食，只要把握好操作环节，不急于求成，就可较好地驾驭外部宝贵的人力资源。另外，空降这个词本身就不够准确，其强调一种速度和突然性，实际上通过上述分析，我们能够看到，正确引入职业经理人其实是个十分稳健的过程。

总结

1. 事业部总经理负责制与总经理班子负责制并不矛盾，其要表达的本意是：在保障总经理核心领导地位的同时，要发挥民主决策的作用，以实现决策效率与决策质量的兼顾。

2. 对事业部总经理的领导力要通过充分授权以及总部不能轻易干涉事业部经营工作等措施给予刚性保障，同时，要设计总经理班子制约机制，以避免“一总独大”局面的出现。制约机制设计思想主要体现在：事业部领导班子成员的结构性分工、班子成员各自固定权限的规定、重要流程审批权履行要求、重要事项事业部集体决策、主要经营管理信息必须共享等方面。

3. “双核”领导体制是指企业拥有两位最高领导人同时领导企业的情况。事业部采用“双核”领导体制主流是为了形成能力互补，从而加强事业部的领导力、决策力和管理力，辅助是为了产生必要的制约作用，降低事业部的运营和发展风险。从事业部“双核”领导的分工来看，有多种可供选择的分工方案。

4. 事业部总经理的稳健上任依赖规范的组织程序，应该说，采用适当的任命策略和形式是非常具有现实意义的，其可避免“被动任命”问题的出现，有效规避看人不准或上任过快的问题。

5. 事业部总经理的人选主要来自于内部培养及外部引入。内部培养要按照既定计划进行多个目标人的同步跟踪、评估，并巧妙落实各类培养举措；外部引入在具体操作时不仅要注重上任策略以使其实现软着陆，而且，要周到地实施职业经理人接纳计划，为其扫清障碍、提供支持，并避免拔苗助长。

第五章

事业部制授权与激励机制设计

在事业部制企业当中，对事业部的授权及激励机制设计至关重要。

首先，我们要对权力的本质要有清醒认识。在企业中，权力是什么？不是炫耀的资本，而是一种宝贵的工作资源，这种资源还具有支配其他资源的特性。缺少这种资源就无法履行好现行工作。对于事业部制企业而言，由于“集中决策、分散运营”是其内在机制本质，因此，在代表牵动一切经营管理活动的权力资源的下放和分化上就非常重要，因为只有权力分划界面清晰，才能实现决策与运营层面分划的清晰，否则，分散运营无从谈起。

权力的正确、充分运用可为事业部带来运营效率和经济效益，但这里的经济利益是代表事业部这一组织形态整体的。因此，仅仅有权力并不构成对事业部管理团队的直接激励。所以，一定要在授权的基础上，对事业部的激励机制进行深入设计。而激励机制的覆盖范围很广，例如，企业出台事业部可内部吞并其他事业部的政策，这也是一种激励机制，因此，我们有必要对本章谈到的激励机制内容作以界定——其仅指与事业部领导班子个人利益挂钩的薪酬激励。

第1节　事业部授权

关于授权，除了财务审批权、人员任免权、领导因出差临时授权之外，公司对其真的没有认真研究过。郑涛经常听到员工念叨，说公司权限不清，但由于当时不够重视或因为工作忙阴差阳错就略过去了。如今，面对事业部转型，权限的划分不可能再被无视了，否则，首先不答应的就是事业部总经理。想到这儿，郑涛眼前立刻出现了几个作风强硬的未来总经理人选，“凶神恶煞啊”，郑涛感觉脑后直冒凉风，他不由自主地打开书……

在权限的分划中，授权是个大概念，凡是涉及权限的赋予都可以称作是授权。而我们常常谈到的分权是授权的一种固定常态，是一种更稳定、更彻底的授权。至于说到“下放权力”其本质当然还是一种授权。很明显，授权并非交出权力，授权人按照企业的权力章程相关规定可以收回权限。授权也不是一成不变的，可以随时加大或收回一部分授权。

对于事业部制企业而言，事业部拥有的权限还是一种“被授予”性质的吗？作为相对独立经营的事业部应该拥有自己的固定权限才对呀。实质上，事业部拥有的权限是被授权的，只不过这种权限是被企业所“法制化”的。即，事业部拥有必然的权限底线——这个权限底线是事业部制属性的重要支撑，低于底线的事业部权限只能宣告事业部制名存实亡。例如，对事业部实行直线职能制的紧密管控，事事请示、事事汇报，涉及业务的指令也要由上级做出，那么这样的事业部就没拥有足够的权限，也无法发挥事业部的功能和价值。不过，拥有底线的事业部权限仍然是一种授权，因为，仅有的底线权限仍然有可能被收回，以满足特殊时期或特殊状况下的事业部管控需要。可见，按照事业部制企业的内部规定，对事业部的授权伸缩性很大，这也是事业部制企业存在较大自由度和管控弹性的原因。

一、事业部授权原则

企业对事业部的授权通常遵循如下原则。

1. 紧扣分权大原则

说一千，道一万，事业部必须取得一定授权，尤其是具体业务规划与处理的相对完整也相对独立的权限，只有这样，才能满足事业部制企业“集中决策、分散运营”、“上统政策，下统业务”的本质特征。因此，那些与业务密切相关的权限，那些总部想管也因远离市场无法管好的权限，都应统统下放给事业部。也就是说站在总部的角度，除了必要的决策权、职能管理权、监督权之外，其他权限能授予的一定要授予出去。其实，授权的出发点很明晰，那就是只要有助于事业部按照公司界定的方向、模式、规范快速发展，那么该给予的权力不要保留。

2. 管控模式框架下授权

对事业部的授权，与对事业部采取的管控模式密切相关，如采用深度控制型模式，那么就会在授权上相对收敛，在决策权之外，会有不少业务相关权限在总部一手控制；如采用目标计划型管控模式，则要特别注重对经营目标、经营计划与预算规划、执行工作的管控；如采用增值运营型，则要在业务模式的优化方面赋予事业部更大的权限。可见，权限的形态是管控模式发挥作用的实质，不同的授权面和授权深度，代表了不同的管控思想。

3. 掌握企业总部控制权底线

不论企业内外部环境怎样，一般说来，企业总部有七项权力必须牢牢抓在手中，不能头脑发热地自破底线，这是确保事业部制企业稳健经营的重要保障，也是事业部分权但不失控的重要保障。

（1）事业部的发展战略管理权不能放

发展战略决定事业部的发展方向与发展模式，其必须在企业整体发展框架之下进行规划，游离出企业整体发展战略范围的事业部战略是不能被接受的。也许，其对事业部的确是一个富有价值的发展战略，但对企业整体而言，则更可能是一个破坏价值的战略，因此，不能作出这样的战略选择或设计。换言之，如果发展战略审批权下放给事业部，必然会导致离散性的产业经营局面，企业整体的发展战略也就不复存在了，事业部制的总分一体化的优势也就变成了劣势。

企业总部对事业部发展战略的控制权，主要体现在对事业部发展战略制订遵循的模式的要求、战略方案的审批以及事业部年度经营计划与预算对战略承接的准确度与力度等方面。

（2）事业部的组织结构调整权不能放

事业部组织结构是事业部发展战略落实与日常运营的组织支撑平台，同时，其衔接着总部对事业部的职能管理活动。组织结构的调整并非减少一个部门、增加一个部门那么简单，而是牵扯到事业部经营或管理思路的变化，因此，组织结构属于战略级的管理对象，总部对其控制权不能下放。换言之，如果事业部可对自身组织结构进行任意调整，那么将为事业部的经营带来一定风险，同时，不利于总部对事业部的职能对口管控。

对事业部组织结构调整的管理主要需做好针对事业部组织架构调整申请方案的审批工作。

（3）事业部的经营计划与预算审批权不能放

经营计划与预算是事业部发展战略执行与当年经营目标完成的核心保障，可以说，如果事业部没有一份相对完备的经营计划在严格履行，那么企业总部就不会信服事业部的战略与效益承诺。因此，年度经营计划与预算执行过程、阶段性结果是透视事业部发展质量与目标接近程度的重要依据。所以，对这么重要的战略级工作不能完全下放给事业部，甚至连月度计划与预算审批权都不能下放。

（4）事业部的领导班子成员任免权不能放

事业部总经理的任免权不能下放，这是自然的。至于事业部副总经理的任免权限也不能下放为哪般？则很多人会打个问号。其实，这么做无非是要产生一个相互制约和稳健决策的机制，打破事业部总经理在事业部层面一手遮天的局面，以避免“一总独大”问题导致事业部处于高风险境地。如果事业部总经理可以直接组阁并任命领导班子成员，那么在事业部领导集体治理制度不健全的情况下，其很容易根据自身眼光和喜好进行副总经理的选择，所建立的事业部领导层将出现制约和民主空心化局面，不利于事业部的健康稳定发展。

（5）事业部的业绩考核权、事业部总经理的绩效考核权不能放

这是自然产生的不能下放的权力，因为事业部不能考核自身业绩，这是显然的道理，此处不再赘述。

（6）事业部的财务管理权不能放

对事业部的财务权限不能彻底下放，这也是显而易见的。这里的财务管理权不能下放并非指事业部不能设立财务部，对于达到一定规模的事业部，有必要设立财务部门，以协助事业部总经理班子更好地进行财务管理、业务运行和决策支持。但是，事业部的财务体系必须在总部的管控框架下透明运行，总部对其管控程度相对于其他体系而言，应该力度更大，跟踪更紧密，权限更集中。

通常的做法是派出事业部的财务负责人，其薪酬方案由总部决定，其工作绩效考核总部所持权重较大。

（7）事业部的知识管理权不能放

对事业部的专利、品牌与运营经验都需进行管理，这些知识成果的归属、紧密跟踪与长久留存都非常重要，其突出价值就在于一个“延续性”上，从而为后来人提供宝贵的再发展财富。

4. 差异化授权

面对多个事业部的授权不应一刀切，对于处于不同发展阶段或能力不同以及地位、业绩不同的事业部，应采取差异化的授权方式，从而形成对发展处于初期、能力不足、业绩不佳或处于主业地位的事业部进行更紧密地控制，而对业务成型、能力较强、业绩良好以及处于边缘地位的事业部可以放权更大些。在保证差异化授权大原则的前提下，不宜将差异设计得过细，因为这样容易引起事业部反感——认为同为事业部，但不受总部信任。

二、事业部授权的设计

事业部制企业授权包含内容很多，不仅仅是对事业部的授权问题，还包括对总部职能部门的授权、领导成员的授权、专业委员会的授权、总经理的授权等。我们这里将重点讨论对事业部的授权，以及权力在行使过程中涉及到的部门或岗位的权限形态。

对事业部的授权主要包含三个要点：一是分析事业部的哪些经营管理活动必须得到总部的批准后才可进入到执行阶段、哪些不需要批准但必须进行汇报、备案或接受总部的监督。言外之意，这部分经营管理活动的决定权没有下放到事业部或虽然下放了但要接受总部的监督。二是在事业部日常运营当中，企业总部还有哪些管理行为应对事业部形成直接的或间接的影响。这一条之所以被纳入到授权范畴，是因为不通过权限的明确，这类影响就不能通过“法定性”途径予以达成。三是总部对事业部要进行经营业绩考评与审计，因此要具备考评权和审计权。

1. 因需总部审批或知晓产生的有关权限

需要总部审批的事业部的经营活动或事项主要包括：

①事业部的发展战略。

②事业部的年度经营计划与预算；事业部按照半年、季度、月度分解计划与预算；事业部的增补计划与预算。

③事业部的组织结构优化方案。

④事业部的领导班子成员与财务负责人岗位说明书。

⑤事业部领导班子成员的任免、奖罚；事业部财务负责人的任免、奖罚。

⑥事业部经营业绩评价、考核；事业部领导班子与财务负责人薪酬制度、激励政策。

⑦事业部总经理的财务资金权限。

⑧事业部基本管理制度、核心业务流程。

⑨事业部重大经营模式或研产销业务模式的调整等。

在这部分经营活动或事项的审批过程中涉及企业总部行使审批权、涉及事业部的提案权、提名权。所谓审批权，是指对某项活动、事件是否允许执行或方案是否予以通过的决定权。而所谓提案权，是指提出新的建议或对原有思路、方案提出修改、调整意见的权力。而提名权是指提出某人出任某职务的权力。同时，事业部的提案一般不是直接进入最后的审批程序，而需要总部相应的职能部门进行审核把关，因此，涉及职能部门行使审核权。所谓审核权顾名思义，就是对有关活动、事件或方案进行较全面的专业可行性研究，以得出可否被批准的专业结论意见。在有的企业当中，往往非常注重这一环节的讨论过程，因为职能部门是专业性的代表机构，其必须为公司领导层提出专业意见，在此基础上，领导层才能更好地履行审批权。为了提高专业深度，一些企业还在专业职能部门的基础上成立若干专业委员会，以通过多名资深专业委员合议机制来保障专业意见的正确性。更有个别企业对专业职能审核权进行细分，将其分为审核权和审议权，其区别在于：持有审核权的职能部门有权在提出意见后要求事业部按照审核事项进行修改，修改通过后才能越过职能部门这一关卡进入审批阶段；而持有审议权的职能部门则提出意见后，不能“退稿”，事业部可将带有审议意见的方案直接上交有关领导层审批。之所以产生审核权和审议权这样的区分，是因为在企业实际运营当中，有的职能部门综合能力强有的则综合能力差，领导层对其信赖程度也不同。对专业能力强、工作作风公允的职能部门，领导层往往比较放心地将审核权赋予这样的部门，对于专业能力差或工作作风存有问题的职能部门，领导层往往赋予其审议权，从而建立与事业部之间的工作直通车，避免审批效率低、审核环节意见误导以及故意刁难事业部的情况出现（见表5－1）。

表5－1　　需总部审批的经营活动或事项涉及的权限

企业领导层	职能部门	事业部
审批权	指导权、审核权、审议权	提案权、提名权

事业部另外有些经营活动或事项不需要上报审批，但要进行汇报、备案或接受总部的监督。例如，事业部对二级组织机构的调整，对中层干部的任免、异动，薪酬总额框架内出台新的薪酬激励政策，新品研发信息及重要市场信息等在一些事业部制企业中都需及时上报或备案。再比如，针对事业部对总部业务政策的执行情况，总部的职能部门就有权限进行监督——这里的所谓监督权，就是对他人执行既定计划的过程实施偏离标准了解的权力。监督权限的具体发挥是通过调研、了解并比照有关政策、计划标准实现的。对这部分事宜，总部有要求事业部按照标准执行的权限。而在行使监督权之后，情况了解清楚了，总部还有接续的权限要行使，那就是：提醒权、督促权、整改权并附加奖罚权。所谓提醒权是指告诉他人按照有关规定履行义务的权力；督促权则是催促有关对象按事先约定好的计划完成有关任务的权限；整改权是指要求别人按照标准进行偏差行为修正的权力；奖罚权是指按照公司有关规定实施具体精神或物质奖罚的权力。在此，有必要说明两点：一是提醒权、督促权、整改权、奖罚权的行使都是有前提的，这个前提就是要事先拥有被公司批准的政策、规则、计划标准或规定，在此基础上才可行使相应的权限，二是有必要说明一下为什么会设定上述诸如提醒权、建议权、提案权此类比较软性的权力。这部分权力感觉规定与否没什么太大用处，因为在不规定的情况下，也可以进行提醒、建议和提案。但在企业中，为了明确某些岗位或部门的权力，以及为了推进有关权

力的行使，减轻有关岗位的心理负担，同时严肃有关事项的履行，往往还是比较正规地将这些权限列明并赋予出去——这完全是制度化企业的支持运营的权限安排问题，而不是姿态高的就可说，姿态不高的就可不说的问题。另外，企业是人的集合体，难免一些人被提醒、被建议后会不高兴。但是当提醒者、建议者被公司书面制度赋予了权力之后，往往可以避免一些人为层面的摩擦，上升到制度和工作层面来理解这个问题，因为权力行使往往还渗透着义务在其中，容易博得一份理解。至于提案权，则更应明确界定下来，虽然每个岗位、每个部门都有自然而然的提案权，但如果不将其明确化那就是未将其义务化，很多提案是看不到踪影的。为此，一些企业把提案权叫做策划权，强调其职责性，从而强化这一义务的履行（见表5-2）。

表5-2　需总部知晓的管理活动或事项涉及的权限

企业领导层	职能部门	事业部
	监督权 提醒权、督促权、整改权 奖罚权	提案权/策划权

2. 因总部对事业部施加影响产生的有关权限

总部对事业部经营施加影响主要指：公司总经理或主管副总对事业部有关经营工作的指挥、指导、组织、协调或奖罚。毕竟企业的运营是实实在在的，即使制度再完善，那么，对事业部的经营推动和管控也不会完全通过上传下达的方案审批来实现，有些工作思路、工作执行的路径、工作结果的分析以及事业部之间的协同行动是需要总部领导亲自指导或指挥的。例如，某个事业部由直销模式转向分销，那么这次转型行动就有可能由公司某位副总负责指挥，事业部具体执行。再比如，事业部在新产品研发工作思路上存在问题，管理上存在漏洞，那么，总部领导就要对其进行思路指导。而事业部之间因为重要竞标，更会由总部领导出面进行周密的组织、协调。至于对事业部总经理的奖罚，虽然应该慎重，但作为公司领导根据具体情况，是可以临时做出的，从而行使奖罚权。从以上分析可以看出，总部对事业部施加影响的经营活动很多，在此过程中总部行使了相应的指挥权、指导权、组织权、协调权和奖罚权。在这里，同样要对这些权限进行一下解释。所谓指挥权是指要求别人按照自己的意愿行事的权力，其属于强制性权利；指导权是指对别人进行专业说教或启发的权利，指导权不仅可以被有关领导持有，专业职能部门也可持有。指导权作为一项权限为了发挥其作用，就要求被指导方一定要倾听，有不同意见可以提出，没有意见就要执行。指导权与我们通常说到的建议权相比较，具有一定强制性，因为建议权是可听可不听的；而组织权、协调权则是指为达到统一的工作目标所进行的一系列沟通、说服、有步骤地安排与提出相应要求，其目的是为了让某个或某几个机构、群体能够协同工作（见表5－3）。

表5－3　总部施加影响的经营活动或事项涉及的权限

企业领导层	职能部门	事业部
指挥权、指导权、组织权协调权	指导权、建议权	提案权/策划权

3. 因总部考核与审计产生的有关权限

企业总部对事业部具有经营业绩考核权以及审计权。所谓考核权是指对事业部经营业绩进行评价并得出评价结论的权力。根据这个定义，能够发现在得出评价结论前需要对事业部的经营状况进行深入调研和了解，这本身就是在履行总部的考核权，也是为了得出考核结论，对此，事业部要无条件予以配合。当然，在履行考核权时，职能部门是具体执行部门，其考核结论是需要进行审批才能定性、生效的；所谓审计权是指可对事业部进行财务、管理审计的权限，其权限范围以保障审计工作完成为准，甚至可包括审计整改意见的执行部分（见表5－4）。

表5－4　总部考核与审计活动涉及的权限

企业领导层	职能部门	事业部
审批权	考核权、审计权	

在这里，还可以从权限大类划分与垂直执行角度再来理解一下上述权限内容（见图5－1）：

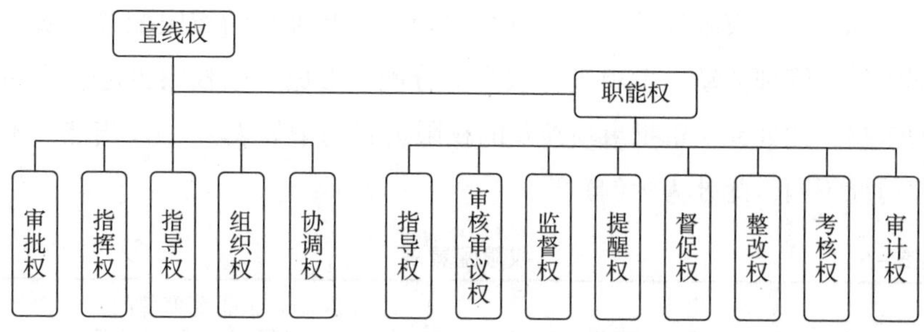

图5-1 直线权与职能权的大类划分

首先，可将企业总部的权限分为直线权与职能权两大类权力。直线权主要由公司层领导拥有并行使，包括：审批权、指挥权、指导权、组织权与协调权。直线权主要针对需要总部控制的事业部层面的重要经营管理活动、资源分配与方案审批等方面来行使发挥。而职能权主要由总部职能部门持有，包括：指导权、审核/审议权、监督权、提醒权、督促权、整改权、考核权、审计权。职能权是直线权的固定委托，其为直线权更好行使的专业辅佐。

在权限的垂直执行过程中，直线权与职能权各自发挥其功效，作用于一个管理过程的不同阶段，并最终融为合力，完成对经营、管理事件的有效推动。

以上对事业部制企业总部与事业部之间的权限界面讨论较多，我们一定还会追问，在此基础上，事业部应拥有什么权限呢？以及总部领导与职能部门如何把握相关权限尺度呢？事业部相对企业总部而言，其拥有的权限主要为：提案权与提名权。即，在事业部的经营、管理方面，通过思路方案的形式提出请示，请求总部进行决策，同时，就事业部的副总、中层干部任用进行提名。而事业部在面对内部事务时，只要在企业要求的战略、计划、政策和制度框架内，则拥有较完整的直线和职能权限，从而满足事业部相对独立运营和发展的需要（见表5-5）。

表5-5 事业部制企业各层面持有的权限

<table>
<tr><th>企业领导层</th><th>职能部门</th><th colspan="2">事业部</th></tr>
<tr><td rowspan="2">审批权
指挥权、指导权、组织权、
协调权、奖罚权</td><td rowspan="2">指导权
审核、审议权
监督权、提醒权、督促权、
整改权、奖罚权
考核权、审计权</td><td>对总部</td><td>提案权/策划权、
提名权</td></tr>
<tr><td>事业部
内部</td><td>全套直线
职能权限</td></tr>
</table>

在实际企业的权限设计中，要进行比较具体和细化的权限配置，从而围绕事业部的经营管理活动、事项进行权限的分配，形成一张权限界定表作为企业运营的依据，此处针对审批事项涉及的权限配置列举如表5－6（当然，不同企业授权情况不同，此处为示例）。

表5－6　　权限配置表

类别	事项	事业部	职能管理部门	总经理
战略与计划	事业部发展战略	提案/策划	组织审议	组织审批
	事业部发展战略计划与战略预算	提案/策划	组织审议	组织审批
	事业部年度经营计划与预算	提案/策划	组织审议	组织审批
	事业部半年、季度、月度计划与预算	提案/策划	组织审议	组织审批
	事业部经营计划与预算调整	提案/策划	组织审议	组织审批
	事业部临时增补计划与预算	提案/策划	组织审议	组织审批
组织	事业部组织结构调整方案	提案/策划	组织审议	组织审批
人事	事业部一级部门职能说明书	提案/策划	组织审议	组织审批
	事业部总经理、副总经理岗位说明书	建议	提案/策划	组织审批
	事业部财务负责人岗位说明书		提案/策划	组织审批
	事业部中层干部岗位说明书	审批	人力部门备案	
	事业部总经理任免、异动		人力部门提案	组织审批
	事业部副总经理任免、异动	提名	组织审议	组织审批
	事业部财务负责人任免、异动		财务部门提案	组织审批
	事业部中层干部任免、异动	审批	人力部门备案	
	事业部薪酬总额方案	提案/策划	人力部门审核	审批
	事业部总经理、副总经理薪酬方案	建议	人力部门 提案/策划	组织审批
	事业部财务负责人（派驻）薪酬方案	建议	人力财务 提案/策划	审批
	事业部中层干部薪酬方案	审批	人力部门备案	
绩效	事业部经营业绩评价方案	建议	提案/策划	组织审批
	事业部总经理绩效评价方案		提案/策划	组织审批
	事业部副总经理绩效评价方案	建议	提案/策划	组织审批
	事业部财务负责人绩效评价方案	建议	提案/策划	组织审批
	事业部中层干部绩效评价方案	审批	人力部门备案	

续表

类别	事项	事业部	职能管理部门	总经理
财务	投融资管理		提案/策划	组织审批
	税务筹划		财务部门提案	审批
	固定资产管理		提案/策划	审批
	事业部财务报表/报告	提案/策划	财务部门审核	
	事业部总经理资金权限	建议	财务部门提案	组织审批
	事业部总经理个人费用使用		财务部门审核	组织审批
	事业部财务负责人资金权限		财务部门提案	组织审批
	事业部财务负责人（派驻）个人费用使用	审批		
管理	事业部基本管理制度	提案/策划	组织审议	组织审批
	事业部核心业务流程	提案/策划	组织审议	组织审批
业务	事业部营销模式调整方案	提案/策划	组织审议	组织审批
	事业部新品立项管理办法	提案/策划	组织审议	组织审批
	事业部营销激励办法	提案/策划	组织审议	组织审批
	事业部研发激励办法	提案/策划	组织审议	组织审批
	事业部内部市场交易价格方案	建议	提案/策划	组织审批
	事业部间市场化合作方案	提案/策划	审核	组织审批
	重要合同评审	提案/策划	审核/授权审批	
	事业部重要项目招投标	提案/策划	审核/授权审批	
	重大投诉处理	提案/策划	审核/授权审批	
	重大事故处理		提案/策划	组织审批
对外	对外报表		组织策划	必要的审批

三、面向事业部行权的原则

企业总部在面对事业部具体行权时，根据出现的四大类情况，应把握住四个原则。

①与对应一级岗位打交道，通常不跨级发号施令，但可跨级沟通信息。例如，公司总经理在行使审批、指挥、指导、组织、协调等权限时，一般针对事业部总经理来部署工作。职能部门在行使职能管理权限时，通常也是与事业部对口部门的负责人展开对话。但是可不可以绕过一级岗位，通过其他基层岗位了解事业部的有关情况呢？当然是可以的，而且很有必要，但要注意方式方法，避免一些误会发生。

②总部职能部门在对事业部的职能管理工作开展受阻的情况下，有没有权限去找事业部总经理沟通呢？是完全可以的。但在沟通仍没有达成一致的情况下，就要通过公司总经理进一步沟通了。

③如出现事业部基层岗位跨级向上请示或汇报的情况，则要分情况妥善处理，如果情况紧急，则可给出意见后，马上与事业部总经理或事业部职能部门负责人取得沟通。如果情况不是很紧急，则要求其走规范的请示程序。

④现实的事业部制企业运行过程中，经常出现事业部告职能部门状的情况，此时，公司总经理除了要公正处理之外，还要尽量维护职能部门的威信，以避免给后续职能管理工作开展带来阻碍。

第2节　事业部的激励机制设计

假如我就是事业部总经理，什么样的激励机制对我有吸引力呢？郑涛在心里设想。而站在公司角度，在激励事业部的同时又要提出哪些先决条件呢？郑涛又把自己想成了公司总经理。“我是神仙就好了，可以知道人心所想。”郑涛苦笑道。他做了一个深呼吸，调整了一下情绪，以一个潇洒的姿势打开了书……

对事业部的经营绩效评价是事业部制企业运营的核心工作之一，其潜藏巨大的机制在其中，对事业部的经营方向和工作重点具有强劲的引领作用。对事业部经营业绩评价体系进行精心设计非常重要，其出发点应建立在事业部为相对独立运作的利润中心的基础上，因此，要站在虚拟公司应赋予的机制角度予以全方位考虑。作为利润中心的事业部，推动其良性发展、快速发展、长远发展的动力源主要就来自于企业总部对其业绩的评价机制，所以说，不同的业绩评价制度会造就不同的事业部，也会得到不同的发展结果。

在对事业部的业绩评价中，有一个非常核心的观点需要掌握并要落实到位，那就是转换角度来看事业部这一经营单元的运营特质，从而弥补传统业绩考核方式存在的不足。传统的业绩考核往往局限于指标体系的组合上，这当然十分重要，但仅仅这样做是不够的。作为经营单元的事业部，我们还要关注一个最关键的方面，那就是如何控制事业部短期经营行为的产生，如何引导其领导班子能够从长计议，深入考虑事业部持续发展的问题。也就是说，作为总部，既要关注事业部的当期经营成果、也要考虑其长远发展成效，做到二者的平衡与融合。

下面就事业部业绩评价及总经理班子薪酬与业绩的挂钩等问题阐述如下：

谈到对事业部的业绩评价，也许我们一下子就会想到诸如平衡计分法、EVA之类的业绩评价办法，试想，在直线职能制体制下，企业都未达到用这类办法进行熟练考核的程度，而分化成事业部制后却想“一夜成龙”，这是不现实的。况且，对于事业部而言，应用一些实用、直接、鲜明但不失创新的评价办法更具积极和现实意义。

那么如何对事业部的业绩评价制度进行设计呢？

我们可以从最原始的考核雏形开始一步一步地推演，直到找到我们认为满意的考核办法。这样一个讨论轨迹有助于我们对事业部业绩考核这一课题的透彻理解。

一、纯指标的当年短期效益评价

首先，我们看一下，如果用年度收入这个唯一指标来作为事业部的业绩评价标准可不可以呢？显然，这是极其简单也很不合理的一个考核办法，是一个企业组建之初的最初级的评价办法。收入这个指标的积极意义在于，说明公司为客户提供了更多的产品和服务，占有更多的市场份额，同时为公司带来了更多的收益，从而推动公司走向更大规模。但这样一个唯一的指标不足以界定事业部的经营质量和经营成果，其仿佛一堵四处透风的围墙，疏漏太多了。收入增长了，并不代表公司盈利，也不代表公司有现金，更不能充分说明公司的发展能力和运营能力提升了。作为利润中心，用单纯的收入指标来衡量严重不妥。

既然收入指标太单一，弊端多多，那么再增加利润指标会怎样？显然，利润指标的增设让事业部的业绩考评有了立体感，其要求事业部既要保障收入上规模，同时更要按照目标实现盈利。利润指标代表了事业部的现有产品或服务的价值以及竞争力，也一定程度证明了事业部的运营水平。与收入指标相比较，作为利润中心的事业部，利润指标显然更具核心地位。至此，这套评价办法的雏形可概括为是一种收入与利润指标要求兼顾的评价办法。一个利润指标的增加，实际对事业部的综合能力作出了目标性界定，要求事业部具有相胜任的经营与管理能力。

不过，利润指标没有解决一个问题，就是事业部的回款和现金流的问题。如果不对事业部的回款与现金流作出界定，那么呈现出的收入和利润繁荣就是一种“纸上富贵”，事业部的当前运营和再发展就会受到制约，甚至是致命的影响。因此，回款和现金也要作为重要的增设指标。回款和现金指标的相应要求显然对事业部的实质性运营质量提出了更高的挑战，取得高回款率就要求事业部获得用户的充分认可，而能够实现充裕的现金流则代表了事业部要实现经营计划与预算的高准确率，同时在运营管理方面达到一个新的水平和境界。

总结一下以上的业绩评价指标：收入、利润、回款、净现——我们此时发现还有一个细节要追问和处理，那就是如何将这些指标进行有机整合，从而得出事业部的综合评价结果。通常有如下两种整合方法。

1. 权重法（见表5-7）

表5-7 权重法计算表

业绩指标	各指标得分	各指标权重	计算过程	总得分
收入	Y1	X1%	$Z = \Sigma Y \times X\%$	Z
回款	Y2	X2%		
净利	Y3	X3%		
净现	Y4	X4%		

（1）各指标得分的计算：指标得分计算主要为通过与经营计划指标的对比，看完成率的达成情况，从而关联一定分数得出具体分值。

（2）各指权重可根据企业强调的方面进行不同权重的设置，所有指标权重相加等于1。

2. 主辅依附法

Z = Y3 × K1 × K2 × K4

K1、K2、K4代表收入、回款、净现计划指标完成情况。在这里，可对K这类的系数设定上下限，以免影响过大，出现极端结果。

显然，根据对事业部的上述四项指标综合评价，我们可以得出事业部的总体业绩评分，而这样的业绩评分就是名誉上的好与坏，必须将其挂钩到事业部领导班子成员、中层干部、甚至基层员工切身利益上，才能形成强劲的驱动力和激励效应。也就是说最后的总得分Z将与事业部领导班子，甚至中层岗位绩效考评相挂钩，决定其奖金额度。显然，这就涉及到事业部各成员的奖金基数如何确定的问题，在这里，以事业部总经理为例介绍四种方法：

1. 奖金基数的简明定额确定

根据公司历史上，各层面岗位的年终奖额度横纵向对比，确定事业部总经理的年终奖金标准额度，以此作为奖金基数。事业部总经理的实得奖金在此基础上考核兑现。定额奖金基数法的好处是奖金额度透明，事业部总经理年终能够获得多少奖金自己大体会有个估计。不足是奖金基数的准确度不好把握，激励作用有限。

2. 奖金基数的增量定额确定

根据本年经营计划主要指标较上一年的增长率来适度增加本年的奖金基数，即：

本年奖金基数 = 上一年奖金基数 × （1 + 主要指标增长率） × 调节系数

增量定额法确定奖金基数的好处是体现了“多贡献多获得”，不足之处同上述定额奖金基数法。

3. 计提确定奖金基数

对于作为利润中心的事业部而言，用利润计提作为总经理奖金也是常见方法。用收入、回款计提则弊端较多。计提公式为：

事业部总经理应得奖金额度＝事业部当年利润额×计提系数

利润计提法的好处是激励作用大，并能较好地表现出事业部的经营质量，不足之处在于会引导事业部总经理强力关注当年短期利益，例如压缩研发、人员培训等长远见效的费用，或向渠道压货虚增收入等。因此，应用计提方法时要同步增加对发展性要素的考评。

4. 增加奖金基数增减系数

这里面有两个比较有价值的思路，值得讨论，具体如下：

（1）台阶系数

所谓台阶系数的含义为：事业部经营指标完成得越好，作用于其奖金基数上的一个系数就随之变大，从而激励这种超额完成行为。台阶系数的好处是激励作用强劲，不足之处是如果事业部隐藏经营指标，不能被提前识破，那么就会压低指标标准，待事业部轻轻松松将超额比率提得很高时，公司实际上蒙受了一定损失。

（2）计划上报质量系数

所谓计划上报质量系数是一定程度上解决上述台阶系数问题的。其基本思路为：事业部在上一年年末或本年年初上报本年经营指标时，报得越高，如果年底完成，公司给予的奖金基数的系数越高。如果报得低，即便实际完成超出很多也不会得到太高的奖金。同样，如果乱报一气，不切实际地高报，那么年底没有完成也是不能得到高奖金的。这一机制要起到的作用是：事业部需要客观、真实的上报指标，报得超高或过低，都会为自己带来较大的损失。

二、纯指标的发展要素考虑

上述四项指标是比较明显和重要的财务指标，或称经济指标，其比较好衡量，考核的公正程度相对较高。但仅用这类指标进行评价存在明显的引导性弊端，会促使事业部关注短期年度经营成果，而对长远发展表现默然。按理说，收入、净利、回款、现金也包含着对事业部的长远发展的激励——对这句话的恰当解释是：事业部如果关注长远发展，那么迟早会对这四项指标的增长作出贡献。不过，问题就出在这个迟早上，持早到底是多长时间，当迟早到来时，事业部总经理是否还在任？还有，公司总部真的关注事业部对持续发展作出的贡献吗？在哪里切实体现了呢？另外，这四项指标对事业部未来发展的界定上也显得太过含蓄和模糊，从中不能直接读出来。也就是说，其引导性不明晰。到底从事哪些经营活动是对事业部发展的有效支持呢？如果直接对其评价和考核是不是目标性和引导性更强烈，也更易于被事业部领悟和贯彻，从而最终达到总部对发展的要求呢？

因此，在这里要给出一个非常重要的建议，就是在对事业部进行当期效益经营指标评价的同时，要兼顾提出对其发展指标的评价。只有做到当期与发展的平衡考核，才能敦促事业部既关注短期效益，也思考自己的未来。

那么，如何建立发展指标呢？

在这里有一个大前提需要首先说明，那就是要建立事业部总经理任期制度。事业部总经理只有知道自己的任期有多长时间，才能从整体上对自己的任期内工作作出规划。试想，如果任期只有一年，或者任期没有制度化，随时都可能被免职，那么事业部总经理通常不会关注长远发展。同时，任期制也传达了公司总部希望事业部总经理创造长远价值，希望其稳定的信号，这对事业部总经理安心工作、放眼未来都是有好处的。对一般企业而言，事业部总经理通常一任三年为宜。当然，对这一制度也可以作出变化设计，例如：初任任期为两年，连任或再任任期为三年，这样可以避免企业陷入用人风险之中。有了任期制，也并不是说事业部总经理一定能够做满任期，这里面一定会有所约束。也就是说，当中途业绩不佳的时候，其一样要被降职或免职。我们可以规定，当业绩评价综合分数低于一定标准后，事业部总经理就自动离任。同样，我们也能设计出连任的条件。

在建立了任期制的前提下，我们可以进行相关发展指标的设计。下面介绍一个基本而简明的方法：任期内连续增长兑现法。这一办法的主导思想为：

①事业部总经理奖金应得额度 Q = 当年利润 $\times k\%$（在这里关于奖金基数的确定方法同上，为表达简明起见，此处暂不考虑）；

②当年兑现额度 $Q1 = Q \times 50\%$；

③未来兑现额度 $Q2 = Q \times 50\%$，其兑现时间及方法如下：

——当任期第二年完成当年公司下达的利润增量指标，则兑现前一年 Q2 的 50% 奖金。

——当任期第三年完成当年公司下达的利润增量指标，则兑现前一年 Q2 的另 50% 奖金。

④任期第二年、第三年的奖金依然按照上述方法兑现发放。于是，从第二年起，事业部总经理如果业绩突出，那么其不仅可以得到当年的奖金计提，还能得到前一年甚至两年的增量奖金。

⑤第三年的后续奖金显然要在事业部总经理卸任后的两年内兑现，这就要期待接任的总经理保持业绩的继续上升，否则，前任总经理就会失去后续奖金。针对这一点的合理性一定会引发激烈的质疑和讨论。但作为企业领导人要将这一政策坚持下去。首先我们指出，这就是公司的制度特色，人人都须遵守，其次，卸任的总经理原则上要担任原事业部的发展顾问，对接任的总经理提供指导和帮助——这一延后兑现的奖金政策对此有一定激励和保障作用。

上述事业部总经理的奖金兑现轨迹可以列表如表 5－8（假设业绩连年达标）：

表 5－8　　事业部总经理奖金兑现表

时间	2008 年（任期第一年）	2009 年（任期第二年）	2010 年（任期第三年）	2011 年（卸任第一年）	2012 年（卸任第二年）
奖金兑现情况	2008 年利润计提的 50%	2009 年利润计提的 50% + 2008 年利润计提的 25%	2010 年利润计提的 50% +2008 年利润计提的 25% + 2009 年利润计提的 25%	2009 年利润计提的 25% + 2010 年利润计提的 25%	2010 年利润计提的 25%

为什么说上述方法能够支持发展性评价呢？因为按照上述评价办法，事业部总经理在取得当年效益的同时，一定要思考发展性要素，否则，在第二年或第三年未取得业绩增长的情况下，也就不能获得后续的相应奖金了。

三、纯指标的短期效益与发展要素的平衡

谈到这里，我们就要问一句，如何将上述的当年效益指标与下几年的发展性指标进行平衡使用呢？其实方法可以有多种。例如，将事业部的利润指标视为核心指标，其当年效益来自于利润的一定比例的计提，收入、回款、现金的

指标完成情况考核结果都可以与利润的计提额度相捆绑，从而会对计提的实得额度产生或上或下的影响。当然，这里有一个细节，就是规定影响程度的上下限，避免某个指标的过大或过小产生不合理的极端结果。而事业部的发展评价就可以完全参照上述的后续奖金兑现法。为操作简洁起见，发展性奖金的兑现就不必再捆绑其他指标的考核结果系数了。

四、进一步完善定性的发展要素评价

以上的考评方法其突出价值在于遴选出了事业部考评的重要指标，同时指出了一个面向事业部的重要管控思想，那就是短期效益与发展业绩要兼顾评价。不过，这套方法显然是一套简单的办法，虽然量化性较好，但全部的量化考核一定存在考评全面性方面的缺陷。经济指标毕竟是一种结果的衡量，我们的考核则要深化到定性的举措上、动作上，只有这样才能产生好的结果，同时，对事业部的下一步发展要素的推动将更具意义。

所以，对事业部的评价不能仅仅局限于上述量化的指标，还要考虑若干业务经营结果与发展要素情况。下面，将这些要素列出，如表5－9。

表5－9　　事业部发展要素评价概览表

<table>
<tr><th>要素分类</th><th>要素内容</th><th>考核应用</th></tr>
<tr><td>发展战略</td><td>事业部发展战略制订与执行质量</td><td rowspan="11">除了市场占有率外，这些事项均可与发展储备奖金进行捆绑考核。当然，为了加大推动力度，也可以挂接在当年的奖金上。</td></tr>
<tr><td>经营计划与预算</td><td>①事业部计划、预算准确率
②事业部计划与预算制订、执行质量</td></tr>
<tr><td>骨干人员管理</td><td>骨干人员储备情况及流动率</td></tr>
<tr><td>激励机制建设</td><td>激励机制的有效性</td></tr>
<tr><td>新品立项情况</td><td>重要新品立项数量、质量</td></tr>
<tr><td>新品研发效率</td><td>新品研发工作推进、管控成效</td></tr>
<tr><td>新品销售</td><td>新品销售占比是否达标</td></tr>
<tr><td>市场占有率</td><td>市场占有率的提升比例是否达标</td></tr>
<tr><td>顾客评价满意度</td><td>顾客满意度是否达标</td></tr>
<tr><td>渠道资源</td><td>渠道资源增长、更新情况</td></tr>
<tr><td>营销、服务模式</td><td>营销、服务模式创新</td></tr>
</table>

五、事业部年度业绩考评举例

实际操作中，事业部业绩考评的具体形式有很多，现简要举一例，可称为“利润增量计提法”，仅供参考。具体如下：

1. 计算奖金基数

（1）当超利润指标时

事业部总经理年终奖 Q =［本年利润指标 × A% +（本年实际利润—本年利润指标）× B%］× H × S

①A% 通常为固定值。

②B% 可根据利润增长比采用台阶比例，并设置上限。

③H 为回款完成情况考核系数。

④S 为收入完成情况考核系数。

如果认为上述公式中回款与收入的连乘考核强度过大，那么也可采用权重形式进行考核。

（2）当未完成利润指标时

事业部总经理年终奖 Q = 本年实际利润 × C% × H × S

C% 可根据利润完成比采用台阶比例。

2. 将上述奖金基数一分为二

①当年效益奖金 Q1 = Q × F%

②发展贡献奖金 Q2 = Q ×（1 − F%）

F% 可根据事业部现阶段是强调当期还是强调发展进行调剂。

3. 加上工作考核

①当年实得效益奖金 = Q1 × K1

综合考虑需要考核的当期指标或工作项，得出 K1 系数值。

②当年实得发展奖金 = Q2 × K2

综合考虑需要考核的发展指标或工作项，得出 K2 系数值。

六、业绩评价规程与关键操作细节

1. 业绩评价规程

对事业部的评价，要按照规范的程序富有效率的进行，一般程序如下：

①事业部上报自评材料。

②公司总部经营计划、财务及各职能部门组成评价委员会进行指标验证性审核、考核系数确定，并汇总和计算考核结果。

③考核方案征求事业部意见，事业部可以进行质疑、申诉。

④考核方案上报公司总经理组织审批。

⑤按照批准的考核方案兑现奖金。

2. 业绩评价关键操作细节

对事业部业绩及事业部领导班子成员的绩效评价除了上述主要内容外，还需要注意如下一些操作性要点：

①事业部副经理的奖金可参照事业部总经理的奖金模式制订，但其额度要控制在一定范围之内，以与总经理形成合理级差。

②事业部副总经理的考核项中主要应包含事业部总经理的评价，公司总部不应插手过深。

③事业部副总经理可就总经理的考核结果进行申诉。

④事业部总经理班子成员的奖金在事业部中层、基层员工奖金兑现后再发放。

当然了，事业部领导班子成员的绩效工作还涉及月薪及月度绩效设计部分，有些企业还采取了年薪制及岗位股或虚拟股票期权等激励办法。对于月薪，其中的绩效工资占比及具体考核办法的操作性、实效性是个重点环节；对于年薪，一般一部分在月度平均兑现，一部分留到年底考核发放，其分配比例要合理；

岗位股是虚拟股份，一般在岗则有，离岗则无；虚拟股票期权在兑现时，通常要加进一些关键条件，从而激励事业部达到总部的经营管理综合要求。

总结

1. 在企业中，权限是一种宝贵的工作资源。

2. 对事业部的授权要遵循四项基本原则：制度化分权、管控框架下授权、不能低于授权底线、差异化授权。

3. 权限的分类为：总部审批活动涉及的权限，包括领导层的审批权，职能管理部门的指导权、审议/审核权，事业部的提案权、提名权；总部意在知晓涉及的权限，包括职能部门的监督权、提醒权、督促权、整改权、奖罚权，事业部的提案权/策划权；因总部考核与审计活动涉及的权限，包括领导层的审批权，职能部门的考核权、审计权。上述权限还可以归成直线权、职能权两大类。

4. 不同的业绩评价机制会造就不同的事业部，也会得到不同的发展结果。作为经营单元的事业部，我们要关注一个最大的问题，那就是如何控制事业部的短期经营行为，而让其领导班子既要关注事业部的当期经营成果、也要考虑事业部的长远经营成效，做到二者的兼顾、平衡与融合发展。

5. 事业部的激励机制应短效机制与长效机制结合、任期制与发展指标考核结合、经济指标与业务指标考核结合、量化指标与定性指标考核结合、结果和过程考核结合，同时，要应用有关考核创新技巧解决业绩管理中遇到的典型问题，堵塞各种漏洞。

第六章
事业部的战略管控

事业部制企业的战略管控决定着企业总体及事业部的发展方向与发展模式，在诸多管控中居于首位。事业部制企业由于下辖多个事业部，因此其战略管控内容不同于单体企业，存在着分层管控问题。其主要涉及内容如下：

第1节　事业部制企业总体战略的内涵

公司的战略一直就不太清晰，作为发展规划部负责人，郑涛感觉有点愧疚。总经理在这次交代工作时说了，要借事业部转型，同步出台公司的三年期战略。按理说，这项工作立刻行动并没什么困难，但郑涛突然意识到一个问题：实行事业部体制了，公司的总体战略会发生变化吗，其与头脑中原来的那个经营战略还是一个概念吗？这些问题应该首先弄明白，否则，会出现方向性错误。于是，他迫不及待地打开书，搜寻战略一节……

单体公司的战略主要界定某一领域的发展规划，而事业部制企业面对的是多事业板块的同步发展，且事业部业务间呈现或相关或不相关的关系。作为事业部制企业而言，要俯览全局，站在更高层次上给出企业整体战略内容。基于事业部制企业战略的这些特点，那种将各事业部的发展战略进行简单汇总的战略速成方法显然是不正确的。

事业部制企业的总体战略主要内容如下。

一、确定公司总体发展目标和业务贡献结构

公司的总体发展目标是一个目标群的概念，其呈现一个系统化的目标结构，包含一定年限内要达到的总体经济目标，例如，收入、净利、现金、投资回报率等；事业领域或新事业目标，如进入哪些行业、新成立几个事业部等；竞争

目标，在主要行业内的占有率和市场地位提升目标等；业务目标、渠道战略的执行目标、重大新品研发目标等；管理目标，如事业部体制的完善目标、业务协同质量目标、内部激励深化目标等。

而业务贡献目标则要明确提出一定年限内各个事业方向上要达到的一系列目标，其结构与上述总体发展目标相似。业务贡献目标与事业部的战略目标实质是一致的，其差别就在于事业部可能包含不止一项事业，或一项事业被几个事业部分割。而在战略范畴中仅是从事业方向角度提出相应目标，其并不在意企业内部承担具体事业的组织形式和相互关系。

在目标部分，我们还要强调能量化的一定量化，不能量化的不要强制量化。在一些企业，由于过分强调目标的量化，反倒歪曲了目标的本意与要旨。从管理本质而言，过分追求量化是一种错误的做法，其为了追求目标容易衡量，也就是容易考评，而忽视了目标应包含的更丰富的内容和多方面引领作用。例如，对于企业渠道策略的实施，有的企业就简单地规定，两年内要拥有 100 家签约代理商。实际上很明显，这一目标只是渠道目标的局部内容，我们还要进一步提出目标标准，即，具备何种资质的代理商，分布在哪些地域或行业中，以及何谓实质性签约——有首批发货承诺吗？如何承诺等等。

从以上分析中可以看到，公司的整体战略目标与单体企业的战略目标相比较，在结构上有相似之处，也有很大差异，其差异主要体现在单体企业所面对的是企业内的具体业务，是基于具体业务的目标提炼与设计，而事业部制企业面对的是多个事业板块，是基于业务板块的汇总、并举、协同与重点业务强调。

二、界定公司的事业范围和业务特征

事业部制企业的总体战略要对公司可涉足的业务范围作出界定，这属于战略级别的内容。即，企业战略要明确回答公司的业务边界，从而避免进入到自己不熟悉、不擅长的领域，加大公司经营风险。在此，我们还可以从两个角度来理解公司的经营范围，一个是公司立足发展或可尝试的产业要具备哪些特征，例如，要具备大众化消费（个人）的特征，而不进入集团化消费领域

（如以企业、政府、学校等为客户）。第二，对于走专业化而非多元化经营路线的企业，业务范围的界定的就更要具体、清晰、严格，以避免专业战略出现离散。

作为战略的延伸，对于事业范围以外的必要关联业务，战略方案中同样要回答可采取的合作方式与合作原则。

三、提出公司的主业方向和主辅业配合策略

事业部制企业的事业方向不止一个，即便是相关多元化的企业，也存在着业务的差异。作为企业总体战略，需要明确指出哪些方向为主业，哪些方向为辅业，主辅业的价值何在，主辅业要采取怎样的捆绑与匹配策略。

一般而言，相对企业其他业务而言，主业事业包含如下两类业务：

①公司现行支柱产业。具有规模大，利润和现金贡献大，仍具备一定发展潜力，行业中具有一定竞争优势和知名度的特征。

②公司未来支柱产业。具有高成长性，逐步形成良性发展，规模快速膨胀，有望在未来成为公司的主要利润贡献板块。

而辅业则包含如下三类业务：

①在当前情况下，还处在规模不大、贡献不高、尚须发展时日的业务。

②达到事业顶峰、下降趋势已现的业务。

③已成为夕阳产业，处于维持阶段，但仍有一定利润贡献或战略性价值的业务。

公司对于当前战略周期内主业辅业必须予以说明及地位确认，从而围绕这一产业构成基调进行相应资源的侧重性投入和激励机制的匹配。对于资源投向，毫无疑问，要侧重对主业的大投入，同时，要关注准主业方向，对其进行适度资源倾斜。在激励机制上，要实行主辅业差异化激励做法，即，主业的激励强度、力度适当高于辅业——这是公司的发展与制度刚性要求。

在各事业板块间的战略配合上要明确各类事业承担的战略使命，例如，哪些板块是为了获取市场份额的，哪些板块是为了获取利润的，哪些板块是“卧薪尝胆”投入的。从另一个角度而言，也就是说，如果各事业板块间存在着相

关性，那么就要在市场竞争中进行“长短配合”与“组合配合”。“长短配合”就是有的事业部立足于眼前而争市场份额，有的事业部面向未来而埋头研发新品和开发渠道；所谓“组合配合”则指在面对用户时多事业部联手协作，能够为用户捧出内容更完整的一揽子解决方案。如果事业部之间没有多少关联业务，则可进行资金之间的相互支撑配合，即，盈利能力强的事业要支持新孵化的事业。当然，这一切都是在总部的协调和操纵下有偿完成的。

应该说，事业板块之间的配合策略其实很丰富，例如，为避免在用户中产生负面影响，总部可将本属于主业范畴的新产品拿到新成立的事业部或相关辅业事业部去研发，待进入市场得到应验之后，再并回主业事业部去深化市场和技术工作，以避免失败影响主业品牌形象。

四、阐明公司各业务板块遵循的共性发展模式

有些企业会将经过多年检验的成功的经营模式上升为企业总体战略要求，并要求各事业板块予以应用，从而形成独具特色的核心竞争优势。这既可以说是一种成功模式的复制推广，也可以说是企业核心竞争力的坚持和放大。例如，有的企业就要求下属事业板块要坚持分销为主直销为辅的营销策略，这其实是很刚性的要求，作为下属事业部的任务就是结合行业特点，将这一策略因地制宜、因时制宜地发挥好。

共性的发展模式需要在实践中总结，是经过验证和锤炼的，尤其是经过主要产业的多年实践和完善，被证明在某些领域是卓具成效的。只有在这种情况下，经营模式才能被纳入到战略规划中，否则，就会因僵化和臆测而给企业带来巨大风险。

五、规定事业板块间的业务协同原则

战略范畴的事业板块间协同不仅包括上述介绍的事业间的匹配策略，还包括什么情况下需要积聚或互通资源，建立共享平台的原则。例如，当某一个事业部的渠道资源比较完善，且与其他事业部存在一定业务相关性的时候，这个

渠道资源就该按照内部市场原则考虑开放。再比如，对于基础研发平台的建立，就要上升到总部层面去统一建设，而不该在各事业部分设。对于品牌管理更是如此，要在总部的品牌规范总体框架下实现各子品牌的协同。

第2节　事业部战略的制订

对于一个具体经营单位战略如何制订，在路数上郑涛还是清楚的，不过以前在思考这一问题时，总觉得自己所熟悉的套路里有些断层或隐藏的问题，却又说不明白，总之，好的战略横空出世的那一跃是如何实现的还是没有弄清楚。这本书会有些创新或进步吗，郑涛满怀期待地打开书……

在考虑横向协同的前提下，事业部的发展战略基本等同于单体公司的发展战略。

关于单体公司的战略管理我们应该从最基本的概念认识入手。我们相信，理论界和实务界对于战略的本质认识还存在一定偏差，其带来的问题是对战略认识的简单化和绝对化，导致战略应用不系统、不深化。现在关于战略的学说很多，其中大多数的定义都具有局部性和角度性的特征，对战略的整体性、系统性和本质性的探讨较少。

我们推崇的是一套模式化的系统战略，可以定义为“3＋3＋1”模式，这是我们在实践中总结波特与美国教授的理论升华而成，其内涵主要包含战略分析与制订、战略执行与监控两大模块。在战略分析与制订部分，首先要进行顾客定位，即，根据细分市场的特性和本企业的核心能力，选择和确定本企业的顾客，原则是求专不求全。第二，进行产品和服务定位，即，根据所定位的顾客需求确定差异化的且能为顾客带来高价值的产品和服务，原则是差异化与盈利性兼顾。第三，进行提供定位，即，确定通过何种模式提供所定位的产品和服务并使其到达用户，原则是以产品和服务特征为目标，构建系统化的提供模式。而后，通过组织、队伍、机制方面的相应调整保障战略的推进，并考虑企业资金能否持续支持战略的实施。在战略执行与监控阶段则通过战略任务的提炼、战略运营计划的实施以及战略预算的保障使系统化特点较强的模式化战略内容得以落实。与之同步，一张关注战略状况指标的信息反馈网不断监控企业的战略状态，使战略持续得到管理和优化。

“3 +3 +1”模式化战略强调战略整体的系统性和各环节、各要素的差异性创造，并希望通过战略的持续管理和优化能够将其沉淀为企业赖以发展的“基因”。

“3 +3 +1”模式化战略思路强调如下四方面。

一、以“两大模块”为战略管理体系的核心

战略分析与制订、战略执行与战略监控既是战略管理体系构建的两个模块与核心内容，同时，联动到一起也是战略管理推进的主流程。一个企业战略管理的特色、研究的深度、实操性的难易以及战略管理的最终成败主要取决于对两大模块的具体理解、设计和落实。

二、战略分析与战略制订同步进行

“分析”原本就是为“制订”服务的，因此，制订的结果是分析的目标。而制订的过程能够使分析变得路径清晰，增强目标感，从而使分析有的放矢，全面深入。所以，在战略制订的同时进行相对应的战略同步分析是本书的一个思路。通常的战略分析和战略制订往往是分成截然的两大部分进行的，先进行战略分析，如内外部市场各类因素的全面分析，SWOT 分析，据此再进行战略的选择和制订，其优点是符合思路的先后逻辑，可以分析的比较全面，弊端是可能造成为分析而分析，迷失了分析的目的性，出现分析结论并未得到制订部分有效应用的情况，或者制订结果与分析并不存在必然的因果关系。本书采用的思路是：将截然的两大部分进行拆解和融合，让战略的分析紧密伴随战略的制订进行，见图 6 –1。

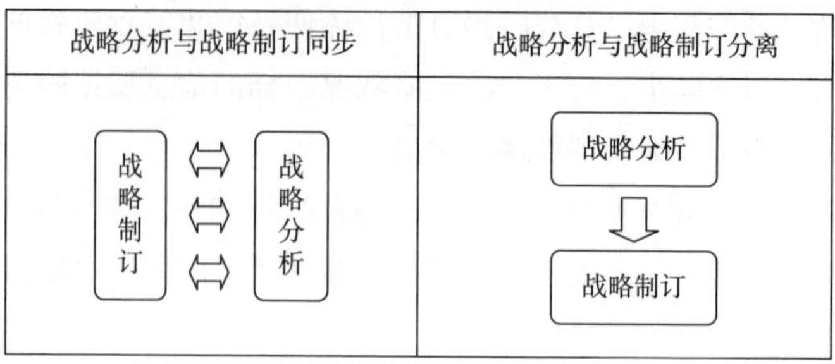

图6－1　战略分析与战略制订同步或分离的比较图

三、强调战略管理的三大思想原则

提炼关键要素、强调系统性、注重实操性是本书强调的战略管理的三大思想原则。

提炼关键要素的目的是使战略管理变得核心思想突出、清晰及易于把握。提炼关键要素不主张战略任何步骤和环节的全面性和细节化。

强调系统性的目的是避免战略举措的相互割裂化，从而有悖于模式化战略的实质。系统化的战略发挥的是整合的作用，它要求企业各体系的有机配合，而不是单靠某一功能的发挥即能完全奏效。诚然，一体化战略、多元化战略、低成本战略、营销战略等等，战略理论从不同层面，不同角度向我们扑面而来——无疑，这些理论极具价值，但是，企业在认识和应用这些理论时要避免简单化选择，从而将战略又变回到制胜的招数层面。例如，仅靠采用低成本战略支持价格战来一招制敌，或仅靠营销战略的大推大进去排挤竞争对手等都属于对战略进行“一元化”的简单选择。既然简单化的选择具有相应的弊端，那么，企业在若干战略理论中，如何进行系统化整合便成为要面对的问题，因为战略理论站的层面和角度不同，这为整合带来了难度。我们的思路是坚持战略是一个系统、是一个发展模式的观点，即，单一竞争方式也可称为战略，甚至某几项重大举措也被一些企业称为战略，但这些并非本文所说的模式化战略。模式化战略是相互契合的一整套竞争和发展系统。具备了系统性、模式化特点的战略具有对企业整体的统领性、塑造性和企业内不同组织、不同功能的相互带动性与牵制性，因此，更有可能通过长期的操作沉淀为企业自身的全面能力，从而根植于企业基体当中，成为企业发展的基因，同时令行业内其他企业难以模仿和跟进。

注重实操性的目的是最终出台的战略应是企业真正理解和能够操控的战略模式，避免战略制订和战略执行“两张皮”。

四、保持战略管理体系的传承性与适应性

我们在总体方法上力争使战略管理体系的建设能够在大程序上模板化，关键环节上工具化，而在具体内容上保持创新、应变的弹性。模板化、工具化可以增强方案的操作性，而弹性可以提高方案的适应性。模板化、工具化和弹性均是结合战略的实质特性以及最终要应用于企业，并创造长期持续的绩效而设计的。

关于“3 +3 +1”的较详细内容，我们将在下面部分进行研讨。

第3节　对事业部的战略管控

了解了战略制订的思路和框架，郑涛急于知道战略管理的整个过程，尤其是战略制订的具体方法。他大概翻了翻这一节内容，感觉比较详尽，而且提供了有意思的工具表格，正如其所愿。赶巧的是下午出差正好要坐两个小时的飞机，可以细细品读……

事业部的战略管控除了包括事业部的战略分析与制订、战略执行与监控两大核心模块外，还包括战略审批与战略考核两个重要环节。有的书籍谈到战略管控，强调的是战略的执行，其实，战略如何制订，按照何种模式制订更应该成为被管理的内容。

一、构建事业部制战略管理体系

1. 战略管理体系的定义

战略管理体系是指：企业为推进公司及事业部的战略分析与制订、战略执行和监控两大模块工作的有效进行，从而保障企业长远、持续发展而建立的一套“将战略纳入到管理”的组织、机制、模式和方法体系。

2. 战略管理体系的构建

主要包括五方面内容，具体如下：

①成立公司级及事业部级两级战略管理中心。

②企业两级领导和中层对战略和战略管理体系在认识层面要达成一致。

③对事业部战略的分析与制订、战略执行和战略监控两大模块在思路和方法层面达成一致并进行具体设计，同时，构建企业战略评审委员会以承担战略质疑与战略决策工作。

④完善和优化战略具体执行与战略监控体系。

⑤不断沉淀两大模块设计思路、方法，持续提高企业及事业部的战略执行力，同时加强两级战略管理中心及各层面战略紧密相关性组织的调整与建设，加强战略推动机制的建设，逐步形成完善的战略管理体系。

成立事业部制企业两级战略管理中心——这是对战略管理工作开展首先打出的一面鲜明旗帜。在战略管理工作启动阶段，该中心在工作组织上应相对集权，以利于思路的达成和提高工作效率。中后期应逐渐走向民主和运用各类资源发挥整体效力，这也将有利于事业部战略的执行、监控以及战略的优化和持续创新。

对战略和战略管理的认识——这是构建战略管理体系的序曲，尤其对事业部而言更是如此。走出认为战略距离自己很远，是虚无飘渺的理论的认识误区。之所以产生这样的误解，是因为没看到战略的实质。要深刻认识到战略是企业及事业部将来持续发展的凭借和基因，是获得持续竞争力和盈利能力的源泉。

战略提供了一套动态模式，它带动企业及其事业部以系统化的流程和举措去比竞争对手更好地满足所定位用户的需求，而不是现行很多企业的机会导向驱动，或者“战术上很有章法，所有战术汇集起来成散打”的局面。对战略管理体系的认识同样需要达成一致，即，战略管理体系是持续管理战略，使战略不断得到优化的一套组织、机制、模式和方法体系。

在两大模块方法层面达成一致并进行具体设计——这是战略管理的“腹地”。战略分析与制订、战略执行和战略监控有诸多理论和实践方法，我们认为应本着“提炼关键要素、强调系统性、注重实操性”三点原则进行方法的统一和设计。同时，为了进一步扩展战略思路、规避战略风险以及支持战略决策，应组建内外部专家、高管构成战略评审委员会，进行多轮、多角度的战略质疑、讨论和最后的定夺。

战略的执行与监控主要指战略的实际落实和对战略环境变化的反馈。制订战略重要，执行和监控战略同样重要。不少企业就是因为战略执行不到位导致战略思想没有落实和贯彻，从而使企业在战略管理方面走向失败，或因为战略监控不力，使战略的制订和执行与环境变化不相适应，从而导致战略时过境迁，不能继续推动企业发展。

在上述过程中，经过长期的积累，事业部制企业的战略管理体系才能在思想认识方面、组织与流程方面、模式与设计方法方面、机制和相应团队方面逐步走向成熟，最终形成可以产生最优化战略并能执行到位的一整套战略管理体系。

二、开展战略分析与战略制订

如何进行战略的分析与制订，公司采用何种分析与制订模式——这同样是事业部制企业战略管理需要界定的内容，而且是战略管理的核心，因为战略的分析与制订方式直接决定了战略方案的质量。在这里，我们再次强调，单体企业的战略制订并不是在低成本、差异化或一体化等当中作出选择或简单综合，而是遵循“3 +3 +1”的模式化的战略。其中前一个“3”是战略的“3 个核心定位”，中间的“3”是战略的“3 个重要跟进、联动要素”，后一个“1”是战略的“关键支持要素”。同时，在这一步骤遵循战略制订与战略分析同步的方式。

1. “3 +3 +1”内容如何构成模式化的战略概述

① “3 +3 +1”内容的前一个“3”特指“3 个核心定位”，即：顾客定位、提供的产品和服务定位、如何提供的定位。连贯的逻辑模式思路图示见图 6 –2。

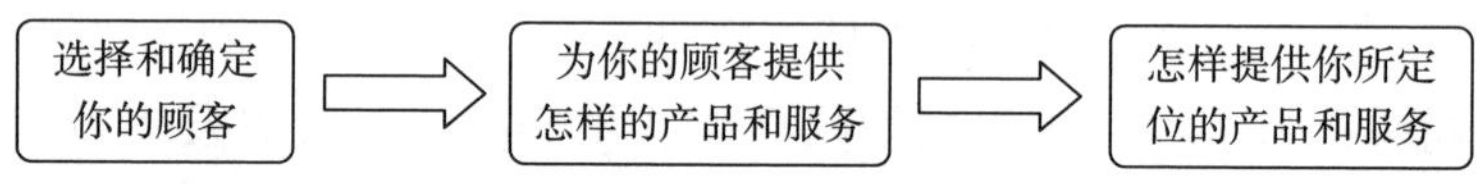

图 6 –2　战略的 3 个定位的逻辑思路

② “3 +3 +1”的中间的“3”指“3 个跟进、联动要素”，即：组织跟进、队伍跟进、机制跟进。连贯的逻辑模式思路图示见图 6 –3。

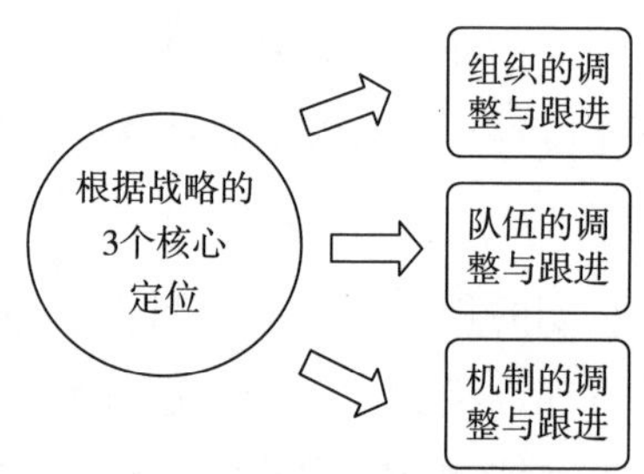

图 6 –3　战略的 3 个跟进、联动要素逻辑思路

③ “3 +3 +1”战略的后一个“1”为战略的“关键支持要素”，在这里主要指资金的持续供给能力。其逻辑模式思路图示见图 6 –4。

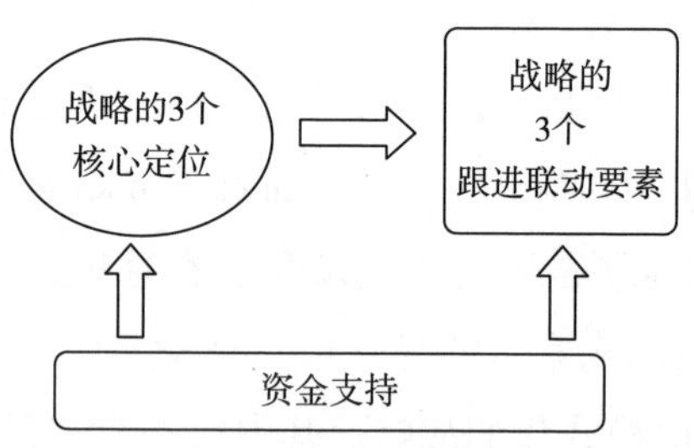

图 6 –4　战略的 1 个关键支持要素

上述总体模式汇集如下图6－5。

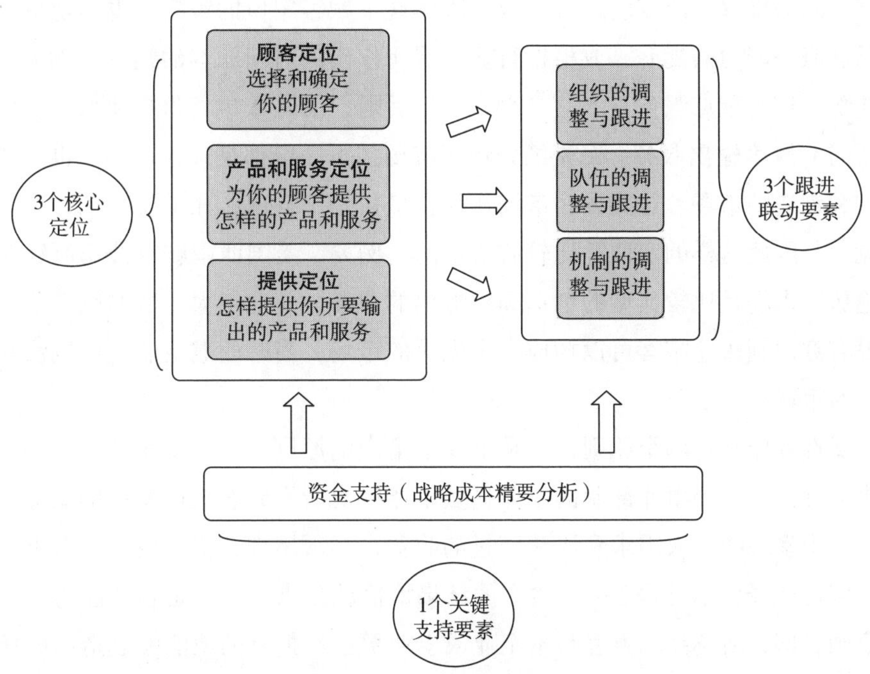

图6－5　3＋3＋1战略模式图

通过“3＋3＋1”模式化战略图可见其在内容上不仅覆盖企业几乎所有经营管理的重要方面，而且各部分相互作用、紧密咬合，具有很强的逻辑性，这充分体现了其整体性和系统化的特点，即，模式化战略下企业及其事业部的成功与持续发展并不是某一项职能促成的，也不是多项相互独立的职能综合促成的，而是相互关联的职能按照一定的系统化逻辑整合后促成的。

2. 战略的“3个核心定位”及其相伴随的战略分析

（1）顾客定位

①定义：在细分市场中选择和锁定本事业部的主要顾客群。即，根据顾客的显性需求和隐性需求，结合自身的核心能力和据有的资源，比照同业对手，对顾客作出的最有利于竞争、盈利和持续发展的选择。

两点需注意：一是顾客定位不一定是静止不变的，它具有动态性和发展性。

顾客的定位在一个时段内可能是一个静态的结果，也可能是一套动态的结果。随着时间的推移而改变的顾客构成，既体现了顾客定位的策略，也体现事业部产品和服务能力的提升，或根据行业发展所作出的对新顾客的纳入。例如，某事业部一年内重点服务于 A 客户群，一年后则不仅向 A 顾客群提供服务，而且还要向 B 顾客输出服务。二是细分顾客市场并不一定都是现存市场，也可能是挖掘和创造的市场。这类顾客市场往往在最初是个空白，几乎没有来自于同业的竞争，因此这样的定位是比较有价值的。例如，美国西南航空公司所针对的短途旅客市场是比较典型的创造和挖掘出的市场，其他绝大多数的航空公司一直没有意识到短途旅客可以构成一个庞大的市场，当时的航空业一度也没有这样来对市场进行划分。

②选择原则：两个原则，一是求专不求全的原则，即，要充分意识到，一个事业部甚至一个事业部制的企业显然不能针对所有顾客提供所有的服务。面对市场中呈现的巨大需求和滚滚而过的收益，必须用理智屏蔽诱惑，做出专门的顾客群选择，不可贪多——贪多的结果恰恰就是求少。二是独特能力可到达的原则。即，所选择的顾客与本企业或事业部已经拥有的或能够创造出的核心或独特的能力相符。需要在这里提出的是第二点原则进一步说明了本文所指战略的系统化、模式化的特点，也就是在做顾客选择的时候，事业部实际上已经在同时思考可能提供的产品以及如何提供的问题，只不过为了便于表达和理解，对模式化战略的叙述分成了若干部分和层次进行。

③顾客定位的战略分析与定位步骤。包括如下五方面重要内容：

第一，对细分顾客市场的罗列。多角度头脑风暴式地进行细分顾客的罗列，并查找不同顾客之间的空隙，同时在不同顾客之间进行整合。对罗列的不同细分市场要进行命名，以后固定使用。细分顾客罗列可参照如下表 6－1 工具表格。

表 6-1　细分顾客罗列表格

细分思路和依据		细分结果
现存常规细分方式： （即行业内所有公司服务的顾客类型罗列）		
头脑风暴	①按性别、年龄划分	
	②按收入划分	
	③按性质划分	
	④按地域划分	
	⑤按规模划分	
	⑥按供应链环节划分	
	⑦……	
看上述划分之间空隙是否会构成新的细分市场		
不同细分之间组合是否能够形成新细分市场		
其他创造性的细分市场		

第二，为每一个细分顾客市场加上状态参数。在加状态参数时，首先对细分市场结果进行显性和隐性两大类的划分。显性指已经存在的市场，隐性指挖掘或创造的市场。参照表 6-2。

表 6-2　细分市场的状态参数表格

状态参数＼细分市场		显性细分市场			隐性细分市场		
		细分市场 A	细分市场 B	……	细分市场 1	细分市场 2	……
基本状态	消费意识						
	平均购买力						
	规模						
	发展潜力						
竞争状况							
需求特性							

第三，本事业部和竞争厂商对每一个细分顾客市场的需求满足状况。行业内厂家对每一个细分市场顾客的需求满足状况分析至关重要，它将直接激发产

生产品和服务方面不同凡响的创意。因此，我们把这一部分的分析称作“战略启发性因素”的透析（见表6－3）。

表6－3　　某细分市场的“战略启发性因素”透析表格

<table>
<tr><th colspan="4" rowspan="4">顾客需求
行业提供的服务</th><th colspan="4">现实显性需求</th><th colspan="4">潜在隐性需求</th></tr>
<tr><th colspan="2">需求1</th><th colspan="2">需求……</th><th colspan="2">需求1</th><th colspan="2">需求……</th></tr>
<tr><th>普遍性</th><th>重要性</th><th>普遍性</th><th>重要性</th><th>普遍性</th><th>重要性</th><th>普遍性</th><th>重要性</th></tr>
<tr><td></td><td></td><td></td><td></td><td></td><td></td><td></td><td></td></tr>
<tr><td rowspan="5">已存在的服务</td><td rowspan="2">服务1</td><td>普遍性</td><td></td><td colspan="2" rowspan="2"></td><td colspan="2" rowspan="2"></td><td colspan="2" rowspan="2"></td><td colspan="2" rowspan="2"></td></tr>
<tr><td>重要性</td><td></td></tr>
<tr><td rowspan="2">服务2</td><td>普遍性</td><td></td><td colspan="2" rowspan="2"></td><td colspan="2" rowspan="2"></td><td colspan="2" rowspan="2"></td><td colspan="2" rowspan="2"></td></tr>
<tr><td>重要性</td><td></td></tr>
<tr><td>…</td><td>…</td><td></td><td colspan="2"></td><td colspan="2"></td><td colspan="2"></td><td colspan="2"></td></tr>
<tr><td rowspan="5">可创造的服务</td><td rowspan="2">服务1</td><td>普遍性</td><td></td><td colspan="2" rowspan="2"></td><td colspan="2" rowspan="2"></td><td colspan="2" rowspan="2"></td><td colspan="2" rowspan="2"></td></tr>
<tr><td>重要性</td><td></td></tr>
<tr><td rowspan="2">服务2</td><td>普遍性</td><td></td><td colspan="2" rowspan="2"></td><td colspan="2" rowspan="2"></td><td colspan="2" rowspan="2"></td><td colspan="2" rowspan="2"></td></tr>
<tr><td>重要性</td><td></td></tr>
<tr><td>…</td><td>…</td><td></td><td colspan="2"></td><td colspan="2"></td><td colspan="2"></td><td colspan="2"></td></tr>
</table>

说明：

①顾客需求的普遍性用以鉴别行业内这类需求是主流性的还是个性的，普遍性用分数进行表示（5分—很普遍，1分—很个性），重要性指不论主流还是个性的，这类需求是否具有战略启发性而应引起重视（5分—很重要，1分—很不重要）。

②行业提供的服务的普遍性指是不是很多厂家都提供这类服务，即这类服务是过剩的还是短缺的（5分—过剩，1分—很短缺），重要性指不论何种服务是否因具有战略启发性而应引起重视（1分—重要，5分—很不重要）（注：此处需要注意关于服务重要性的打分与需求重要性正好相反，是从小到大）。

③计算每项“需求满足程度系数”——称为“启发性系数”。启发性系数＝（需求的重要性分数＋普遍性分数）／（对应服务的重要性分数＋普遍性分数）。对于尚无对应服务的需求用“√”作标记。

④关注作√标记和启发性系数高的需求，这一部分顾客市场值得研究。

“战略启发性因素”透析表格设计的出发点在于不论进行怎样的内外部环境分析或企业SWOT分析，最终事业部要找出行业内的可以“发力”的战略要素点。因此，围绕顾客需求的分析，围绕竞争对手提供的产品和服务分析，以及将两者进行对照，看哪些需求得到了相应产品和服务的满足，哪些还没有得到重视和满足，它将为战略制订提供创意源泉。

“战略启发性因素”透析表格只兼顾了顾客和竞争对手及行业分析，并不是一个全面的内外部分析，也没有体现企业的优劣势，但它把握住了行业的“机会”这一最重要的因素，从而显得重点突出，具有重要价值。

第四，本事业部对细分顾客市场是否具有对应的独特服务能力（见表6-4）。

表6-4　　独特能力——细分顾客市场相符性对照表

细分市场 独特能力	显性细分市场			隐性细分市场		
	细分市场A	细分市场B	……	细分市场1	细分市场2	……
独特能力1 独特能力2 独特能力3 ……						

第五，进行顾客定位。以市场空档、独特能力可到达和良性市场为三项重要标准进行顾客定位。综合以上顾客定位的战略分析表格，填写表6-5，分数标准仅供参考。

表6-5　　顾客定位表

细分市场 选择标准	显性细分市场			隐性细分市场		
	细分市场A	细分市场B	……	细分市场1	细分市场2	……
根据“战略启发性因素透析表格”存在没有很好满足需求的市场（加0.3分）（市场空档）						
根据独特能力相符性表格相符的市场（加0.3分，多项满足，加0.4分）（独特能力可到达）						
根据状态参数表格，基本状态良好的市场（加0.2分）（良性市场）						
基本状态良好的市场虽存在优秀公司提供服务，但其模式可超越的市场（加0.2分）（良性市场）						

续表

细分市场 选择标准	显性细分市场			隐性细分市场		
	细分市场 A	细分市场 B	……	细分市场 1	细分市场 2	……
基本状态良好的市场存在优秀公司提供服务，且不可超越的市场（减去 0.2 分）						
合计						

根据上述表格，得分高的细分市场可纳入重点选择对象。

上述思路可用三维图 6－6 表示：

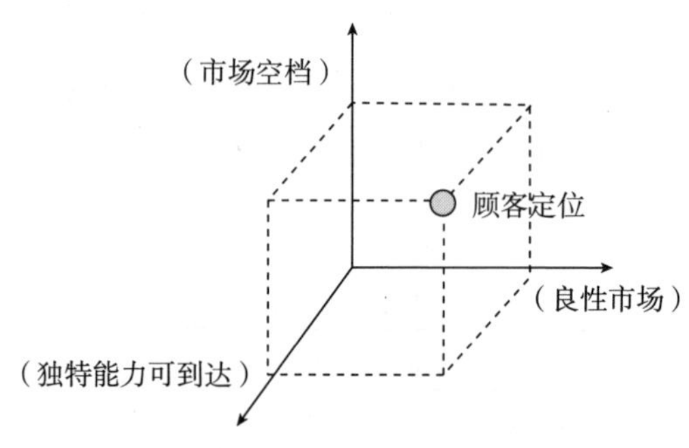

图 6－6 顾客定位三维图

（2）产品与服务定位

①定义：确定向所定位的顾客输出的产品和服务具备的特点，提供一套能更好满足顾客需求且相对竞争对手具有差异化特点的产品和服务。

有一点需要注意：从战略角度，产品和服务不是在同质化的方向上做得更好，而是要做出差异化，同时这种差异化要存在充足的能满足顾客需求的价值。有价值的差别化的创造需要打破思维定势，因此，在产品和服务定位环节要鼓励和强调创新。

②产品和服务界定原则：产品与服务的提供必须兼顾差异化和盈利性两个特点，以实现事业部的获利性增长。富有创意的差异化一定要能够使顾客认为物有所值，这是盈利的前提，同时差异化的产品在投入产出上要能够达到一定的获利水平。

③产品和服务定位的战略分析与定位步骤。

第一，分析所定位顾客的需求实质——产品和服务表象往往掩盖顾客需求本质，我们经常被行业的名称及行业内产品的特征所束缚，因此不能洞穿顾客需求的真正内涵，从而始终不能在后续的产品定位上实现突破。例如，对于手机厂商而言，如果仅仅将手机定位成功能性产品，那么就忽视了手机在不同细分市场面对不同顾客群，隐藏在后面的诸如个性的表达、性别的区分等方面的需求。再比如，被称为铁老大的铁路部门一度认为自己做的就是铁路行业，并未意识到自己处于运输业当中，从而忽视了公交公司、航空公司正在加强与其竞争的现实。

分析顾客需求的实质可采用两种方法，一是自问法，即询问自己企业不同部门的员工“顾客需要的是产品本身，还是产品发挥作用后带来的效果和感受?”二是访问法，即调研长期使用本类产品的典型顾客和新顾客真正需要的是什么?

第二，针对定位的顾客，本企业及行业竞争对手对其需求的满足情况分析。此部分同顾客定位中战略启发性要素透析表格分析。

第三，根据战略启发性要素透析表格提炼行业内作为重要竞争和比较的要素，并描述其状态。重要竞争和比较要素指行业内颇具价值的需求集中在哪些要素以及竞争集中在哪些要素上。例如，顾客对某一功能具有普遍潜在需求，但行业内尚没有厂家提供对应服务——这就是具备价值的需求。而如果行业竞争主要集中在某几项功能、价格、品牌等方面，这些方面则称为重要竞争因素。

可按照如下方法进行重要竞争和比较要素的提炼：提炼战略启发性要素透析表格中标记“√”的需求和服务；提炼战略启发性要素透析表格中系数较高的需求与对应服务；提炼战略启发性要素透析表格中横列中具有潜在价值的需求；提炼战略启发性要素透析表格中纵列中具有特色的服务。

第四，进行产品和服务定位。根据顾客定位及其顾客需求的实质，按照如下方法进行产品和服务的定位：在上述重要竞争和比较要素中进行直接选择（尤其针对标记“√”的要素和启发性系数高的要素），转化成相应产品和服务定位——通过尚未满足的需求创意空当产品；在兼顾基本的竞争和比较要素的基础上，强化某一项或两项要素，使之内嵌至相应的产品和服务——通过要素强化实现产品的特色差异化；组合不同的要素，构成相应的产品和服务——通过组合实现具有复合特点的差异化。同时，兼顾可盈利性和是否结合了企业核心能力（见表6－6）。

表6－6　　产品和服务定位表格

<table>
<tr><td>顾客需求实质</td><td colspan="4">描述顾客需求实质</td></tr>
<tr><td rowspan="3">提炼战略
启发性要素</td><td>要素1</td><td>要素2</td><td>要素3</td><td>……</td></tr>
<tr><td>违背需求实质否□</td><td>违背需求实质否□</td><td>违背需求实质否□</td><td>……</td></tr>
<tr><td>标记“√”的要素□
启发性系数高要素□</td><td>标记“√”的要素□
启发性系数高要素□</td><td>标记“√”的要素□
启发性系数高要素□</td><td>……</td></tr>
<tr><td rowspan="3">要素直接选择</td><td colspan="4">直接选择转化成的产品描述：</td></tr>
<tr><td colspan="2">具有差异化特色吗□</td><td colspan="2">能够满足顾客较高价值吗□</td></tr>
<tr><td colspan="2">具有盈利性吗□</td><td colspan="2">结合企业核心能力了吗□</td></tr>
<tr><td rowspan="4">要素强化</td><td colspan="4">强化要素X</td></tr>
<tr><td colspan="4">内含要素X的产品描述</td></tr>
<tr><td colspan="2">具有差异化特色吗□</td><td colspan="2">能够满足顾客较高价值吗□</td></tr>
<tr><td colspan="2">具有盈利性吗□</td><td colspan="2">结合企业核心能力了吗□</td></tr>
<tr><td rowspan="4">组合要素</td><td colspan="4">要素Y＋要素Z＋……</td></tr>
<tr><td colspan="4">强化“要素Y＋要素Z＋……”的产品描述</td></tr>
<tr><td colspan="2">具有差异化特色吗□</td><td colspan="2">能够满足顾客较高价值吗□</td></tr>
<tr><td colspan="2">具有盈利性吗□</td><td colspan="2">结合企业核心能力了吗□</td></tr>
<tr><td>最后产品和
服务定位结果</td><td colspan="4"></td></tr>
</table>

以上顾客定位、产品与服务定位的战略相关性拉伸：

顾客定位的战略相关性拉伸：所定位的产品和服务只能提供给现在锁定的顾客吗？还有没有特性相似的顾客可以纳入？而这类顾客的加入不至于导致顾客定位核心思想的离散。在产品和服务一定的前提下，思考这样的产品和服务还能够满足哪些类似顾客群，这将有利于产品和服务资源的最大化利用，并进行具有相同属性顾客群的二次定位，避免顾客定位过于保守和狭窄。

产品和服务定位的战略相关性拉伸：所定位的顾客除了需要现在定位的主流产品和服务外，是否还需要其他相关性产品和服务，而这一部分产品和服务不至于导致产品和服务定位核心思想的离散。通过技术和产品的有限延展，在保证核心技术和产品集聚的前提下，向定位的目标顾客群一定程度地输出扩充性产品和服务，将有利于用户资源的最大化利用，并进行产品和服务定位的一定幅度的拓宽。

上述两项延伸会使顾客定位和产品与服务定位得到优化。

战略的相关性拉伸一定要坚持战略集聚，即，不可离散原则，同时，考虑市场竞争态势和自身资源状况，应本着先按主流定位发展，后按战略拉伸扩展的步骤进行运作——避免定位拉伸破坏战略定位的本质。

（3）如何提供的定位

①定义：为支持和达到你所要定位的产品和服务特点，从而建立系统的企业战略提供模式。任何企业的产品和服务都是可见的或能感受到的，但其背后的支持模式则在是否具有战略特性这一点上具有明显区分。具备战略特性的提供模式不仅目标指向清晰，而且具有独到性、长期积累性和难以模仿的特点。企业的战略基因主要是在提供模式的长期作用下生成的。一个高明的产品和服务定位往往能引发出一个高明的提供定位，并使之充满创新和差异化设计。在如何提供定位环节同样要鼓励和强调创新。

两点注意：一是战略提供模式是系统化提供而不是单一职能支持的提供。系统化造就了其难以模仿性。二是战略提供系统主要包括研发制造提供和营销提供两部分。研发制造提供指企业如何通过研发制造强化所定位的产品与服务的特点，并发挥相应资源优势，营销提供指企业如何通过这一环节强化所定位产品和服务的特点，并以独到或能够发挥资源优势的途径到达所定位的顾客。

②如何提供定位的原则：达成所定位产品和服务特点，并要系统化提供。如何提供的目标是提供具备所定位特点的产品和服务，因此，差异化的产品和服务特色是提供系统所瞄准的关键点。同时，在设计达成目标的提供系统时，不能仅靠一两个动作来完成，而是要注重系统各部分的相互融合、平衡和强化。例如，产品定位是低成本的产品，那么在提供系统中就要首先在产品研发、设计阶段进行低成本设计，同时，在生产制造环节进行低成本组织生产。这一提供系统的系统化体现在研发、制造每个环节都要进行低成本设计，而且研发设计阶段至关重要，否则，制造环节降低的成本会非常有限。

③如何提供定位的战略分析与步骤。

第一，回顾所定位产品与服务的特点，对产品与服务特点按照如下顺序进行排序：回顾和列出产品与服务用于体现竞争优势的差异化特点（价值性特点）；回顾和列出产品与服务用于满足顾客需求的必备特点（条件性特点）；回顾和列出产品与服务在实现上难度较大的部分（价值性特点）。

第二，建立研发制造提供和营销提供路径（见图6－7）。

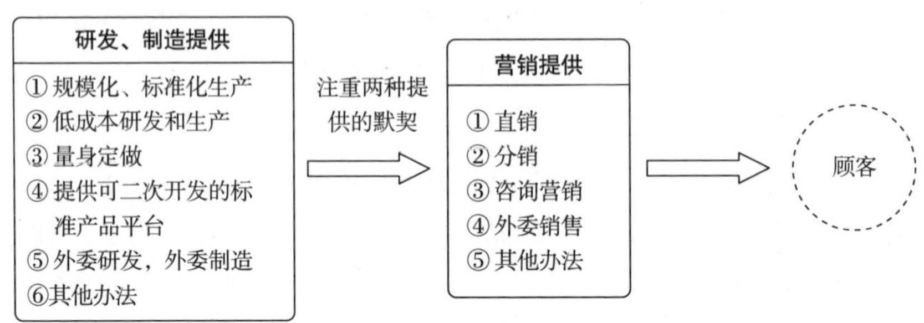

图6－7 研发与制造提供路径图

第三，列出多套提供方案。根据提供路径的组合与创新列出可能的提供方案，并标明其优点和不足。

第四，进行提供定位：对比多套提供方案，进行选择，并用“达成产品和服务定位特点的效果、可行性、可能产生的战略成本、资源能力优势的发挥程度、难以模仿性”等标准进行检验。具体填写下表6－7，分数仅供参考。

表6－7 提供定位表格

检验标准	方案1		方案2		……
	得分	加权分	得分	加权分	……
达成产品和服务定位特点的效果（权重0.3）					
资源能力优势的发挥程度（权重0.15）					
可行性（权重0.2）					
难以模仿性（权重0.15）					
可能产生的战略成本（权重0.2）					
加权分合计					

注：①方案得分在“5分—优”和“0分—很差”之间进行判断；②方案加权分＝得分×检验标准权重；③加权分合计为方案得分纵向相加；④加权分合计高者为最终选项。

由于“如何提供”即是企业很关键的系统动作所在，因此，这一定位首先为事业部将要形成何种能力确定了方向，同时，因为基于和战略直接相关的一整套运营流程、方式的相应设计，事业部将在这一提供模式下逐步形成自身的竞争和发展特性，这就是企业及事业部战略基因的形成。由于这一过程的长期性、复杂性以及内含企业的创新成果、经验总结并与事业部核心能力紧密结合，因此，一旦形成将具有一定的不易模仿性，从而建立起事业部差异化的竞争优势。当然，企业战略基因的形成也为其变革带来了惰性，所以，要注重提供模式设计的可调整弹性。

专栏 6.1　战略定位

20 世纪 60 年代，施乐将复印机市场几乎霸为己有，成为市场中的老大，当时的 IBM、柯达均甘拜下风。成功得益于其战略的独特定位：施乐选择大公司为主要客户；提供的复印机强调复印的高速度；由于是大客户，因此向用户直销，而不是利用经销商分销；由于机器比较贵，因此不是卖而是租给客户。凭借这一套干净利落、棱角分明的战略，施乐将对手甩在了后面。不久，佳能公司针对复印机市场，也制定了一套独特的战略，并在相应客户市场中一路领先，甚至在后来威胁到施乐的霸主地位。佳能的慧眼盯住的不是大公司而是中小企业和个人复印机市场，并提供质量好但价格便宜的复印机。怎么销售呢，不直销，而是通过经销商网络销售。佳能和施乐的战略存在很大差异，甚至许多环节相左，但都能各取其道，在各自定位的市场中获得成功，原因就在于它们都拥有独到的战略定位。

3. 战略的 3 个跟进、联动要素及其伴随的战略分析

（1）组织调整与跟进

①战略的 3 个核心定位对组织的要求。此处的组织主要指事业部的组织结构与组织运行原则，其要追随战略的 3 个核心定位进行调整。根据战略定位的内容，要分析现有组织是否能够适应，从而进行相应改进。

②出台组织调整的总体思路。要点：组织调整设计主要以支持实现 3 个核

心定位为目标，确定组织调整的方案，例如，是集权型机构还是分权型机构以支持达成战略定位，在组织运行上是强调控制还是强调更多的灵活性，需不需要建立跨职能的统筹性组织等。同时，要考虑组织调整的策略，例如，是采用渐进式调整还是一步式调整，以尽量避免震荡与风险。

（2）队伍的调整与跟进

①战略的 3 个核心定位对队伍的要求。此处的队伍主要指企业的人力资源队伍，其素质、能力、经验要追随战略的 3 个核心定为以及组织定位进行调整。分析现有队伍的不足，进行人力资源队伍的调整思路设计。

②出台队伍调整的总体思路。要点：出台人力资源队伍方案，在 3 个核心定位中，主要针对“如何提供”进行调整。例如，战略的 3 个核心定位对领导者有何新能力要求，对关键部门的主管有何新能力要求，为推进战略管理工作对战略管理人员有何新要求。同时，出台人力资源队伍调整跟进策略，即，立足于培养还是募新，是逐步到位还是一次性到位，在人力问题上更应避免剧烈震荡。

（3）机制的调整与跟进

①战略的 3 个核心定位对机制的要求。员工对企业战略意图可能比较明确，但不一定执行到位，其中很重要的一点原因就是企业的激励和约束机制并没有相应配套跟进。企业的机制要指向去实现战略的 3 个核心定位以及与此相关的跟进、联动调整，直至战略的执行和监控。

②出台机制的总体思路。要点：把机制分成三个层面的机制。一是战略层面，引入战略绩效管理，主要考核战略从“定位”到“到位”的情况，并与战略推进奖挂钩——这是战略的大考核，紧盯大的战略成果；二是战略运营层面，引入战略运营计划绩效管理，主要考核运营计划中紧密支持战略定位实现的环节和工作——这是战略在运营层面的具体考核，紧盯具体工作结果；三是鼓励创新，针对产品差异化创新、提供模式创新等方面出台激励政策，以维持企业关键环节的创新力，这也是模式化战略得以实现的关键保障之一。

4. 战略的 1 个支持性要素及其伴随的战略分析

①战略的 3 个核心定位和战略的 3 个跟进、联动要素总体思路定位对资金的要求。根据战略内容，分析现有资金状况及存在的问题。资金要能满足战略

的持续实施和推进。

②战略预算和资金持续供给思路。要点：实行战略预算制，将紧密支持战略运营计划实施的资金视为战略资金。战略预算将启动一系列的资金筹措和调配计划。

在关键支持性要素中，资金是很重要的一项要素，同时，还应该从整体上回顾一下战略成本支出情况。所谓战略成本主要指战略从定位到到位过程中，为了实现战略目标和任务所产生的各类成本，不仅包括资金，还包括诸如文化改变、人员流动、组织调整适应期、新市场培育时间、品牌影响、其他发展机会的丧失等。当然，在上述战略定位的每一步，已经进行了战略成本的预估，即便如此，整体回顾一下还是对战略风险的进一步规避大有好处。

为表述清晰起见，上述“3 +3 +1”模式化战略的制订和分析步骤是按照“3、3、1”的具体顺序进行的，而在实际制订过程中，在战略分析与战略制订之间，在“3 +3 +1”各部分之间应具有较强的互动性，往复性和交叉性。即，主流思路的线索按照“3 +3 +1”的顺序，这样可以保证整体思路不乱，而在具体思考、讨论以及设计时，可以多个角度作为起点。例如，可根据具有绝佳创意的产品（依然在本行业的）去探讨定位相应的细分顾客，而不是定位顾客后再思考产品。还要注意战略分析的相互兼顾，例如，在定位产品和服务的时候肯定也在思考提供模式了。

三、做好战略执行与战略监控

事业部开展的战略执行与战略监控按照如下步骤进行——这是总部战略管理的制度化要求（见图6 -8）。

1. 将“3 +3 +1”战略内容演化成战略方针和战略任务

①战略方针：之所以要将模式化战略内容概括成事业部的战略方针，主要目的在于从总体上把握战略的要点和主体思路，以便于事业部在执行之前有个宏观的掌握。因为，“3 +3 +1”模式化战略在内容上还是比较丰富的，作为事业部，需要在执行前将战略思想高度凝炼，以回答不断有员工提出的“我们企

业的战略是什么”之类的问题。

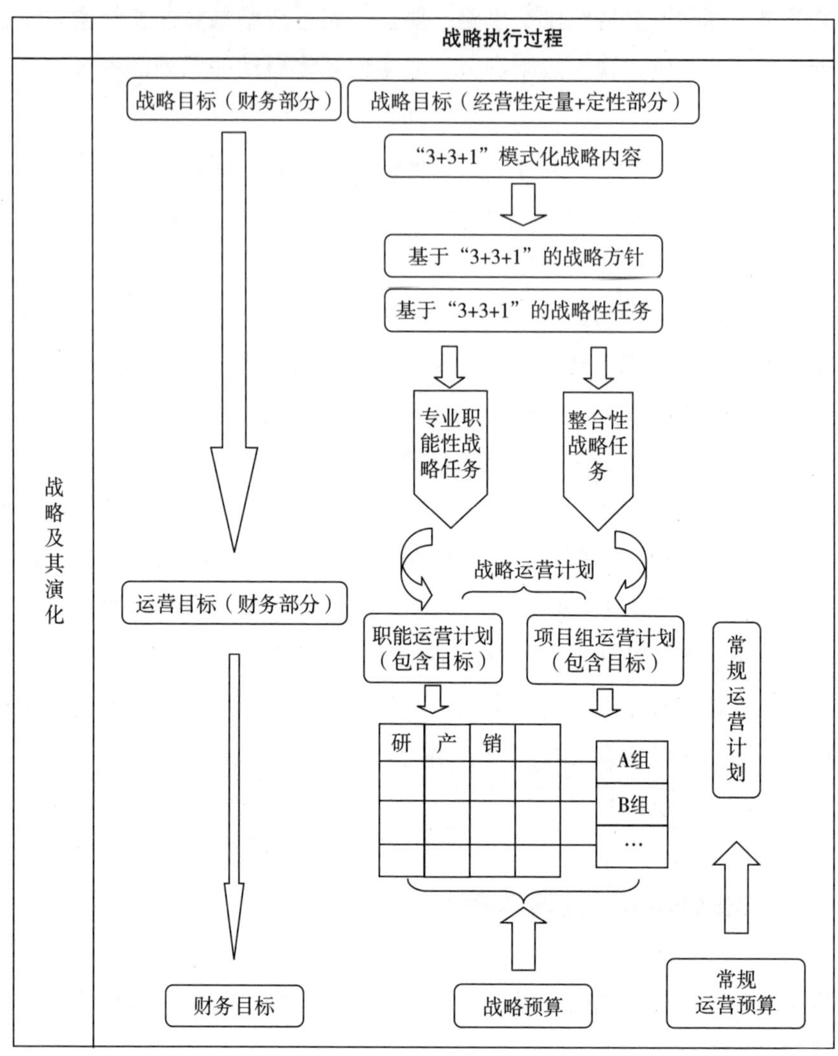

图 6－8　战略执行图

②战略任务：在战略方针的统领之下，需要将“3＋3＋1”模式化战略内容演化成一项一项的任务。这一过程非常重要，原因在于我们所在的事业部通常是按照销售、生产、研发等专业职能进行划分的组织，我们习惯于将事情按照职能分类，然后落实到相应部门。而模式化战略在思路上环环相扣，比较系统的，因此使人感觉是一个整体，不好入手落实。所以，能够在系统化的全盘

思路中进行任务提炼是比较重要的连接战略与运营的环节。在提炼过程中，我们会发现，有的任务确实体现了专业化的特点，我们将其称为“专业职能性战略任务”，其可对应研、产、销、人力资源、财务等专业职能去落实和执行，而有些任务是整体性的，其整体性体现了模式化战略的系统性，不可再分割，否则会改变任务的实质，这类任务称为“整合性战略任务”，针对这类任务，我们通过对应成立的项目组或产品经理岗位来执行和落实。

2. 战略运营计划对战略任务的承接和落实

引入战略运营计划的概念，即，紧密支持战略从定位到到位过程的具体运营计划。通常所说的企业运营计划虽然最终都是为了落实战略的，但是我们仍能根据运营计划所承担的工作内容，对其进行直接战略性和常规运营性的细分。例如，对美国西南航空公司而言，直接支持飞机高利用率的一系列具体运营工作就属于直接战略性工作，而那些不论利用率高与低都要进行的日常工作就是常规运营性工作。具有直接战略性的运营计划即为战略运营计划，需要在战略管理范畴内进行重点制订，其是战略的向下落脚点。对战略运营计划的制订，要特别注重在运营层面确保具体措施的有效性、创新性、可操性和相互之间的关联性，以保障战略任务通过一系列具体运营动作得到实现。

3. 紧密支持战略运营计划的战略预算

同样，战略预算是对全面预算的细分，这里强调的是紧密支持战略运营计划实施的预算。战略预算不需要十分精确，但可让企业对战略实施耗费的资源做到心中有数，从而保证战略的持续推进。

4. 对战略从定位到到位、战略运营计划执行和创新要建立相对应的战略绩效管理体系

（前面机制的调整与跟进总体思路部分已作简要介绍）。

在战略的制订和战略执行间，同样存在着设计上和实践中的互动性和相互制约性。战略决定执行，执行也能制约战略。在战略制订阶段，一定要估计战略执行能力，否则，仅是画中美人，是不能走下来做饭的。同样，强有力的战

略执行能力可以拓宽战略视野，增大战略设计空间，而且独到的运营层面的战术能力可以支持和激发相应战略思想的产生。

5. 在战略的执行过程中同步进行战略的监控

①战略监控的目的。战略不是一成不变的，因此，要建立企业自发识别环境变化的能力，并且随之优化原有战略，从而保持企业的持续、旺盛的竞争力和发展力。

②对战略监控的认识。特别要注意的是，战略监控是对企业“战略状况”的监控，而不是对企业“财务与运营状况”的监控。财务或运营数据某个时点的令人满意并不能说明企业的战略状况是令人满意的，也许，企业正处在战略状况比较糟糕或正在开始下滑的阶段。只有认清战略监控是以调整战略为目的的，以及找到战略状况监控的标准，才能真正理解和落实企业的战略监控工作。

③战略监控的制度化与方法。战略监控绝对不是临时想起来时就进行一次战略工作检查，更不是某个高管偶然发现一个战略性问题后提出质疑。战略监控应该在企业内部作为战略管理的有机组成部分实现制度化和日常化。

战略监控要由总部与事业部同步来完成。

战略监控的方法主要是建立战略信息系统，这个信息系统的重心定位于战略信息，而不是财务信息和日常运营信息。战略监控和战略信息所关注的七个方面如下。

顾客满意度：顾客满意度降低可能意味着在模式化战略的某个环节或整体系统性上出了问题，因为企业的现有战略正在失去顾客。

新兴市场的出现：新兴市场的出现需要对原有顾客市场进行再次审视，新兴市场往往带来战略机遇。

本事业部相对于主要竞争对手的发展速度和质量：企业与自身历史的纵向发展对比并不能说明企业在行业中的竞争力地位，只有横向对比才能认清企业所处的位置。

关注实力强劲的企业进入本行业这一情况：有实力的企业进入行业会使竞争要素和竞争局面变得复杂，需要提前做好应对准备。

员工创新动力：员工的创新是支持模式化战略实施的关键之一。创新动力不足，说明机制出了问题，其对战略整体执行影响较大。

销售部门、代理商的反馈：作为最接近顾客和市场的组织，销售部门和代理商的信息反馈很有战略价值，其包含需求的变化与竞争态势状况，应引起关注。

行业政策重大变化：政策法规的变化可能引发行业震荡，因此，需要及时掌握和深度分析。

伴随着战略执行的战略监控职能，说明了“3 +3 +1”模式化战略管理在任何时点均存在互动性，从而不断优化战略管理体系的核心定位及各类要素状态，使战略管理体系具有随环境变化的抗风险能力以及不断成长的发展机制。

四、执行战略审批

事业部制订的战略方案显然要经过总部的审批，这是总部若干审批方案中的重中之重，也是总部实施战略管控的关键环节。

战略审批通常由战略管理专业委员会完成，总经理最后签批。战略管理专业委员会运行的关键细节，是在会议召开之前做好充分的会前准备，包括对事业部战略方案的初步预审。初步预审通过后才可以上会，否则，操之过急便召开会议将导致精力、时间的浪费。预审一般由专业的战略委员会秘书处完成或一名副主任委员初步把关完成。战略委员会的会议决策要采取民主集中的形式，不适合采用投票的形式。

五、实施战略考评

战略考评主要指对事业部战略管理工作进行评估，并与事业部领导层经济利益挂钩。其主要评价内容包括：事业部的战略管理体系建设效率与质量、事业部战略管理方案的审批通过情况、事业部战略的执行力度与准确度、事业部战略从“定位”到“到位”的结果、事业部战略预算的结余超支情况等。

总结

1. 事业部制企业的战略管控不同于单体企业，存在着分层管控问题。

2. 由于业务均下沉至事业部，因此，事业部制企业的总体战略主要集中在：指出企业总体发展目标与目标构成，界定业务范围并标注业务特征，明确主业发展方向与主辅业配合策略，要求事业板块借鉴成功的共性发展模式以及规定事业横向协同原则等。

3. 事业部的战略在兼顾协同的前提下等同于单体企业发展战略，推荐采用“3+3+1”的系统化战略模式。即，首先进行目标顾客、产品服务与如何提供的战略定位，而后配套调整事业部组织系统、内部机制与人才队伍，最后考虑资金的稳健保障——事业部战略思想在这一连续分析和选择过程中得以层层递进地深化与体现，从而呈现出的是一个相对全面和完整的战略方案。同时，本章提供了非常细化的战略定位操作方法与表格工具。

4. 对事业部的战略管控不仅包括对事业部战略执行质量与效率的监控，还包括两个要点：一是对事业部自身战略管理体系建设的监管，二是对事业部战略制订模式与方法的预先认同。

5. 事业部的战略方案通过战略方针、战略任务、战略运营计划实现具体分解，进入执行层面，并通过战略预算予以保障完成，同时，要施加从“定位”到“到位”的战略绩效考评进行约束。

6. 战略不是一成不变的，因此，要做好战略监控与适时优化工作。

第七章

事业部的组织与人力资源管控

事业部的组织形态与人力资源状况是事业部落实战略、维护良性运营的关键。事业部的组织结构和运行准则可谓企业总部刚性的管控制度延伸，而对事业部人力资源关键要素的激励与控制则为推动事业部持续、稳定发展提供了最重要的保障。

第1节　事业部组织管控

事业部是否有权随意调整内部机构呢？总部对事业部架构设计有哪些约束条件？对这些问题，郑涛也思考过，但感觉并没有抓住要点。下一步事业部制推行后，公司组织管控的主职按照分工就在发展规划部，因此，郑涛打算好好看看这一节。下班后，郑涛到楼下对付了一口饭，马上回到了办公室，一切是那么安静，正好看书……

很多书籍和资料针对组织管控往往会无所不包地谈出很多内容，组织管控几乎囊括了事业部的所有管控事项。而我们此处讨论的事业部组织管控，主要指企业对下属各事业部的组织结构、组织层级及组织分工实施管控，同时，提出相应构建原则与规范，其目的在于保障事业部的组织结构科学合理，组织运行富有效率，组织状态整体受控以及总部相应职能能够找到事业部层面的组织承接载体。

事业部的组织管控主要涉及如下五方面内容。

一、事业部的整体组织架构及层级管理

典型的事业部实际又重归于虚拟的单体企业，因此，其组织体制便恢复到了直线职能制结构。因此，从总部层面要求事业部的组织结构要符合直线职能

制的组织架构。例如，某企业要求下属事业部均要实行总经理领导下的三大业务中心架构，即，总经理垂直管理并行的营销与服务中心、技术与产品研发中心、生产制造中心——这是该企业事业部组织架构的主干部分，不可随意改变。在此基础上，公司还会提出一系列的组织架构要求。例如，要求总经理侧翼需要辅以职能管理层协助，因此需要设置各类职能管理部门，其中经营计划部、企管部是必设部门；营销与服务中心内部必须并行设置销售、市场、服务三个部门；销售部门下辖若干大区销售机构。同时，公司指出各层面、各部分机构的组织功能范围，事业部必须按此规定制订有关部门的具体职能。例如，公司规定，经营计划部是事业部的经营计划与预算集中管理部门，负责经营计划与预算的制订与执行；市场部为营销企划部门，核心职能在于做好市场调研、策划与宣传，不得从事直接面向终端客户与代理商的具体销售工作等。可见，以上的组织规定都是刚性很强的硬性要求，使得事业部的组织架构龙骨和轮廓得以明确，各部门角色得以界定，这些都充分体现了总部对事业部的组织整体架构实施了强有力的管理。

至于总部没有明确约定的部分，或事业部根据实际情况认为非常有必要调整的部分，事业部均可制订相应提案，按照相应规程，公司将给予评审和批复。

在事业部基本组织架构确定的基础上，总部要对事业部的组织层级提出明确要求，否则，事业部的具体组织设计容易走偏，从而导致纵向组织层级衍生过多，影响组织运行效率。

应该说，在事业部整体组织结构中，已经渗透了管理层级的原则，我们可以初步理解上述组织架构管理中所举事例，实质界定了事业部内部大概分为三层组织管理，第一层面为总经理，第二层面为事业部的职能管理部门与业务中心负责人，第三层面为职能部门及业务中心内部组织。不过，这么说虽然梳理出一个大概的组织等级轮廓，但是不够明确和细致，甚至会有不少认识上的分歧，事业部也会产生很多疑问，例如，事业部中作为班子成员的副总经理算不算一个管理层次，业务中心一定要成为一个层次吗？如果业务中心作为一个层次，那么业务中心内部是不是还要设置细化部门？大区销售机构属于什么级别等等？可见，如对事业部的组织层次不做细化界定，会引起组织分化和管理关系的混乱。

讨论到这里，我们会意识到，组织层次实质是组织结构性内容的重要构成，属于组织结构的重要组成部分。只不过这部分内容一定要清晰表达出来，因其对支持一个组织结构至关重要。

例如，对于上例中的直线职能制，我们可以进一步的清晰规划如下：

①总经理是事业部的第一管理层级。

②事业部副总经理不能作为一个管理层级。事业部如设有专业委员会，其也不能作为一个管理层级。

③事业部职能管理部门与业务中心负责人为第二个管理层级。副总兼事业部业务中心负责人。

④业务中心下设一级业务部门，比如说市场部、销售部、生产管理部、采购部、研发管理部、技术支持部等，其与大区销售机构为事业部的第三级组织层级。

⑤第四级组织层级为事业部的基层员工，包括职能管理部门员工、业务中心内部员工、大区员工等（见图 7－1）。

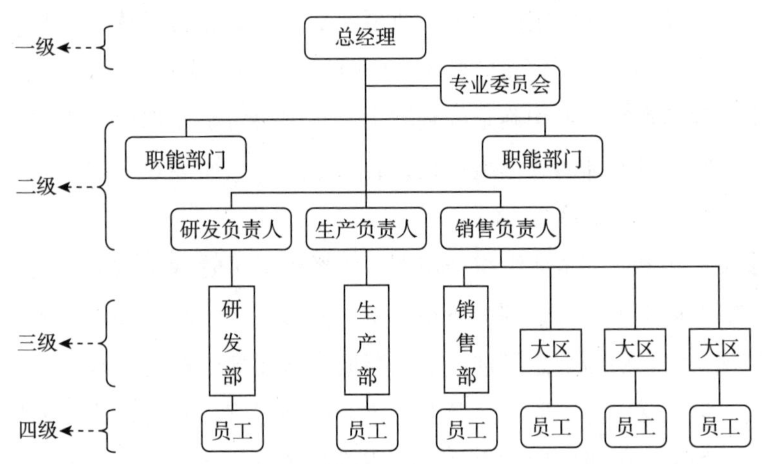

图 7－1　事业部的组织层级

当然，在事业部规模不大的情况下，完全可以划分三个组织层次，即，事业部总经理、职能管理部门与业务部门负责人、基层员工。

组织层级的明确界定，不仅有助于对事业部组织结构的进一步理解，而且对事业部的具体组织设计提供了明确的方向指导和层级范围，事业部不能在此基础上擅自增加组织管理层次。组织层次的明确还界定了事业部层级之间的管理关系，并会为后续薪酬方案的制订提供一个参考基准，利于横向纵向兼顾与比较。

二、事业部的领导组织管理

事业部的领导层需要总部进行直接的设计和管理，这个权力一般是不下放的。当然，事业部总经理提出方案是完全可以的，也是事业部制企业所提倡的，这两者并不矛盾，只不过，这部分管理内容总部亲自设计的较为多见。

事业部领导组织的形式一般分为以下五种：

①当事业部规模较小时，可仅设总经理一个岗位。此时，总经理的岗位说明书和领导权限显得非常重要，因为其是总经理发挥决策、指挥、组织与协调工作的依据。在这种简单的领导模式下，需要根据需要为总经理配备助理，以协助其处理日常工作。

②当事业部稍具规模时，可实行三总负责制，此三总为总经理、营销副总和技术副总。此时，不仅要对三总进行明确分工，而且，要制订三总职权范围及三总合议互动机制，以发挥领导团队的合力作用与制约作用。

③规模再大些的事业部，则可吸纳新的领导班子成员，如事业部财务负责人、经营计划部长等，从而加强民主决策工作力度。

④对于上规模的事业部则可设事业部决策委员会，其类似于事业部的董事会，从而做到事业部重要经营管理事项上升到委员会层面决定，日常工作则由总经理拍板。决策委员会可吸纳内外部专家型成员加入，从而提高决策质量，降低决策风险。

⑤对于实行“双核”领导体制（详见事业部领导体制设计部分）的事业部，则领导层构成比较特殊，其由两个最高领导人并行管理事业部，从而达到能力互补，相互支持，辅以制约，共同推动事业部发展的宗旨。“双核”领导体制并不排斥副总经理岗位及委员会组织的设置，因为很多工作需要相应岗位去分管，而一些决策也并非双核领导拍板就可以，其需要在更大范围内民主决策。

三、事业部的职能组织对应设置

事业部制企业的组织管控，往往会强调事业部层面的对口职能管理机构的设置——这是企业总部的硬性要求，以利于各项职能管理工作在事业部都能够找到承接组织，达到推动总部职能管理政策扎扎实实落地的目的。

例如，对于上规模的事业部，当企业总部设有战略管理部、经营计划部、财务部、人力资源部、行政管理部等部门时，按要求，事业部内部也要随之设立这些部门，从而与总部形成各职能的对口管理关系。一旦对口组织得到确立，那么在日常管理过程中，总部职能部门首先要抓的就是事业部的对口部门工作（见图7－2）。

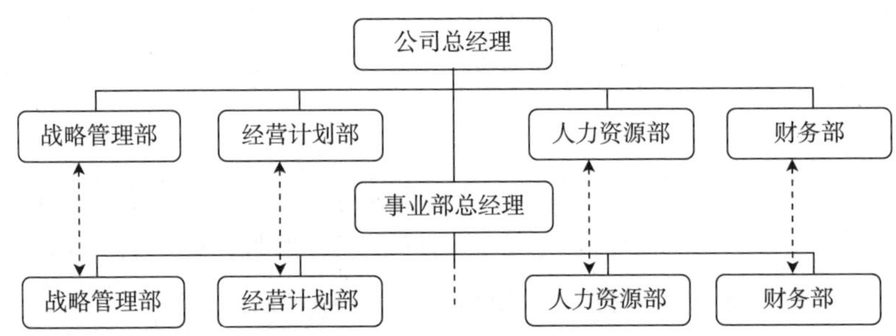

图7－2　事业部职能组织的对口设置

当然，对于规模不大或者强调组织精简的事业部制企业，事业部内部可以设立综合性部门，从而对应总部的多条线的职能管理。例如，事业部设置战略计划部对应总部的战略管理部与经营计划部，而设置人力行政部对应总部的人力资源部与行政管理部。

在管理基础较好的企业，在对口部门设置的基础上，还会开展各职能管理体系的建设工作。例如，总部的战略管理部与各事业部的战略管理部即形成一个战略管理体系，其间的横纵向工作流程等都需要细化制订，也会定期召开研讨会及战略计划执行偏差分析会，甚至会被赋予体系内人员调动的一定权限。专业管理体系的建设很有意义，其在企业内部形成一个小气候，将使体系内资源得到充分利用，更会强化职能管理效果，从而日复一日沉淀出一套优越的职能管理模式。

为进一步推动职能管理工作，总部的职能管理部门还要实行对口工作考核。最先启动的考核工作其实就是事业部对口职能部门的建设工作——首先要解决对口部门“从无到有”的问题，而后要解决“从有到强”的问题。只有组织建设走上轨道，才能期待产生好的职能管理结果。

在这里，有几项职能管理总部会介入较深，例如，对财务部可能会采用总部派驻式管理，这种管理模式，已经超越了对口的概念。再比如，有的企业人力资源部也是派驻式管理的，还有就是审计部的常驻式管理。对于采用“双核”领导的企业，其中有一位领导往往也是总部派出的，这位派出领导对其下属机构的管理非常直接，也完全突破了对口的范畴。

不过，事业部的职能管理绝非对上口就能解决所有问题。事实上，对口只是找到了基本的管理关系和脉络，管理效果的达成还需要许多努力。毕竟，对口部门只是管理职能对口，总部职能部门负责人并非事业部对口部门的直接上司，充其量只能实行一个所谓的“职能性管理”。事业部职能部门的直接领导人是事业部的总经理或主管副总，其领导倾向对总部职能管理工作的开展无疑影响很大。在企业管理实践中，对事业部自身管理要求唯命是从，而对总部职能管理采取应付敷衍的现象特别普遍。可以说，作为总部职能管理负责人，如果谁能将职能管理工作开展得卓有成效，却又能博得事业部总经理的赞赏，那么这个人物一定不简单。事实上，总部很多职能负责人往往是事业部批评和躲避的对象。因为，在事业部看来，这些管理工作不仅无法在短期内为其创造“真金白银”，而且一些管理方式也不符合事业部的实际经营状况。出现这一问题当然有事业部追求眼前利益，比较短视的原因，但也有总部职能部门的管理方式和管理水平的问题，需要认真总结和提高。

专栏 7.1　对口管理的困惑

金诺公司实行的是事业部体制，自然，总部与事业部的职能部门形成了对口管理关系。然而，就是这个看似简单的对口管理却将上下两个层面的职能部门都折磨得够呛。

一开始，总部职能部门毫无对口机制建设经验，于是在“对口管理”的概念下，直接开展相关职能管理工作，结果呢，事业部的职能部门根本就不太听从其工作指导，各项工作很难落实下去。针对这种情况，总部各部门在一起闭关讨论了一整天，查找原因，寻找对策，结论是总部职能部门手中无权，所以导致事业部肆无忌惮，应该被赋予一些关键性权限才行。于是，这些部门起草了一份申请报告，其内容为要在事业部职能部门负责人任免、绩效评价结果的认定上具有足够的话语权，能够发挥一定的影响作用，只有这样才能顺利推动对口工作的开展。报告上午交上去，下午就得到了满意的批复，公司总经理表示完全同意各部门的意见。

果然，这份文件下发之后，事业部职能部门面貌有了较明显的改观，不仅态度变好了，而且主动跑上来沟通工作。可是好景不长，没出两个月，事业部的职能部门又开始抱怨四起，他们对总部诉苦说，我们现在受夹板气，你看，不听你们的不行，但听了你们的也不行，因为我们的总经理更有脾气，会让我们好看，我们心里好怕啊。

是啊，一旦总部职能部门的意见与事业部总经理的意见相左，那么事业部职能部门夹在中间的确很不好办。有些情况还好，能够分得清楚，比如，公司有基本制度、规范或准则作依据，此时，能够作出评判，但很多情况因为制度不健全，并不能找到什么原则或标准，此时就可能把仗打到总经理那里去。

面对职能管理的繁杂和混乱，总部职能部门也终于挺不住了，纷纷向总经理进行汇报。对此问题，总经理二话没说，将总部所有职能部门负责人狠训了一顿。其实，总经理的训斥是有道理，我们听听他是怎么说的：

（1）你们职能部门是搞专业管理的，连个对口机制都搞不清楚，向我汇报也行，你们有困难我得听，可是，你们的建议呢？

（2）不要说事业部总经理不讲道理，是你们这些职能部门给他们留出不讲道理的空子了。公司的确有规定：有制度依据制度办，没制度协商处理，可是后面还有一句话呢：公司制度缺失的局面必须在一年之内予以扭转。你们扭转了吗？如果现在主要问题依据制度解决，少数问题协商处理，情况不就会好很多吗？可是，恰恰相反，因缺少制度导致打架的情况太多了。

(3) 也不怪事业部跟你们不讲理，是你们太讲理了，知道什么叫太讲理吗？就是太理论化，你们有几个经常到下面了解实际情况的。不掌握事业部的真实情况能制定出科学、合理的政策吗？你又如何能让事业部服气？事业部为什么跟你们打架，一部分原因是因为他们确实本位，但另一个原因就是你们的工作没做到家，没有树立起威信。

总经理的一通骂，让总部部门负责人头脑由混沌变得清醒，他们渐渐意识到这个对口管理是个综合性很强的工作，不仅需要依靠机制促进、依靠制度规范，还需要良好的人际沟通和下到基层扎扎实实地去调研。

四、事业部的大区销售机构管理

在组织管控角度，对事业部大区销售机构的管理主要分三部分内容：一是确定事业部大区机构的设定原则；二是对大区机构内部组织架构进行界定；三是明确各事业部大区机构之间的关系。

1. 大区机构的设定原则

如果不对事业部的大区设置实施管理，那么就有可能导致事业部单纯按照自身想法设置区域性销售服务机构的情况，从而不利于多事业部企业的集约管理。

例如，在华东大区，A 事业部的大区机构所在地设在上海，B 事业部大区机构设在杭州，C 事业部设在厦门，那么就会带来管理上的一系列问题，这些问题诸如：如果同一客户使用三个事业部的产品，那么一旦要拜访大区机构就要去三个不同地点才可以，客户会感觉很不方便；分散设立大区机构，企业就无法实现销售终端的集中办公，从而造成运营成本的浪费——房子要租多个，车子不能共享，后勤服务体系需要建多套；还有，也不利于增大办公规模，树立对外形象。因此，对事业部大区机构的设置地点要进行必要控制，以协调事业部之间根据各自业务具体情况相互包容，集中办公。

大区机构设置松散，还可能导致事业部随意增减大区机构的情况。事业部作为利润中心，增减大区机构的主观意愿一定是好的，或者存在某种无奈的隐情，但从总部看来一些行为是不利于事业运营与发展的。这里面存在三种情况：一是事业部业务成长迅速、经济效益不错，因此事业部头脑发热，盲目增加区域机构数量。原来以行政大区为业务范围设置区域性机构，现在以省为单位来设置。事业部的目的无疑是想深化和细化市场，因此投入了更多更专向的销售力量分支。殊不知，这样的举动要慎之又慎，否则会给事业部及企业造成巨大的成本风险；二是为降低运营成本缩减大区机构。由于事业部处于初级阶段，或业务没有开展起来，乃至事业部经营不善，适度缩减大区机构也不是不行，但是如果情况并没有想象的那么糟糕，或者困难是暂时的，那么就不该过于短视。此时，可求助总部渡过难关。这里面有一个情况，总部要特别注意，有时候，事业部为了达成年度指标，也会出现撤销个别大区机构，减少费用支出的情况，这种行为破坏力很大，对该区域的终端用户和代理伙伴都会造成消极影响，因此，要坚决给予杜绝；三是出现多个大区机构归一个负责人管控的兼任情况。由于大区机构设置较多，事业部人才匮乏，某些大区机构负责人不能胜任，此时，事业部会安排其他大区机构负责人兼任。对此，公司相关部门要加强调研和管理，并要求事业部明确提出兼任截止期限。为什么兼任在公司看来不能被长期允许呢？因为兼任管理幅度过大，不利于事业部区域业务的深化，只能是权宜之计。

2. 大区机构内部组织架构要求

对事业部的组织管控要一直管到大区内部机构的设置上。

大区机构的内部组织设置又要包括两个层面的内容，一是大区领导层的设置，二是内部业务线的分划。例如，公司总部要求，大区机构必须采用三总负责制，即总经理与销售、技术副总构成领导班子。同时，在大区机构内设销售部、技术服务部、秘书处三个部门。

反过来讲，在组织管理上如果不管到大区机构这个层面，那么就会出现公司不愿看到的大区设置形式，比如，一总负责制，业务不分家等，从而导致大区内无制约机制，以及为降低成本而削弱业务拓展力量的情况。

当然，每个事业部的情况不同，也许有的事业部规模小，那么大区可以采用一总负责制，如果业务量有限，可不设完善的部门，只要有相应岗位的设置即可，待日后发展壮大，再进一步完善组织建设。只不过，这些思路都需要公司提出相应规范，或由事业部提出方案，经过公司批准后实施。

3. 各事业部大区机构间的组织关系

通常而言，事业部的大区机构应该单设，即，每个事业部都有自己的直属大区机构，此时，大区机构间为并行关系，如有业务往来，则按内部市场规则和流程操作。

如果企业的大区平台为各产品线事业部所共享，那么这样的大区机构需要同时面对多个事业部的业务委托及履行各自的协议，因此在组织管理层面，公司应出台相应的业务交往与平衡规范，以应对各类摩擦和冲突的出现。

五、事业部的具体组织职能及组织运行管理

公司对事业部的各部门职能的具体管理需要做好如下工作。

1. 实行组织职能内容的三级界定

三级界定主要指：在事业部整体组织结构规范文件中要界定事业部各部门的功能；在事业部职能具体管理规范文件中要界定事业部各部门的核心职能；事业部各部门的具体职能内容要经过公司的相应审批。

2. 具体职能需分出层次

对于事业部的各部门职能的制订，公司要提出具体要求和相应制度模板，以利于这项工作高质量、规范地开展。这其中，要求事业部的部门职能内容要分出相应层次，即，要先表述部门核心职能，再列出部门重要职能，而后制订部门一般性职能，最后附上各部门的共性职能。职能分出层次不仅方便浏览，而且也是对事业部部门负责人职能管理思路的系统化梳理，让其明确知晓本部

门哪些职能是最具价值的，应坚定不移地完成好，哪些职能是常规职能，需要做好但不必投入过多精力，从而在整体上把握住部门工作重点。

3. 事业部需要制订相应职能标准

仅有职能内容的描述，但缺少职能履行需要达成的目标，即职能标准，那么这样的职能文件是存在重大缺陷的，其工作顶多完成了一半而已。不过，这种现象在很多企业还普遍存在，要么因为标准制订费时费力就暂时放下了，要么因为压根就没想到还需要什么所谓职能标准。在具体职能标准的制订工作中，公司管理部门要提供相应的指导与规范。职能标准分为定量标准和定性标准两部分，要清清楚楚地写到部门职能说明书当中去，唯有此才能给各级管理者提出明确的职责目标，并支持下一步岗位职责及其标准的制订。

4. 做好组织职能的应用管理工作

组织职能的应用主要指让纸面上的职能真正进入到实际工作当中，以发挥其价值。事实上，很多企业都存在这样的问题，费心费力制订的部门职能看着很完善很漂亮，但写是写，做是做，完全是两层皮的情况。

部门职能的应用途径有如下五点。

①在制订部门工作计划时，除了要承接事业部经营计划外，一个重要依据就是部门职能内容。

②根据部门职能可以分析部门工作特征、透视部门价值，从而依此制订部门内各岗位的薪酬模式、薪酬结构及标准。

③根据部门职能及其标准能够对部门工作业绩进行一个角度的衡量，从而支持考核工作的执行和完成。

④根据部门职能才能分解制订出岗位职能。

⑤工作流程分段责任的划定需要依据部门职能。

5. 职能的优化

对部门职能一定要及时优化。一般而言，要规定定期优化时间，但在事业部或部门出现组织调整，从而引起部门职能出现相应变化时，就应该实时优化了。优化后，部门职能最新方案要及时通知有关部门知晓，必要的话，还要开展新职能的理解培训工作。

6. 事业部的组织运行管理

事业部的组织运行管理主要监控事业部是否按照各部门的职能定位开展工作，以及各层级机构能否正常发挥决策、指挥、组织、协调和监督作用。因此，公司要求事业部就组织运行原则、规范和流程要起草相应的制度，通过公司审批后执行。

第2节　事业部人力资源管控

关于人力资源的管控，郑涛曾与主管人力的马经理探讨过，马经理虽然对人力资源工作很熟悉，但郑涛觉得他的思路还停留在具体工作处理之上，并非事业部制所要求的居于总部层面的整体性、统筹性人力资源管控。自己的判断对不对呢？郑涛马上翻到本节，一探究竟……

对事业部人力资源的管控涉及内容十分丰富，我们首先需要将人力资源管理权限在总部与事业部之间进行划分，从而把人力资源涉及管控的事项梳理出来。具体如表7－1所示。

表7－1　人力权限的纵向划分

序号	人力资源事项	总部控制	事业部管理
1	事业部人力资源规划及落实方案	√	
2	事业部人力资源基本管理制度及执行情况 （事业部岗位、薪酬、绩效、培训等管理原则、权限、流程、要点与规范）	√	
3	事业部薪酬总额	√	
4	事业部总体编制	√	
5	事业部主要岗位设置	√	

续表

序号	人力资源事项	总部控制	事业部管理
6	事业部主要岗位人员任免、异动、派出	√	
7	事业部主要岗位说明书	√	
8	事业部主要岗位薪酬与激励	√	
9	事业部主要岗位绩效管理	√	
10	事业部主要岗位胜任与尽职调研	√	
11	事业部主要岗位继任计划	√	
12	事业部一般员工具体岗位设置		√
13	事业部一般员工岗位说明书		√
14	事业部一般员工任免、辞退流程	√	
15	事业部一般员工具体薪酬、绩效方案		√
16	事业部人员具体招聘		√
17	事业部总体培训计划	√	
18	事业部人员具体培训		√
19	工资发放		√
20	考勤		√

针对上述表格内容，有几点说明。

①关于组织机构的相关内容我们并未放到人力资源部分来研讨，因为在企业经营实践中，组织机构的设计是个复合度很高的课题，人力资源部门面对组织问题的挑战往往表现相对乏力。虽然我们常常念叨“组织与人力”，但在实际操作环境中，对组织结构研究比较精深的还是企业负责战略管理、企业管理或运营管理的部门，这其中造成差异的主要原因在于人力资源部门同传统财务部门一样，对业务层面涉入不深。例如，营销或研发组织机构到底应如何来设计，这对于人力资源部门来说便是个难题。有人会说现在的人力资源部门乃至财务部都变成所谓的战略性的部门了，他们很精通业务——我们知道一部分企业的确达到了这样的境界，但相当一部分企业还没做到这个程度。

②关于事业部经营业绩及部门业绩的管理我们也未放到人力资源部门来研究，其理由同上。

③对事业部总体编制，有的企业是放手的，有的企业则要控制，因为仅仅

控制住薪酬总额，并不能解决隐含的成本问题，冗员造成的成本增加不是显性数据能体现的。

④关于工资具体发放，其执行权在事业部，但公司人力、财务部门是按照工资预算及批准的工资标准进行发放审核的。

⑤有的企业对事业部的管理会细化到考勤，通过抽检的形式进行检查。

下面，我们选择人力资源管控比较重要的内容进行阐述：

一、对事业部人力资源工作的总体控制

1. 事业部人力资源部规划工作的管控

事业部人力资源规划是指事业部根据公司人力资源战略及总体思路提出的人力资源管理计划。总部对事业部人力资源计划的管控主要从以下两方面着手：

（1）人力资源计划的评审

对事业部人力资源计划的评审主要把握以下六个标准。

①事业部的人力资源计划要承接公司的人力资源战略和总体规划思路。

②事业部的人力资源计划不能违反公司的人力资源管理政策。

③事业部人力资源计划要反映和有效支持事业部发展战略、经营计划。

④在事业部人力资源计划中，要针对人力工作薄弱环节提出有效解决方案。

⑤人力计划在内容上要全面、系统、明确、具体。

⑥事业部人力资源计划要符合公司和事业部实际，在资金预算和具体操作上要具有可行性。

（2）人力资源计划的执行监控

①事业部人力资源计划要包含执行计划和预算。

②事业部总经理要在人力资源执行工作上做出加强管理的承诺，并提出事业部总经理亲自主抓的人力资源工作管理计划。

③总部按照执行计划进行事业部人力工作进展的监控，并推动人力资源计划执行偏差分析与整改工作的落实。

2. 事业部基本人力资源制度及其执行的管控

事业部基本人力资源制度的管控主要包括以下内容。

（1）事业部基本人力资源制度的内容界定管理

人力资源内容界定主要支持总部对事业部基本人力资源制度是否全面、完善、先进的检验，显然这是事业部制企业总部需要把控的部分。

事业部的基本人力资源制度包括有关人力资源的各类重要的制度、机制、流程、规范等，其在内容上包括：

①事业部人力资源计划与预算管理制度。

②事业部岗位管理制度。

③事业部薪酬、激励管理制度。

④事业部岗位绩效管理制度。

⑤事业部招聘管理制度。

⑥事业部培训管理制度。

（2）事业部基本人力资源制度的制订、完善、优化与汇编管理

上述事业部人力资源内容的界定为事业部人力资源工作实施管理提供了目标，事业部可以据此列出具体的制度完善计划。此时，总部相应部门必须持有一套事业部基本管理制度的质量标准，只有这样才能完成对事业部基本制度的评审工作。此部分内容，可参考上述人力资源计划的评审标准进行理解，不再赘述。

此处有个关键细节要提出，即，总部需要严格监督事业部制度完善工作，针对一些重要人力制度，要提出优化周期、汇编时间的要求。

（3）事业部基本人力资源制度的执行管理

总部对事业部基本人力资源制度执行的管理是通过如下四方面进行的。

①总部要敦促事业部建立人力资源执行管理制度。

②事业部要设置人力制度执行、检查负责人。

③总部对事业部重要人力资源管理制度执行情况要实行检查制度。

④事业部要定期提报人力制度执行情况报告。

3. 薪酬总额管控

对事业部薪酬总额的管控实际上是对事业部人力成本中最重要部分的控制。薪酬总额控制的目的主要在于防范事业部随意调整和发放薪资，从而侵蚀公司整体利润。因为在事业部实际运行当中，调薪现象会频繁发生，包括既定的薪酬结构或标准也会通过提案的形式实现更改，而且，作为总部不应该干涉事业部一般性岗位的具体人力资源行为，此时，如果没有对事业部的薪酬总额建立相应的管控机制，那么就会出现事业部人力成本大幅上涨的情况，而事业部的经营业绩并未随之提升——总部是不希望看到这种情况的。薪酬总额的控制会推动事业部实施一系列连锁控制措施，并对其业绩增长带来促进（见图7－3）。

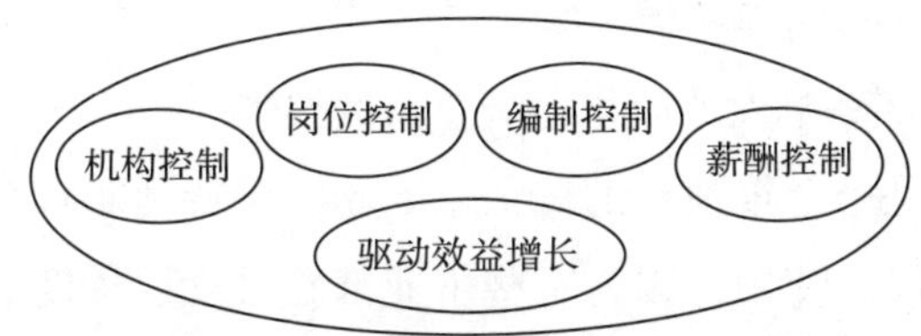

图7－3 薪酬总额控制导致的管理、经营系列反应

薪酬总额控制通常要抓好如下工作：

（1）做好薪酬总额预算管理工作

薪酬总额的管控是从薪酬总额预算开始的。作为事业部，每年在经营计划和预算方案中必须提出薪酬总额预算，总部对此要进行研究和审批。薪酬总额预算的审批要本着如下标准。

①事业部的薪酬总额预算增长是否符合公司的总体管控要求。例如，某公司规定，事业部薪酬总额增长幅度要低于事业部利润增长幅度的80%；年度业绩持平，则薪酬总额不得高于上一年水平；年度业绩出现负增长，则薪酬总额要同幅度下降。

②事业部的薪酬总额核算是否建立在公正的薪酬标准确定的基础上。虽然总部给出了薪酬总额的增长幅度控制线，但并不说明事业部可以满额使用，因为这样发出去的薪资属于毫无标准和意义的肆意发放，是一种对公司资产的侵蚀。因此，事业部针对各岗位要制订相应的薪酬方案和标准，并经过审批，而

薪酬总额是按照各岗位的薪酬标准核算出来的，并非简单拍出来的。

③事业部的薪酬总额中变动部分与经营业绩关联关系需要明确。薪酬总额并非是一个固定额度的概念，而是一个随着事业部经营业绩变化的薪酬包。这是因为事业部的奖金是与业绩挂钩的，其是浮动的。因此，从总部而言，只要确定薪酬与业绩之间的挂接关系即可对总额进行有效把控。

④审核事业部对待保底薪资的态度。当事业部经营业绩惨淡，奖金就自然提不到台面上了，那么固定月薪会不会受到影响呢？一般而言，事业部会主张为了稳定人员不要缩减固定工资，但对于总部来说，不压低其固定工资显然施加的压力不够。应该说，触及事业部固定工资是一些企业采取的较严厉的约束方式，即，当业绩低到一定程度的时候，固定工资都要受到削减——事业部的薪酬总额预算对此应有明确考虑方案。

（2）做好事业部薪酬发放阶段薪酬总额的控制

薪酬总额首先是个全年预算的概念，因此，要特别注意薪酬实际发放过程中的策略与控制手段的使用，因为有些事业部在月度、季度或半年度是要发放奖金的，如果没有事先进行有关防范的考虑，那么，就可能造成薪酬总额的最终被突破而出现失控局面。例如。事业部出现经营业绩前优后劣的情况——上半年业绩非常好，下半年业绩很差，以至于吞噬了上半年的经营成果，导致全年经营计划指标没有达成。在这种情况下，如果刻板地在上半年让事业部“如愿”兑现所有薪酬，尤其是超额奖励薪酬，那么在全年指标差强人意的情况下，实际上事业部就超出薪酬总额发放奖金了。所以，对奖金发放过程要进行比例与节奏地控制，要将一部分本应发放的奖金挪到年底发放，做到前紧后松，防止寅吃卯粮的局面发生。

4. 总体编制管控

对事业部的总体编制管控属于一个比较具体的问题。通常情况下，总部对事业部的全员编制不会做严格管控，而将人员的增减权下放至事业部。但也有企业对事业部编制实行一定管控，主要针对以下三个方面。

（1）设立事业部人均利润指标

对事业部的编制总控通过人均经济指标来实现。这是个比较巧妙的方式。

对这一方法的细化推广一般分为中层干部人均利润指标及中层干部与全员人均利润指标并用的形式。中层人均利润指标是个相对合理的指标，其对事业部中层编制和人数相当于进行了一定的控制。而全员人均利润指标是个宏观指标，尤其在事业部辅助人员和工人相对较多的情况下，全员人均指标的准确度就相对降低了，因此，在使用全员指标的时候，应允许有一定波动范围。

人均利润指标可当做事后考核指标使用，有的企业将其置于年终进行考核，从而一定程度影响事业部的年终奖金。当然，也可以实行季度累计考核，从而加强对其过程的管控。将人均利润指标当做事前考核指标时，也会对事业部的薪酬预算起到控制作用。

（2）事业部中层以上干部编制的控制

对于事业部中层岗位而言，在岗位说明书中一般对编制都有明确规定，一旦超编，原则上不能获得总部或事业部内部领导层的批准。而增编的另一个途径就是通过增岗后实现增编，当然，增岗也是要经过审批的，因此说增编其实是受到总体管控的。不过，在实际企业运行当中，一旦中层干部的任免权限下放到事业部，或事业部以具体情况为由要求增编或增岗（例如，事业部提出增加两个市场部副部长），则总部可能因为松懈或无法判断而给予批准，这样长此以往，事业部的编制就会出现不小的增幅。所以，对事业部中层干部的岗位设置和编制框定要给予把关和控制。

（3）事业部编制出现异常情况

总部通常无法也不应该管控到事业部基层员工岗位上去，因此，事业部的基层员工岗位编制多与少实质是事业部自身说得算。不过，当事业部的一般性岗位编制出现大幅增加的失控局面，则总部要进行强制性干预，要求事业部制订减员计划直至恢复到合理编制数量。

这里面有一个疑问：作为利润中心的事业部，其内在机制就是要增加收入，同步控制成本，难道事业部总经理不会自行控制薪酬总额和人员编制吗？其实，对于利润中心性组织而言，这样的内在控制机制主流上是完全有效的，但企业不能因此失去针对性的制度管控。毕竟代理人现象存在的情形比较复杂，一些负面因素都会促使事业部产生不顾组织利润只顾个人私利的念头。

二、对事业部主要岗位的管理

1. 事业部主要岗位设置

根据事业部的发展战略计划、组织架构以及运营管理需要，总部要对其主要岗位设置实行管控，从而达到岗位设置科学而合理、有助于推动事业部更好发展、同时有利于总部监管工作的目的。事业部的主要岗位范围包括领导班子岗位、中层干部岗位及个别战略性、关键性或监管性岗位。

岗位设置内容一般包括岗位名称的确定、岗位相互管理关系的明确、岗位编制的界定及岗位的宏观职责定位。例如，事业部设总经理一名，副总经理两名：一名主管营销工作，一名主管技术研发工作，此三岗构成事业部领导班子。再比如：事业部市场部设部长一名，固定设副部长一名，其要主要负责专业策划工作——这些都是“戴帽”下来的岗位设置要求，而不能由事业部自由设置。

2. 事业部主要岗位人员任免、异动（调配）、派出

对事业部的主要岗位任免、异动或派出是总部必须牢牢把握在手的权力，只有严格控制好这项核心人事权，才能谈到对事业部的有效控制。

（1）事业部主要人员的任免

对事业部领导班子成员的任免一般要经过总部相应人力委员会的审核，总经理批准后生效。任免起因可能是因为换届，可能是因为业绩不佳，可能是其他问题，当然也可以来源于公司领导层、事业部总经理或总部职能部门的提议。事业部领导班子成员的任免要本着谨慎的原则进行事先调查，情况了解清楚后才能启动审批程序。遇有复杂情况或因调整会影响事业部当前工作时，还应采取“忍耐”或观察一段的做法，在时机合适的时候再启动任免程序。

对事业部中层干部，则可采用由事业部总经理提议，公司总经理批准的形式实现人员的任免。

在事业部经营任期到期的情况下，有些企业还采取内部竞聘的形式实现新人的上任，事业部内部针对其他岗位也可以自行开展这样的任用方式。

(2) 事业部人员的异动

事业部人员的异动在这里主要指两方面含义，一是事业部人员的内部平级调动，二是指事业部间人员的调动。

对于事业部内部人员的横向安排主要涉及中层或重要岗位，由事业部总经理提议，公司总经理批准即可。而对于事业部间的人员调动又可分为两种情况，一种是事业部总经理之间达成一致，同意人员调转，此时，需要公司总经理批准，另一种情况下，是公司为加强某事业部经营力量或削弱某事业部内部串谋的负面合力而进行的人事调整，此种情况下一般是征求事业部意见并尽力说服后实行调转。有的企业，在每年年初，或事业部总经理一个完整任期结束后，都会对各事业部的人力资源进行总体布局、平衡分配，此时涉及的调转就是行政性的、政策性的，是一种人力资源的公司层面的直接安排。

应该说，多事业部的组织形式提供了丰富的可调动资源，但各事业部之间的人事调动不宜频繁发生，否则会对正常工作计划及业绩造成影响。

(3) 事业部个别岗位的人员派出

对事业部财务负责人岗位、内部审计岗位等往往会采用派出常驻的形式。

对派出人员的选择由总部对应职能部门负责，总经理任命，事业部在这个过程中基本回避，不能参与其中，以保障派出程序的独立运行及派出机制的有效性。

对派出的财务岗位实行双线管理模式，既要归事业部总经理领导，支持其经营工作，又要归总部财务部门领导，实施财务监督和管控。派出的财务人员薪资和绩效管理方案由总部决定，费用在事业部列支，由总部和事业部共同考核。而对派出的审计人员，则不存在归事业部领导和考核情况，其完全听从公司审计部门的指令——相当于公司审计体系的末梢，其只是占用事业部一角办公，方便获取信息与开展工作而已。当然，事业部总经理也可以委托其帮助内审。

有的企业还会派出人力资源负责人，这对事业部而言，总部的管控力度相对就更大了，其管理模式基本与财务负责人相同。

对于实行“双核”领导的企业，也可能采取派出一名领导的形式，详细内容可参考事业部领导体制部分。

3. 事业部主要岗位说明书

岗位说明书是对岗位地位、职责、权限及其关联要素等的界定文件，公司总部对事业部主要岗位说明书要实行相应管控。如果不管控到岗位说明书这一步，那么事业部主要岗位职责就没有受到应有的明确和约束，岗位人日常职责履行的有效性、合规性也就没有衡量标准。

对事业部岗位说明书的管理涉及岗位说明书的制订、审批、应用及优化四部分内容。

（1）岗位说明书的制订

岗位说明书一般由总部职能部门提出说明书的制订宗旨和规范文件，并提供相应模板，同时，在制订过程中予以指导。岗位说明书通常包含岗位常规信息，如：岗位名称、所在部门、编制、直属上下级岗位等；岗位职责定位与概述，即，说明岗位承担的使命、核心职责及高度概括职责范围；岗位主要职责及职责标准；岗位一般性职责及职责标准；岗位共性职责及职责标准；岗位权限；岗位薪资标准；岗位绩效考核原则与指标；岗位工作条件；岗位任职资格与条件等。有的企业对岗位说明书要求非常高，在岗位说明书的结构上有独创之处，其要求岗位职责与事业部的主要业务流程发生关联，即，每一条职责涉及到的业务流程都需要在岗位说明书上列出，从而指出了职责在流程运转过程中的位置和作用。

（2）岗位说明书的审批

事业部主要岗位说明书由总部相应职能部门，如人力资源部联同企管部门进行审核，出具审核意见后，由岗位直接主管领导审批。一些企业的相关领导口头上很重视岗位说明书，并要求事业部和职能部门认真制订好，但在审批环节却十分松懈，并未认真阅看和思考，往往象征性地压在桌面上几天，而后大笔一挥，统统签发。要知道，岗位说明书经常出现制订与执行两层皮的现象，而领导的这种态度了加剧了这种情况的蔓延。

（3）岗位说明书的应用

岗位说明书的应用环节很重要，对此，很多企业并未作深入思考，甚至是个管理盲区。因此，总部要加大力度推动应用工作的进行，否则，各事业部下大力气制订的说明书也就是一纸文案而已。

岗位说明书的主要应用途径简述如下：

①界定岗位分工，从而分清职责，并在出现问题时能够找到责任岗位。

②界定岗位权限，从而在制订业务审批流程时能够对应设置岗位管理节点，并在流程执行时避免越权行为发生。

③岗位说明书是制订岗位工作计划的重要依据之一，其职责内容指明了岗位承担的使命和任务。

④依据岗位说明书可评估岗位价值，从而制订相应的薪资结构和薪酬标准。

⑤岗位说明书也是岗位绩效管理办法出台的重要依据。

（4）岗位说明书的优化

岗位说明书不能一成不变，因为企业所在环境、发展战略、经营状况以及组织、岗位都是动态变化的，所以，要对岗位说明书的优化提出优化周期与优化标准要求，并实施监控和检查。一般来说，小的优化由总部职能部门审批并告知岗位主管领导，大的优化则要重启审批程序。

4. 事业部主要岗位薪酬分配与激励

事业部虽然是利润中心，并具有相对独立的经营自主权，但对事业部主要岗位的薪酬分配和激励模式仍要实行总部管控。其目的无非有二，一是确保事业部拥有一套公平、合理且激励作用充分的分配制度——这是最主要的目的，二是兼顾对事业部分配额度的把控，防止事业部随意获取不合理的薪资。其具体管控内容如下。

（1）对事业部领导班子的薪酬分配与激励模式实施直接管控

事业部领导班子的薪酬分配及激励模式通常是由总部直接出台的，一般不采取事业部制订，公司审批的方式推出。当然，制订过程中可以广泛征求事业部意见。其需把握的原则要点为：

①事业部领导班子成员主体收入应与事业部经营业绩密切关联，实行伴随业绩升降的浮动薪资模式，上不封顶，下要保底。

②事业部领导班子成员的薪酬分配从设计方向上要一分为二，以体现对事业部年度效益与未来发展兼顾做出的贡献。

③可在常规薪酬分配模式的基础上，设计事业部的虚拟岗位股、虚拟期权，以利于事业部核心人员的稳定与事业部的更长远发展。

④要将事业部领导班子成员的日常收入分割出一部分为日常考核所用。

⑤事业部领导班子成员的总收入在事业部内纵向岗位间比较，其级差要基本合理，在年度间比较，其增减幅度也要基本合理。

⑥可实行各事业部间领导班子差异化薪酬体制。规模大、效益好的事业部领导班子薪酬额度要高些，规模小、效益差的事业部薪酬额度要低些。

（2）对事业部中层干部薪酬的控制

在实行薪酬总额控制的前提下，有的企业对事业部中层薪酬管理是完全放手的，但有的企业则需要审批相关方案，以确保中层薪酬的激励作用与合规性。事业部中层薪酬的管控原则如下：

①要分清营销、技术、生产及职能管理中层岗位，结合其业务与管理工作特征、岗位贡献价值，分别进行有关薪酬方案的制订，不能搞一刀切。

②营销岗位薪酬要与营销业绩充分挂钩，技术岗位要与技术发展和新品效益挂钩，生产岗位要与产值贡献及降成本成效挂钩。

③允许实行岗位工资的差异化设计，以体现不同岗位的地位和价值。

④岗位薪酬横纵向比较、与历史情况比较都要基本公平合理。

⑤薪酬幅度要控制在事业部实际支付能力范围内。

⑥对于上规模的事业部，可将虚拟股权、期权制度推广至骨干中层。

5. 事业部主要岗位绩效管理

事业部岗位绩效管理最本质的目的有两点：一是最终提升岗位工作成效，二是根据岗位工作成效完成薪资的分配。很多企业对岗位绩效管理宗旨认识有偏差，常常忽视其第一个目的，而把全部精力都投在第二个目的上。

事业部岗位绩效管理重点内容包括岗位绩效计划与指标管理、绩效指导两大部分。其管控要领分别如下：

（1）岗位绩效计划与指标管理

岗位绩效计划与指标管理主要指根据岗位工作计划的完成程度、关键工作指标的完成情况实施岗位工作成效的考核。对此，总部要出台相应规范，并加强工作推动和检查。

①岗位绩效工作计划主要由被考核人制订，主管领导审批；计划内容分为重点工作计划与一般工作计划两个层次，对完成结果和时间有明确的标准描述；

工作计划完成情况考核则由被考核人进行自评，主管领导进行终评。对于事业部领导班子岗位绩效考核还可以采用公司层面委员会集体考核的形式。

②岗位关键绩效指标则是根据岗位工作内容和性质总结出的，能够定量反映岗位工作成效的结构化的指标群。这些指标通常与事业部或事业部内部部门的业绩直接发生联系。关键指标不在于多而在于深刻和准确。对于事业部领导班子的关键岗位指标由总部制订，事业部内部的由事业部领导班子制订。由于关键指标具有客观、量化的特点，因此，在考核时，通常将其放给总部职能部门和事业部职能部门进行统计核算，相关领导对结果进行确认。

以上岗位工作计划与关键指标按照一定权重进行配置，从而完成对事业部主要岗位绩效的考核工作（见表 7－2）。

表 7－2　　　　____年____月岗位绩效考评表

岗位：　　　　　　　　姓名：　　　　　　　　　　　　填表日期：　　年　月　　日

<table>
<tr><td rowspan="6">工作计划完成情况考核</td><td>序号</td><td>主要工作计划内容</td><td>阶段性计划完成时间</td><td>计划目标（工作成效描述）</td><td>工作总结（计划完成情况及原因分析）</td><td></td><td></td></tr>
<tr><td>1</td><td></td><td></td><td></td><td></td><td rowspan="2">计划制订＊分</td><td>评价</td></tr>
<tr><td>2</td><td></td><td></td><td></td><td></td><td></td></tr>
<tr><td>3</td><td></td><td></td><td></td><td></td><td rowspan="3">计划完成＊分</td><td>评价</td></tr>
<tr><td>4</td><td></td><td></td><td></td><td></td><td rowspan="2"></td></tr>
<tr><td>5</td><td></td><td></td><td></td><td></td></tr>
<tr><td rowspan="5">关键绩效指标考核</td><td>序号</td><td>关键业绩指标</td><td>考核标准</td><td colspan="2">信息来源</td><td>权重分</td><td>部门汇总</td></tr>
<tr><td>1</td><td></td><td></td><td colspan="2"></td><td></td><td></td></tr>
<tr><td>2</td><td></td><td></td><td colspan="2"></td><td></td><td></td></tr>
<tr><td>3</td><td></td><td></td><td colspan="2"></td><td></td><td></td></tr>
<tr><td>4</td><td></td><td></td><td colspan="2"></td><td></td><td></td></tr>
<tr><td colspan="6">合　计</td><td>100</td><td></td></tr>
<tr><td>考核结果</td><td colspan="7">考核结果：□优＋（100 分）优（95－100 分）良＋（90－95）□良（80 分—90 分）□中（60 分—80 分）□差（60 分以下）
考核负责人：　　　　　　　　　　　　时间：</td></tr>
<tr><td>备注</td><td colspan="7"></td></tr>
</table>

（2）绩效沟通与指导

绩效沟通与指导是指根据绩效考核结果，由主管领导与被考人面对面进行旨在提升岗位工作成效的意见交流。绩效沟通在很多企业只是个人力资源管理理念，并没有真正落实到位，往往是考核结果一公布，也就宣告该轮绩效管理工作全部结束了。实际上，考核只是绩效管理循环的一部分内容，绩效管理的真正目的是找出绩效差距和导致差距的原因，共同就如何提升绩效研究相应办法，并在下一个绩效管理周期内予以整改和落实，长此以往，才能推动岗位绩效的持续提升。也就是说，绩效沟通与指导要像绩效考核一样，上升为公司的常态性制度。

对于绩效沟通与指导，总部领导要身先士卒，率先垂范，认真开展对事业部总经理班子成员的相应工作，从而带动事业部内部的绩效管理工作的深化开展。

总部对全公司范围内绩效沟通与指导工作的形式、沟通的意见结果及整改措施落实情况要实施有效管控、规范和检查，并将其纳入到岗位考核当中去。例如，每次绩效沟通的结果与整改、提高计划必须由当事人书面整理出来，主管领导签字确认，此文件在公司人力资源部门备案，同时作为工作监管的依据和标准（见表7-3）。

表7-3　　　　绩效沟通与指导纪要

岗位：　　　姓名：　　　指导人：　　　所在岗位：

本月考核结果	结果：□优+　□优　□良+　□良　□中　□差
	各部分得分： 计划制订（分）：　计划完成（分）：　指标完成（分）：
绩效分析结论	
个人表现出的优势	
个人表现出的不足	
努力方向	
具体改进计划	
其他	
指导人补充	

员工签字：　　　时间：　　　指导人签字：　　　时间：

专栏 7.2　被普遍忽视的绩效指导

作为公司总经理，纪峰显然知道绩效指导的重要性。然而，不论他怎样三令五申，绩效指导工作都开展得很不理想。几乎所有干部关心的都是绩效考核，因为这涉及到个人奖金和晋升问题，至于绩效指导大家都是做做样子，走走形式，嘻嘻哈哈地谈一通，然后填张表格交上去就算完成了任务。

无奈，纪峰让助理刘钧做个深入调研和分析，看看大家都是什么心态，为什么这项工作形式主义如此严重。

一周后，刘钧提交了分析报告，纪总仔细看了一遍，主要内容如下：

1. 绝大多数干部都知道绩效指导的意义，并且对其价值也高度认可。

2. 一部分干部想开展这项工作，可惜由于缺乏经验或能力所限，不知道怎么分析问题以及如何系统地指导下属工作。

3. 一部分有才能的干部随时随地都在指导下属，他们认为没必要非在月末搞一次集中的绩效指导。

4. 相当一部分干部认为自己的下属中，有些人已经定型，怎么指导其实都无法再提升，费这劲还不如找个合适时机换人呢。

5. 还有一些干部确实没有长远发展的眼光，因此，也不愿意将精力投入到这项工作当中去。

针对这些问题，纪峰思考良久，他下定决心坚持现在的绩效指导工作思路，于是亲自起草了一份关于各级干部开展绩效指导工作要求的通知，通知内容主要如下：

1. 在人力资源部的配合下，由助理刘钧负责每月组织绩效指导工作的检查并进行评价打分，该考核结果影响各级干部30%的月度绩效工资，该考核的年度平均结果影响年终奖的20%额度，同时，连续两次不及格或年度累计4次不及格的干部将作降级处理。

2. 人力资源部每月制订各部门员工总体绩效提升情况报告，连续三个月没有提升的部门，或一年下来，平均分数低于去年的部门，对其负责人将做出处罚，情况严重的，将给予免职处理。

3. 年底召开所有一级干部的绩效指导工作述职报告会，大家都要讲讲自己是怎么指导下属的，并对一年来的绩效指导工作考核结果作出解释。

4. 不论平时对下属是否有绩效指导，在月末必须根据绩效考核结果做出进一步的针对性总结。

5. 如果认为下属没有提升空间了，而且能力存在一定问题，那么就要及时做出调岗、降薪等处理，否则，一旦发现长期“容忍”的情况，将对有关干部做出处罚。

通知下发后，果然立竿见影，绩效指导工作大为改观。

6. 事业部主要岗位胜任与尽职评估

事业部主要岗位的胜任与尽职评估，是评价人才与岗位匹配度及人才在岗表现的重要手段。

所谓岗位胜任评估就是根据岗位任职素质、能力标准对岗位人所做的测试与评价，从而得出其胜任与否及胜任程度的结论。胜任评估不同于岗位绩效评价，前者侧重的是对个人素质、经验、能力及性情等的综合评价，后者的评价则是建立在实际工作成绩的基础上。而尽职评估指的是对岗位人是否尽自己最大所能，认真努力工作的评估结果。一个人可能胜任力不足，但尽职情况可能打满分；一个人也可能非常胜任所在岗位，但并没有尽心尽力地工作，那么尽职评估结果也可能不及格。作为企业，永远希望所有员工胜任所在岗位并能尽职尽责地工作。

胜任和尽职评估具有较强的专业性，其评价方式方法比较烦杂，衡量维度较多，需要有经验的团队推动此项工作进行，因此，为了保证其客观性与科学性，企业一般都采用委托外部专业机构或采用内外部合作的方式开展此项工作。

胜任和尽职调查结果一般有如下两个用途：

①对事业部有关人员作出价值评估，从而为人员调整作准备。

②敦促和帮助有关人员认识不足和差距，使之能够端正态度、认真学习，

尽早进步。

在这里，需要讨论一个有趣的现象，就是在企业当中，经常有令公司领导两难的情况出现，例如，某事业部总经理的胜任和尽职评估结果每年都不太理想，但该事业部每年经营业绩却都不错。此时，该如何对这类桀骜的总经理作出中肯的评价呢？事实上，在绝大多数企业，还是尊重实实在在的工作业绩的，胜任和尽职评价只是作为参考及敦促岗位人提升的一个依据和手段。毕竟胜任评估存在偏颇的可能，而尽职评估也可能过于片面。况且人才的能力没有统一的衡量模式，有些个性分明、不太听话的员工在工作业绩上却从不含糊。我们只要知道胜任和尽职评价作为一个参考维度，使我们能够更进一步掌握岗位人的有关情况，做到心中有数就可以了。

7. 事业部主要岗位继任计划

在强调稳健与持续发展的的企业，基本都要制订和推动事业部主要岗位继任计划的执行，并将其纳入到对现有岗位人的考核当中去。也就是说，这是公司立足持续发展的一项制度性安排，是岗位人的职责所在，绝不是可做可不做的事情。有些公司对事业部的发展贡献要进行针对性的考核，继任计划就被列在其中。

那么如何对事业部的主要岗位继任计划实施管控呢？

通常情况下，需要总部直接推动这项工作的开展，因为事业部除了迫于考核之外，就没有其他更强的动力去从事这件费力却不见效益，还很可能自掘坟墓的事情了。因此，总部要对事业部岗位继任计划采取一系列刚性的做法，具体有如下几条途径。

①通过结构性的组织及岗位架构支持继任计划的实行及人才梯队的建设。例如，事业部领导班子必须三人制，事业部职能部门必须设立副职，事业部大区销售机构也要实行三人管理体制。这些要求不仅可起到加强决策力量、制衡权力的作用，隐藏的另一个作用就是将来的继任——对此，要在公司继任制度中进行明确规定。

②总部“挂号”并跟踪继任人员。公司可规定，事业部主要在岗人员必须推荐两名本岗位继任人员，经过初步调查认可后，公司对继任人选要进行公司

层面的有关管理，包括培训倾斜、岗位横向调动使用以增加工作经验、工作状态及业绩观察、总部有关领导的策略性指导与沟通等。

③总部亲自培养骨干力量。关于岗位继任工作，不能仅仅依赖于事业部的推荐，必须另外开辟一条总部直接操控的继任运作线。也就是说总部的人力资源部门和有关领导承担着“星探”的工作任务，必须在事业部及公司层面锁定一批精英，以支持事业部胜任计划的稳妥实施。

④明确并执行事业部职务晋升路线。关于岗位继任计划的另一条推进途径属于事业部基础管理层面的内容，那就是事业部公开的岗位晋升路线一定要清晰且能真正落到实处。即，现有的职务如何向上晋升，有几个目标职务方向，应该具备什么条件才能晋升，晋升机会怎么产生，谁在担任本岗位的晋升导师等等。关于职务晋升计划每个企业都在喊，也在岗位说明书或有关制度上有所规定，但作为摆设的较多，真正操作的很少。常规岗位正常晋升路径的确定是事业部继任计划执行的“群众”性基础，其与上述总部锁定并培养的“继任人”相结合，有利于将最优秀的员工推到最合适的岗位上去。

三、战略性人力资源的干预

所谓战略性人力资源是指在事业部战略计划执行中起关键作用的人才。例如，事业部立项的某个产品是上升到事业部乃至公司层面的重大战略性产品，那么这一项目负责人是谁，按照什么任职条件任命，如何对其进行激励和考核等就是公司层面十分关注的事情。而对于常规项目，项目负责人的任命过程几乎被视为事业部内部事务，总部基本不太干涉。因此，对事业部的战略级任务及其相关人力资源，总部要列出清单并予以关注。

战略性人力资源的干预方式一般为：

①战略性人力资源的选派权依然下放至事业部，但总部要安排职能部门详细过问有关人选，如有不妥，事业部要提出调整。

②在项目推进过程中，总部严格实行进度、质量监控，出现不妥则进行干预，甚至提出更换人选。

③事关重大项目的战略性人选要经过总部审批才能上岗。

四、共性人力资源工作的统筹管理

多事业部结构下，总部担当着共性人力资源的统筹和管控工作，以达成更好的资源使用效果及避免资源浪费。例如，对于事业部包括保险等在内的事务性人事工作，公司可能通过设有产业支持性质的事业部集中有偿办理，这是人事工作统筹管理的最具刚性的做法。再比如，各事业部都要招聘，都要进行相似主题的培训，那么公司人力资源职能管理部门便可发挥协调作用，从而发起联合招聘、共同培训，一方面增强形象，一方面节约费用。

第3节　事业部知识管控

这么多年来，郑涛一直想完成一项工作，就是如何将优秀干部、骨干员工的成功经验在公司层面留存下来，并且“加工”成可复制使用的“手册”再反馈回去。下一步实行事业部制后，总部与事业部分出了层面，具体业务的日常运营基本下放了，这项工作更显得紧迫。令郑涛兴奋的是，本书刚好对这部分做了阐述，于是他趁午休时津津有味地读起来……

在知识管理方面，很多书籍和资料强调信息化手段的应用，而我们在这里更强调对知识管理内容的准确选择。如果知识管理针对的内容没有锁定，无疑这样的管理属于本末倒置，宝贵知识就会在无意识中慢慢流失。

在事业部制企业中，由于绝大部分围绕产品、业务、服务的知识资源都已下沉，因此，作为企业总部一定要提出明确的知识管理要求及规范，执行细化的检查和考核制度，并提供一定的物质精神奖励，甚至给予经费支持。只有这样，必要的知识才能得以保存、继承、分享和再应用。这对于事业部以及企业整体的持续发展无疑是大有裨益的。

在面向事业部层面，我们认为如图 7－4 所示的知识管理内容必须进入总部的管控视野：

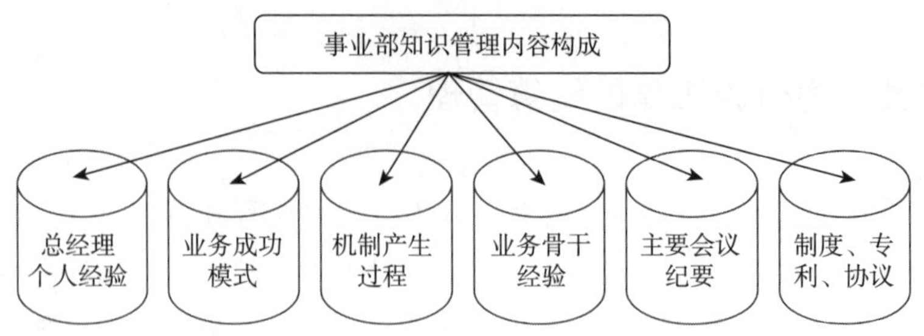

图7－4　事业部知识管理涉及方面

一、事业部总经理及业务骨干个人经验管理

1. 事业部总经理

企业总部必须作出明确规定：事业部总经理从上任那一天起，有义务按照公司的要求将个人管理事业部的心得进行详细整理和记录——这是对总经理的制度化职责安排，不存在可做可不做的情况。

这项工作开展主要有如下几个要点：

①总部出台事业部总经理个人经验记录规范和标准，也就是要推出一个经验总结模板供使用。这个模板主要针对经验总结内容结构与每一部分内容的要求标准作出。应该说，需要总结的内容非常多，例如，总经理使用的大区销售机构上报年度计划指标客观性判断方法、事业部各部门的工作横向协调策略、保持事业部骨干人才稳定的有效做法、大型代理商的管理经验，大客户的投诉处理方法等。

②事业部综合运营管理部门及总部职能管理部门定期对各事业部总经理的个人经验进行补充。之所以要这么做，是因为有不少经验事业部总经理也许会忽略或遗忘，但在日常业务往来中，有关部门已经知晓这一经验性信息并认为有归入知识管理的价值。

③定期上交、汇总及编辑事业部总经理经验总结。

④在一定层面进行总经理经验交流。尤其在新任总经理上任之际，原总经理的经验总结更是一件不可或缺的经营法宝。

⑤将总经理的经验总结纳入到对其履职的整体考核当中去。

2. 业务骨干

事业部业务骨干的个人经验总结体现了公司知识管理工作覆盖范围的延展。虽然这部分经验主要为事业部中基层使用，但对保障事业部的具体工作高效率、高质量开展十分重要。另外，各事业部之间相互学习也是十分必要的，因此，要上升到公司层面进行管理。

事业部业务骨干个人经验管理方式类似于上述事业部总经理经验的管理方式。这些业务骨干主要包括营销企划骨干、销售骨干、服务骨干、技术骨干、生产骨干、采购骨干和管理事务骨干等。下面，分别罗列出针对这些骨干人员要总结的知识内容：

（1）营销企划骨干

①主要总结营销企划的思考方法，即，根据自身营销企划经历，将能够产生好的营销创意的思路进行整理；②总结营销企划的规范流程与规范撰写模板；③总结营销企划思路落实的注意事项。

（2）销售骨干

①撰写个人终端客户攻关的成功案例，同时，提炼公关诀窍；②总结代理商管理与相处的经验；③总结销售团队管理经验。

（3）服务骨干

①总结面向终端用户及代理商的服务经验以及应急事件处理方法，并将其中具有代表性的服务经历形成案例；②总结与事业部研发、技术部门及总部投诉受理机构的沟通经验与策略。

（4）技术开发及技术管理骨干

①总结技术开发经验与心得；②总结技术管理心得，典型事例形成案例。

（5）生产管理骨干

①总结生产计划平衡工作模式、降成本途径、车间工人管理及沟通艺术等；②专业生产技术骨干则要总结专业技术经验，形成细化的操作手册。

（6）采购骨干

①总结寻找最佳货源的方法；②总结与采购供应商的沟通、相处艺术；③总

结接货阶段的货品监测方法与标准。

(7) 管理事务骨干

①总结与各部门横向沟通的经验；②总结与外部有关部门的协调经验等。

二、事业部成功业务模式的管理

①要求事业部就业务成功或创新模式进行总结，总结的表现形式为撰写案例。对案例报告的规范和标准，总部要提出相应要求，并给出经典例案示例作为参考。这里需要注意一点，因为这个案例是企业内部作为知识管理方式的案例，因此不得夸大其辞，而应本着客观情况进行叙述和分析，真实记载事件经过。例如，某事业部对代理商的快速开发并扶持其走上正轨有一整套的方案和执行计划，而且，经过实践，证明其是卓有成效的，那么这样的模式化经验就不能只是简单记录下来，更不能言过其实，而是要原原本本、细化具体地介绍并加以分析，只有这样，才能让人了解其真实运作过程，进而意识到其价值、领悟其中的道理，从而有助于在更大范围推广。

②每年应组织有关案例的学习并进行案例的评比，优秀案例应即时推广并给予奖励。

三、事业部优秀机制的产生过程管理

总部下多个事业部为什么经营结果不同，其实，在总部管理框架下，各事业部其内部机制的建设存在很大差异。而机制的产生是个复杂的过程，如果能寻找到一些规律，将十分有助于其他事业部借鉴。因此，对机制产生的过程要进行管理。例如，有的事业部在内部采用了小事业部的经营形式，从而有效推动了新品的研发和上市工作。那么针对这样一个成功做法就不能只是书写形成案例，而是要追问：你是怎么想到的？你怎样萌生了这样的创新想法？为什么你能想到而其他事业部想不到？如果某某条件不具备，你还会采用这种再分割的形式吗？而这一系列追问的目的就是为了探究优秀机制产生的动因，从而为找到思维规律提供支持。当然，这里提出的一系列问题就是总部对事业部这部分知识管理的明确要求，事业部要进行回答。

由于对机制的产生过程分析工作具有一定深度和难度，这样的案例报告应该在总部相应部门的指导、帮助下完成。

四、事业部主要会议纪要管理

在事业部总经理、副总经理主持下召开的事业部内部会议一律要长期留存会议纪要——该层面的会议纪要应被纳入到知识管理范畴，以便需要时查验，并为后续继任者开展工作提供重要信息参考。

其实，事业部作为知识管理的内容还有不少，比较重要的为：①事业部技术、产品专利；②事业部技术、营销、生产档案管理；③事业部各类合同、协议；④事业部内部各项规章、制度、规范、流程、代理及用户政策、通知等文件。

以上主要介绍了事业部知识管理主要针对的内容及其相关管控办法，我们发现这其中有一些内容比较软性，其藏在经验提供者的脑袋里。那么，如何保障经验输出方能够和盘托出其宝贵经验呢？这就需要一些激励，例如，设置个人经验知识管理优秀奖项；也需要一些约束，例如，将经验总结作为人员能力评价与晋升方向定位的一个重要参考；当然，还可以进行名誉和舆论引导，比如，及时表彰及宣传优秀经验总结人；更需要一些强化性的要求，即，在其位，提供自身心得与经验是职责要求，是公司的制度化安排，你可以因此不在这个位置任职，不过一旦接受任命就不能违反公司这项可上升为文化制度的规定。

另外，因岗位变动引起的事业部工作交接管理也是知识管理的关键环节，总部要制订相应的交接工作规范予以约束，同时对重要岗位工作交接要做好监交工作，以避免知识流失或被埋没。

总 结

1. 对事业部的组织管理是传递总部管控意图的刚性方式，其涉及总部的战略思想、体制要求、运营模式能否在事业部组织平台上顺利落实，同时，也直接关系到事业部组织运行效率和质量问题。总部的组织管理方式主要为：明确事业部的组织结构、组织层级与组织运行规则，确定事业部领导机构的组织形态，对事业部的职能对口机构提出相应布局要求，而且，还要将管理触角延伸到事业部销售一线机构，规范其内部结构，以保障市场前端客户服务性组织的科学与有效。

2. 对事业部人力资源的管理重点主要集中在管控事业部人力成本总额要素、人力资源总体调配状况以及主要岗位的责任、薪酬、绩效与继任计划等方面。其中，要突出对薪酬总额的合理控制，优化对事业部领导层与中层的薪酬设计，加强对重要岗位的派驻管理与综合性统管，而在岗位绩效管理上则应超越绩效考评，强调绩效沟通与指导的重要性，使绩效管理真正回归提升绩效的宗旨。

3. 对事业部的知识管理主要强调对事业部岗位人经验、组织经验等隐性知识的显性管理——这对于事业部制成员间共享经验、促进发展十分重要。这其中，包括对事业部总经理与业务骨干工作经验的跟踪、挖掘与留存，对事业部业务成功模式的记录、剖析与沉淀，对事业部优秀机制产生过程的观摩、调研与总结等。

第八章

事业部的运营与财务管控

对事业部的业务运营与经济运行实行有效管控是企业总部的重要职能，这其中，不仅要对业务推进质量和经济成果作出评价，对关键运营过程也要实施体系化的监管，而全面经营计划与预算系统以及财务的集中管控正是企业总部所依赖的管理方式。

第1节　事业部运营管控

下午的时候，销售中心韩波问了郑涛一个问题，大概意思是实行事业部制以后，是不是公司对事业部的业务工作就不再插手了。郑涛回答的是日常性工作放手了，但管还是要管的。郑涛到现在还记得，小张当时的表情很迷茫，其实，郑涛心里也同样迷茫。没错，管还是要管，但哪些事情该管，该怎么管——还是看看书中如何阐述的吧……

事业部运营管控主要目的是为了保障事业部各项业务运行有秩序、高效率，并达成既定成效。事业部运营管控的核心是事业部经营计划与预算的执行质量。围绕各项业务计划，事业部的运营管控内容具体如下。

一、全面计划与预算管理

全面计划与预算管理是对事业部实施运营管控的最重要管理体系，可以说，事业部的运营管控主要是借助这套大型工具实现的。因此，在这里，我们需要对其进行较详细的介绍。

以往我们听说的基本上是“全面预算”，很少听到“全面计划与预算”的说法。实际上，这正是本书作者的观点所在。换个角度来说，我们认为“计划”与“预算”是存在各自价值定位，并具有一定内容差异的。对于企业而言，这两者缺一不可，而且也只有密切结合才能达成企业全面的，同时也是深化的运营管控要求。那种认为全面预算包含全面经营计划的说法是牵强的，事实上，很多企业的预算还只是关注数据、强调经济运行，而对真正的企业经营举措及其计划与机制方面的探讨还是偏弱化的。例如，我们常见的全面预算方案形式，经常是给出经济目标与经济支持数据，再后附支持数据的若干经营措施。我们姑且不论这种形式意味着什么，我们想问的是，在这种认识思想之下，后附的那些举措和计划在全面预算审议会上到底处于怎样的一个地位，能讨论到什么深度。

实际上，企业的预算指标和数据是要有实实在在的措施作为依附的，否则，这些目标难以实现，相关数据也无法产生。企业在预算论证的时候，最关键的要看是否有得力的措施予以保障，否则，那些满载期待的指标仅是空中楼阁。另外，即便是全面预算，其指标体系和预算框架也不能覆盖企业的全部经营内涵，说到底，预算还是侧重于定量和经济数据分析。例如，企业的年度技术发展目标、管理水准提升目标就很难用数据来表述，但这对于一个立足长远发展的企业无疑是至关重要的。而且，过分的强调量化经营对企业发展是有害的，因为其违背了部分管理工作的规律。

下面，我们介绍一下事业部制企业应该实行的全面计划与预算管理体系：

1. 企业全面计划与预算的定义

企业的全面计划与预算定义可通过以下方面来理解：

单纯的计划与单纯的预算都是不完善的——全面计划与预算是企业全面计划与全面预算的融合体。

（1）全面计划

①全面计划的定义：全面计划是指企业全面经营计划，它是企业为促发展、保经营所制订的经营目标以及为实现目标所出台的各项举措、并为之制订的细化行动方案。而全面计划管理是企业制订计划并保证计划执行到位的一整套过程、结果管控系统。

②全面计划的构成：从计划层次上，包括：公司战略计划、公司整体年度经营计划、职能部门年度工作计划、事业部战略计划、事业部年度经营计划、

事业部内部部门业务与工作计划。从计划要素上，包括：计划目标、计划举措、策略、办法。

③全面计划的价值：目标全面，涵盖了非经济目标；强调完成目标的举措以及关键办法，给出了保障目标的依据；全面计划中的重要及独到的举措长期沉淀，可形成企业的核心竞争力——这些是全面预算所不及之处。

（2）全面预算

①全面预算的定义：全面预算是企业为实现经营目标所制订的，对未来经营活动安排的一种经济性量化表达。即，全面预算是围绕企业目标，对预算期内资金取得和投放、各项收入和支出、经营成果和分配等资金运动所作的统筹安排。全面预算不是财务预算，更不是财务部门的预算。同样，全面预算管理是企业制订预算并保证预算执行到位的一整套过程、结果管控系统。

②全面预算的构成：从预算层次上，包括：战略规划、经营预算、长期投资预算、融资预算、财务预算。从预算要素上包括：预算结果、预算说明书。

③全面预算的价值：强调一切量化、数据化，管控性好；能够强化各部门的经济效益意识；凸显局部效益对整体效益贡献或影响的关系；对经济效益的直接追求力度是全面计划所不及的，但其缺少必要业务目标并边缘化了经营举措及办法。

（3）全面计划与全面预算的重合点、互补之处

①重合点：遵循和承接的战略思想是一致的；经济目标是一致的；在经营措施上大思路是一致的。

②互补之处：全面计划强调的业务目标、管理目标与经营举措与全面预算形成的系统化、完整性、多层面、多角度的具体预算形成互补；全面计划强调经营过程导向、重在驱动，而全面预算强调结果导向，重在控制。

（4）全面计划与预算的依存关系：没有全面计划，也就没有经营的核心思想和具体打法，此时的全面预算只是数据空壳，没有意义；而没有全面预算，再好的经营思想也是无米之炊，没有资金支撑，缺乏系统控制，且容易带来潜在的财务风险（见图 8 -1）。

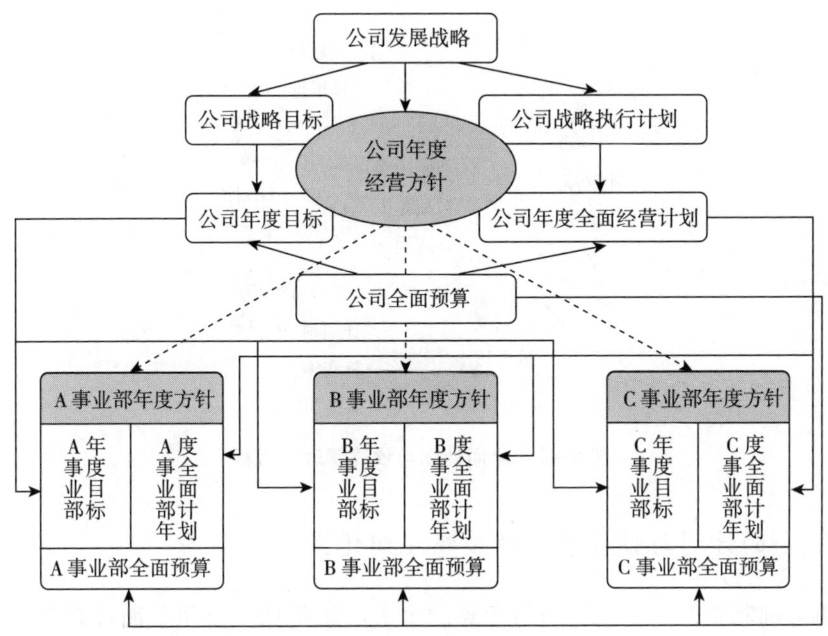

图8－1 战略、全面计划与全面预算的关系

2. 全面计划与预算的价值

(1) 全面计划与预算主体价值——是对公司主要工作的全面带动

①是公司发展战略举措产生与落实平台；②是公司年度经营目标与具体经营措施的产生与落实平台；③是公司总经理、总经理班子成员、总部职能部门、事业部总经理等各级管理者驾驭公司发展的驱动、管控工具；④是公司和事业部经营业绩的衡量标准。

(2) 全面计划与预算的微观价值

①逼着各级员工做必须要做的重要事情；②目标清晰，应该做什么，路径清晰；③将发展的压力分担到每个部门每个岗位；④将发展的过程分解成阶段；⑤资源分配有方向有重点；⑥促使部门产生内在动力；⑦促进部门间合作；⑧绩效管理找到了落脚点；⑨有利于建立结果与过程管理导向兼顾的企业文化。

3. 全面计划与预算管理的主流程

全面计划与预算管理的主流程包括六个环节，如图8－2所示。

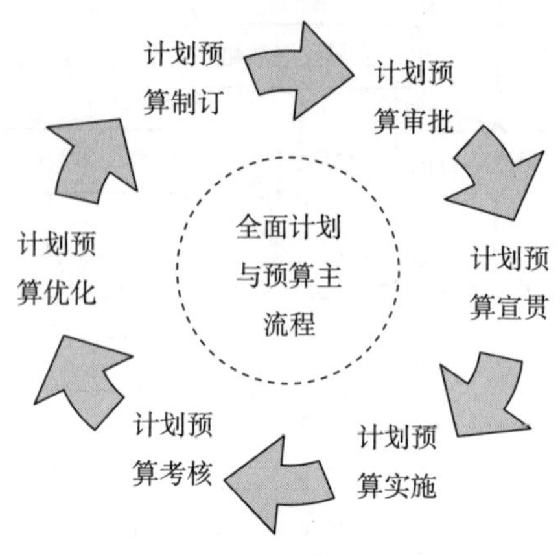

图 8-2　全面计划与预算管理主流程

4. 全面计划与预算管理的多级组织体系

事业部制企业的全面计划与预算的多级组织包括：公司全面计划与预算管理委员会、公司经营计划与预算管理部门、事业部全面经营计划与预算管理委员会、事业部经营计划与预算管理部门、事业部内部计划与预算管理岗位。

（1）公司全面计划与预算管理委员会

主要职能为：①制订公司全面计划与预算管理制度、规范与流程；②对公司经营计划管理部门负责人资格进行确认；③审批公司全面计划与预算方案、各事业部全面计划与预算方案、各职能部门全面计划与预算方案；④对公司经营计划管理部门工作绩效进行考核；⑤审批公司全面计划与预算优化方案。

由于全面计划与预算工作非常重要，有些企业的总经理会亲自兼任全面计划与预算管理委员会主任。

（2）公司全面计划与预算管理部门

主要职能为：①具体组织全公司计划与预算的制订工作；②对公司、事业部两级全面计划与预算执行情况进行监督；③组织召开公司计划与预算偏差会议，提出整改意见，并经总经理审批后下达；④组织对各职能部门、事业部全面计划与预算工作的考核；⑤制订全面计划与预算管理完善、优化方案，小方案直接执行，大方案上报全面计划与预算委员会审批后执行。

为保障计划与预算工作质量，作为规模性企业，很有必要单独设立全面计划与预算管理部门，因为这样的部门具有计划与预算的复合职能，能够做到业务运行与经济运行兼顾。

（3）事业部全面计划与预算管理委员会

主要职能为：①依据公司全面计划与预算管理框架，制订事业部的全面计划与预算管理制度、规范与流程；②对事业部经营计划管理部门负责人资格进行确认；③审议事业部全面计划与预算方案、审批内部各部门全面计划与预算方案；④对事业部经营计划管理部门工作绩效进行考核；⑤审议事业部全面计划与预算优化方案。

事业部全面计划与预算管理委员会的构成：一般是在总经理班子成员的基础上进行人员的适度扩充。事业部总经理通常兼任委员会主任。

（4）事业部经营计划与预算管理部门

主要职能为：①具体组织事业部全面计划与预算的制订工作；②对事业部全面计划与预算执行情况进行监督；③组织召开事业部计划与预算偏差会议，提出整改意见，并经总经理审批后下达；④组织对内部各部门全面计划与预算工作的考核。

（5）事业部内部计划与预算管理岗位

主要职能为：①具体组织各部门内部计划与预算的制订工作；②对部门内部计划与预算执行情况进行监督；③组织召开部门内部计划与预算偏差会议，提出整改意见；④组织对部门内部全面计划与预算执行情况的考核。

5. 全面计划与预算的制订

事业部制企业全面计划与预算具有多级层次关系，现将其制订流程、原则与要点介绍如下。

（1）启动时间

对于规模性企业而言，在每年的四季度初就该着手下一年的全面计划与预算的制订工作。规模较小的企业也不能晚于10月底启动。

（2）制订公司总体经营方针、总体经营目标与事业部全面计划及预算模板

①根据公司发展战略和上一年经营状况，制订出台公司新一年总体经营思路及工作重点，形成明确的经营方针方案。年度经营方针包括六项要素：公司

新一年的大目标、主要任务、大谋略大路线、体制优化或调整重点、激励原则、资源投向（见图8－3）。

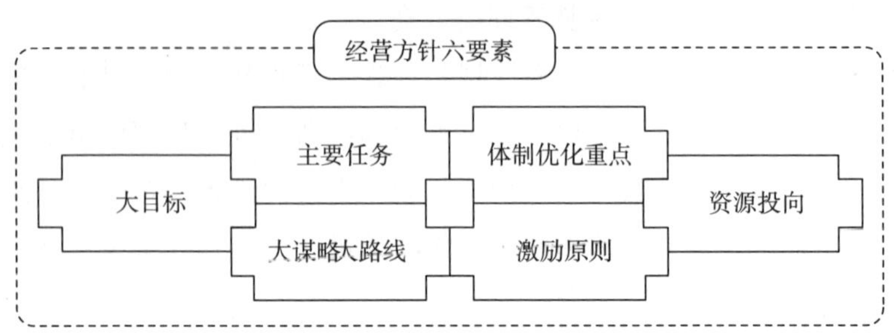

图8－3 经营方针六要素

②制订公司总体经营目标草案。以总体经营方针为指引，将其大目标系统化，并重点面向事业部进行各项指标的分解。在目标草案的制订过程中，要对事业部提出新一年指标上报要求，并进行一定程度的沟通与博弈，在此基础上制订公司的总体目标草案。在此期间，公司主抓经营的高层领导必须全部参与，因为这些岗位掌握事业部的具体经营状况，能一定程度判断事业部上报的指标是否客观、准确。一般而言，对于指标上报明显偏低的情况，总部在草案出台时会硬性提高一定幅度。在这里，总体目标不仅包含经济指标，还有重点业务目标和管理目标。

③在制订公司总体经营方针与目标的同时，总部要梳理新一年全面计划与预算制订的指导思想与要求，形成事业部全面计划与预算制订模板及其详细说明书，按照预定时间表及时发放给各事业部。

（3）对事业部制订全面计划与预算的培训、指导

显然，对总部出台的新一年总体经营方针，总体目标与事业部的全面计划与预算模板，不是简单下发后就等着事业部上交计划方案，这样是等不来满意的结果的，必须同步组织对事业部的培训和指导工作。即，讲解公司总体方针与目标的内涵，沟通新一年全面计划与预算制订的指导思想和有关要求，介绍事业部计划与预算模板的内部结构、衔接关系与重点。可采用比较灵活的培训形式，如分组讨论、辩论等，最后主管计划的总部职能部门要派出代表出面进行会议总结，从而使公司的主导思想得到强调和贯彻。

（4）事业部全面计划与预算的具体制订

①事业部年度经营方针的制订。同样，事业部首先也要根据上一年工作总结、当前经营分析与事业部发展战略方案，制订事业部新一年的经营方针，指出事业部的总体目标、经营策略与业务重点。事业部的经营方针要对公司的总体经营方针构成承接关系。

②事业部经营目标的确定。事业部的经营目标要能够承接公司的总体经营目标。在实际企业运行当中，各企业对目标管理的态度截然不同，有的企业管理比较宽松，允许事业部提出符合自身实际情况的目标——哪怕其低于公司初期下达的目标草案要求也可以顺利上会讨论。而有些企业管理风格比较强硬，其事先规定，低于公司目标的事业部不能上会。另外，事业部的经营目标是个全面目标的概念，包含着更具体和细化的业务、管理目标。

③制订事业部的主要经营举措与任务。为实现事业部的年度经营目标，事业部在新的一年要坚持哪些原有工作，同时要出台哪些新举措——这是至关重要的。尤其在业务层面，一定要有得力的措施予以保障。公司在进行计划与预算审批的时候，也会重点就各项举措的力度、深度、可行性进行质疑，同时，还会就措施与目标的对应支持关系进行仔细地讨论和辨别。

④内部分解事业部的总体经营目标与任务。即，在全面计划与预算方案中，要呈现主要经营举措和任务在事业部内部是如何落实的。落实部分的起草分三个步骤，如图 8－4 所示。

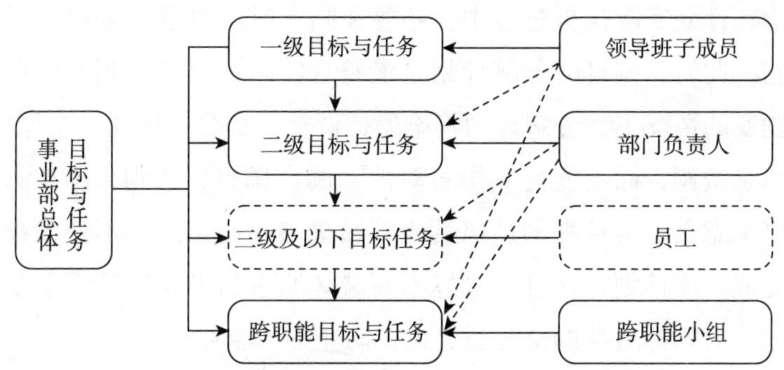

图 8－4　事业部目标与任务的分解落实

第一，对事业部的目标与任务进行梳理，形成条款式的目标与任务。

第二，找到目标与任务的承担、管理责任部门与责任人。在这里，我们要意识到，目标与任务是分层次的，比如代表事业部重点工作的一级目标和任务就需要事业部领导班子成员承担，而二级目标和任务就可以由部门负责人承担。同时，面向目标和任务的管理要形成体系，做到：对目标和任务要有正式解释，确保理解一致和透彻；目标和任务都要有负责人，并向下继续分解责任，确保责任到位；目标和任务都要一贯到底，确保目标和任务的基层实现；跨部门任务和专项任务负责人要申请相应协调权限（专项组要设定主管高管），确保任务顺利完成；上一级部门的任务中要包含检查下一级部门间贯通和协作工作，以打破部门界限，保证流程顺畅。还要设定总经理关注的任务，并通过亲自过问、指定例会汇报、安排秘书督办等方式完成任务监督工作。

第三，阐明落实目标和任务关键思路、路径。对于跨职能的任务，则要成立相应的联合小组以对任务进行承接。

⑤制订事业部全面预算。对事业部而言，其全面预算的核心内容在于经营预算与财务预算，相关内容，可见财务管控中的预算部分。

⑥制订事业部的内部激励机制。在全面计划与预算中，要阐述事业部在新的一年的激励思路和原则，这一点是非常重要的，但被许多企业所忽略。

⑦制订全面计划与预算的执行计划。框架性制订全面计划与预算的半年、季度、月度分解计划与预算，重点在于按照时间进度锁定阶段性目标、表述阶段性工作重点，并明确内部计划执行监督责任人。之所以要框架性制订分解计划，是因为在计划实际执行过程中，还要在临近时点时进行分解计划的进一步夯实或调整，此时，制订的分解计划是最符合实际情况的。当然，在市场形势没有发生剧变的情况下，分解计划不论怎样调整，都要把握住三个原则：首先，这种调整只是微调，而不能是“伤筋动骨”的大调整，否则，年初的框架性分解计划就毫无意义了，计划的严肃性也就被破坏了；第二，不论怎样调整，其最终都要完成年度计划，而且，最好不要破坏原来的半年度甚至季度计划指标界限；第三，对指标后移的情况要警惕，防止加大企业经营风险。

在这里，需要说明的是，有的企业对事业部的全面计划和预算要求并没有这么具体和细致，其需要呈现的只是公司总体指标承接部分的计划与预算。

6. 全面计划与预算的审批

公司一级计划审批，即公司全面计划与预算、事业部全面计划与预算、总部职能部门全面计划与预算由公司计划预算管理委员会审批。由于计划审批相对复杂，因此，不宜采取投票形式，宜于采取民主集中方式。而公司二级计划审批，即，事业部、各职能部门内部部门计划预算审批则由事业部、职能部门各自组织审批。

一级计划审批的规程为：

①基于全面计划与预算工作的重要性，通常由公司总经理担任计划委员会主任，主持会议召开，计划预算制订单位或部门负责人作详细汇报。

②会议通过提问、讨论程序后，由参会委员发表结论性意见并阐述理由，最后，总经理发表结论性意见。

③如未获得通过，则按照会议意见限期修改，并重新上会（会上就要敲定下次上会时间）。

④一般三次上会仍未通过，在第四次会上就要确定以后诸次会议未通过处罚机制，被处罚人包括：主管全面计划与预算的副总、导致计划不能通过的有关问题涉及的主管副总、事业部及职能部门负责人。至于下一级部门负责人及部内岗位是否要受到逐级处罚，则由体系内自行决定。

7. 全面计划与预算的宣贯

主要形式为：①通过公司年度大会与事业部内部年会两个层次组织宣贯（需签订责任状）；②由公司经营计划与预算管理部门组织专门的培训。

8. 全面计划与预算的实施

（1）授权：计划与预算框架下的授权

①自然授权。在计划和预算框架下，原则上一般性权力均已向事业部授予，即，开展工作的思路不需要再请示，一般性费用凭借预算费用手册即可支出或报销。但大额费用、骨干岗位以上人员录用、计划有变以及计划未界定事宜均应请示或沟通。

②特定授权。对于战略性项目或有关专项事宜，总经理可以进行全权授予，

只要在计划和预算框架内，包括用人、大额费用的权力等。

（2）月度计划预算的制订与季度计划预算的调整

①公司级、事业部级季度计划预算得到审批后，在每个季度末月要重新确认下一个季度计划预算，原则上不宜于有大的调整，除非情况确实有变。

②在制订季度计划预算的同时，要制订该季度第一个月计划预算，以此类推，制订各月计划预算。

③月度计划预算原则上由总部经营计划部审核、主管副总签批即可。但在季度计划预算发生变化的前提下，原则上要公司总经理，甚至计划预算委员会审批，走计划预算调整程序。

（3）计划与预算外事项的特定审批

对于计划和预算外事项要履行特批手续，原则为：①小的经营措施或预算增补需经由计划部、财务部、主管计划的副总审核，总经理批准；②大的举措或预算增补要召开计划预算审批会审批。

注意：不论动作的大与小，都要做好如下四件事情：第一，注意局部动作引起的连锁反应，维护计划的系统性。第二，在经营计划部进行例外计划预算说明备案，其意义在于指出原来的经营计划预算已有变化。第三，经营计划部和财务部门要关注预算变化引起的效益等变化，即对全年经济目标的影响。第四，如果某个时点已经发现当前计划距离目标相差甚远，那么要根据形势及时调整总体计划预算，到年底总结时，要进行综合考量，其大原则为：去除不可抗力导致变化因素，考虑新计划的执行成效，对计划全局性调整给予定性，从而决定最终奖励和处罚。

（4）计划与预算偏差会的组织

计划和预算偏差会原则上应每月在公司和事业部两个层面召开，对中小企业更应如此。这样可以盯紧计划预算执行情况。在偏差会之后，再制订下月计划预算。偏差会由主管计划预算副总主持，各方汇报，要点为：①出现了哪些偏差？哪些是正向的、哪些是负向的？②出现偏差的原因有哪些？③针对偏差要采取哪些措施？如何能够落实好？④明确说明谁要对偏差负责？⑤总结上月的纠偏措施是否奏效了。

注意：正向偏差不一定都是有益的，大幅超越目标的情况，也要看看是不是急功近利的结果。同时，对同业公司比较了解的前提下，还要与同业公司业绩进行比较。

专栏 8.1　走形式的计划偏差会

力力通公司的计划偏差会接近尾声，新上任的程总作了总结性发言。

“这个会议总体开的挺好。”程总违心地说。为了照顾老员工的情面他才这么讲，不过，他暗自下定决心，这样的话只说这一次。

“但是，我还是想提几点建议，”程总话锋一转，“首先，有些会议程序是不是可以略掉，比如月度经营数据对比结果就不要在会上再读一遍了，既没必要，也浪费时间，因为相关材料会前已经发给大家了，大家一定要认真看，不看你就跟不上会议的节奏。”扫视了一圈与会干部，程总接着说：“再有，负责差异分析的部门会前工作做得好像不那么充分，这样的分析太简单、太草率，也很零散，是不能满足我们经营工作需要的。偏差分析一定要做好会前的调研及沟通工作，而后进行全面、系统、深入地分析，要暴露问题症结，敢于揭示问题本质，该是什么毛病就直说，像我们现在这样畏畏缩缩可不行，是没办法揪出问题的，这只能算是问题观光会，甚至会掩盖问题。”

程总的话说得经营计划部长抬不起头。

“当然，我不太了解，也许经营计划部是做出了百分百努力的。”程总说这句话时语调不高，但这话太给力了——是在说经营计划部已经使出吃奶的劲儿了，就这水平，还是质疑经营计划部没有认真对待偏差分析工作呢？

“第三，偏差责任部门分析的也不深刻，搞得模模糊糊，好像这偏差不是你造成的一样，下次如果再出现这样的状况，那我就坐到事业部总经理位置上帮你分析分析。”都听说程总厉害，果然不假。

“整改计划重在落实，具体由谁负责会上就要敲定，为什么偏要挪到会下去呢？会议开了快三个小时了，终于盼到了最关键的整改落实部分，却要在会下才能最后确定，这实在让人感到诧异，难道有什么难言之隐吗？”程总的话夹枪带棒，充满讥讽。

> ……
>
> 散会了，本来按惯例要聚餐的，可谁还有心思吃这口饭呢？不过也好，可以早回家，而且听说自从那次会议之后，聚餐的惯例就被打破了，没谁嚷嚷着要吃饭了，而计划偏差会的质量也直线上升。直到有一天，因会议开得既热闹又颇具价值，程总高兴地请大家吃饭，这才把聚餐的习惯重新捡回来。

（5）计划预算述职会的随时召开

对于整体计划预算持续完成不好，或个别事业部出现较大计划预算偏差的情况，公司总经理要及时召开计划述职会。述职会有三个目的：

①集中讨论问题，寻找解决办法；②给责任人敲响警钟，敦促其改善计划预算完成情况；③如果责任人找不到有效解决办法，可能考虑“中途换将”——这是没有办法的办法。

（6）与经营计划部、财务部的沟通

公司总经理、副总、事业部总经理、事业部计划部门负责人应保持与公司计划部、财务部的随时沟通，以了解计划预算执行情况，听取意见和建议，及时帮助各部门解决问题，并提供相应支持。

（7）季度与半年会议的召开

一般情况下，要召开公司季度和半年计划会议，以集中总结计划预算执行情况，并筹划下一时段的计划预算。

（8）三张报表的状态反映

这里的三张报表指的不是财务三大报表，而是：财务报表、业务报表、战略报表（见图8－5）。企业不仅要有经济收益还要有战略和运营收益，因此，旨在反映企业经营状态的三张报表一定要设计好，其要点如下：①业务报表主要反映业务状态，包括诸如：截止到现在的事业部签单数、发货量、中标率、市场占有率、主流产品开箱合格率、产品质量情况等；②战略报表主要反映战略状态，包括诸如：公司及事业部战略计划执行情况、渠道建设情况、主流新品销售额、新品研发状况、组织和团队建设目标推进情况等。

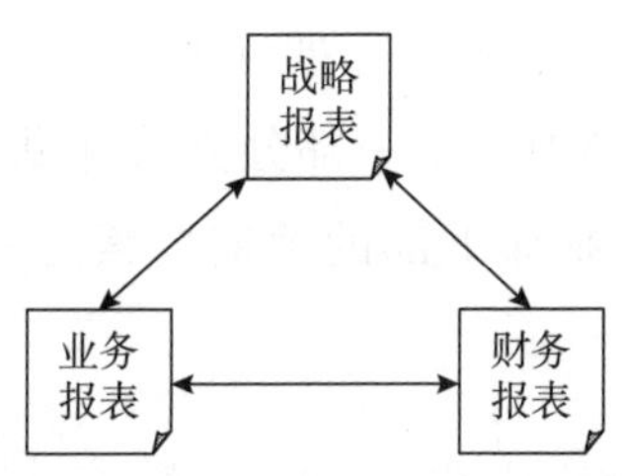

图 8-5 企业的三大经营报表

在这里有三点需要进一步说明：

第一，企业及事业部运营及发展良性与否的状态反映要通过三张报表来实现，而不仅仅是财务报表。财务报表存有弊端，主要为：是事后反映，并不能说明将来如何，容易掉进短期行为的陷阱；

第二，逐步将业务报表和战略报表作细，要成为公司总经理班子案头的必备分析工具，形成一套比较完善的企业运行晴雨表；

第三，以上三表由公司经营计划部联合财务部组织设计、制订，并专呈公司总经理、副总、重要职能管理部门、事业部总经理等有关人员。

9. 全面计划与预算的考核

计划预算考核主要指针对计划与预算管理工作效果的考核，公司经营计划部制订考核方案，公司计划管理委员会审批。计划与预算考核主要内容如下：

①针对事业部全面计划与预算制订审批通过情况进行考核。

②针对事业部计划与预算宣贯情况进行考核，采用部门员工计划理解抽检办法。

③针对事业部计划偏差会召开效果进行考核，由计划部评价，总经理批准。

④针对事业部计划外、预算外事项，以及计划、预算调整事宜出现的频次和责任（分两类，一类是形势变化不及时调整，一类是因明显预测失误导致的调整）进行考核，由计划部评价，总经理批准。

⑤针对事业部计划和预算的准确率情况进行考核，由计划部评价，总经理批准。

⑥对承担主要目标和任务的责任人进行考核，建立计划责任人考核体系。

另外，有两点需要说明：第一，上述计划与预算考核中的第 5 条存有一定弊端（比如，超额完成指标算不算准确率不高），要予以规避；第二，可在事业部领导班子成员薪酬中拿出一部分支持计划与预算考核，同时，将计划与预算能力作为任命事业部干部的关键要素之一，写入干部任命管理制度中。

10. 全面计划与预算的优化

全面计划与预算优化主要包括全面计划与预算模式、组织方式、流程、制订要求、标准等的优化，通常一年优化一次，主要由公司计划预算主管部门来具体组织。从具体工作而言，分为整体优化与局部优化两类，前者已经改变了计划和预算模式，后者属于完善性的工作。如何优化取决于上一年暴露出的问题和新一年的工作需要。

全面计划与预算管理取得满意效果的关键就在于：细化、较真、突破、坚持。

二、业务政策与业务审批

总部职能部门针对事业部的各项业务，尤其是研、产、销等经营业务，均要制订相应管理政策与制度，从而实现对事业部关键业务要素的引导、管理与整体运行的规范。

在企业日常运营中，总部还要执行相应的业务审批工作。对于集权程度高的公司，这类审批会更多，不过，从总体而言，公司还是要通过制度规范与权力下放将相当一部分业务的完整处理权交给事业部，而将一些必须集权的和例外事项提升至总部来审批。

通常情况下，需要总部审批的业务主要包括：①重大新产品的立项；②占用资金较多的战略性低利润甚至是负利润用户的合同签订；③影响较大的代理商、合作伙伴的优惠供货；④计划与预算外业务事项；⑤既定业务模式的优化方案；⑥公司直接管理的，涉及用户与合作伙伴的有关合同规范条款的更改；⑦骨干技术、生产与营销人员的离职等。

三、横向运营协同

横向运营协同主要涉及到事业部研产销的内部协同与事业部之间的业务协同。

事业部的内部协同在一般情况下，总部不应进行干涉，但公司相应职能部门，比如经营计划管理部门、企管部门对其运行状态应该有一定了解。当事业部内部在研产销三大业务职能上出现严重协调不畅，以至于影响到客户服务与事业部正常运营的程度，则总部对其情况需深度掌握并与事业部领导层一道采取相应措施。当然，这里面的情况比较复杂，有可能是事业部内部部门严重本位的问题，也可能是协同机制与制度存在缺陷问题，还可能是总经理班子能力问题，不论是什么问题，一旦情况比较糟糕，总部就该予以关注并采取相应行动改善局面或提供必要帮助，此时，就不能因总部要“有所为、有所不为”，而对事业部的混乱局面置之不理。

而事业部之间的业务协同则主要按照内部市场规则进行。内部市场规则与规范是对事业部之间横向协同管控最重要的制度，总部应负责将其持续优化与完善，以满足内部市场所需，并要充分体现其公平性、科学性与易操作性。对于出现规则空白引起的业务协同争议与冲突，则总部主管运营的职能管理部门要进行相应协调，直至上报有关领导决定或仲裁，并在事后及时进行内部制度的完善。

总之，事业部制企业的横向运营协同主要靠基本的内部运行规范来保障，同时，要做好运营状态的实时监控，一旦出现制度尚未规范的问题就要及时予以人为协调，并在事后及时进行有关运行规则的补充。

四、事业部业绩实现过程管控

对事业部的运营管控，还应包括对事业部年度业绩实现过程中阶段性结果的管控，因为这样一步一个脚印的坚实过程才是最终实现总目标的有力保障。阶段性目标不能圆满完成，那么整体目标必然受到影响。

事业部的业绩实现过程管控主要包括两种方式：第一，加强对事业部年度计划与预算的分解计划与预算的管理。事业部的季度、月度计划实现情况都是分解计划的管理内容。如果分解计划完成情况不好，那么公司不仅要实行有关过程业绩考核，做出有关处罚，还要查摆原因，直接推动事业部出台整改措施，以尽快改变眼前经营不善的状况。第二，开展事业部领导班子的定期述职活动。定期述职不仅可以及时掌握事业部的总体经营状况，而且，可以直接对事业部发出质疑，以充分了解事业部经营计划具体落实质量，发现事业部存在的问题，同时，在述职总结时，能够面对面对事业部工作提出意见和下达整改要求。显然，述职活动卓有成效地开展，能够协助事业部改善经营工作效率与质量。

五、事业部经营监测

事业部的经营监测是事业部运营状态的一个衡量与反映系统，其通过各项典型指标的统计和关键信息的收集分析，以及对事业部运营全貌和关键细节进行评价，能够帮助管理者对当前运营情况有个全局性和重点性的把握，同时，也为改善运营工作提供了全面、周密的信息支持。

事业部的经营监测可在事业部层面和总部层面同步开展。事业部自我监测的动力主要来源于总经理班子的对内要求和持续坚持，其按照事业部的经营计划脉络与影响事业部运营、发展的关键要素来持续开展工作；而总部经营监测的主要依据是事业部经营计划和公司总体经营计划，其关注事业部最关键的运营指标与发展要素。

事业部的经营监测系统要长期坚持运行下去才能实现良性循环，且其不直接为公司创造效益，因此，作为公司领导层，应该坚定信心，持之以恒地开展这项工作。

关于事业部的经营监测系统详细内容可参考本书的经营监测系统部分。

第 2 节　事业部财务集中管控

财务管控体现在“集中”二字上，这凸显了集团化财务的特点。财务管控具有一定专业性，好在郑涛具有一定财务基础，但即便这样，他还是请来财务经理，与其边看边讨论……

事业部的财务管控涉及内容多而繁杂，但财务管控是诸多管控中的一个轴心，其处于至关重要的地位，能够充分显露总部对事业部的集分权划分意图，同时，其在资源统筹运营方面也发挥着关键作用。

对事业部财务管控，重点要抓好如下五个集中。

一、财务体系集中管理

财务体系集中管理主要包括如下内容。

1. 公司基本财务制度的集中管理

公司的基本财务制度分为两个层面，一个层面为公司的整体财务制度，一个层面为事业部财务基本制度。显然，事业部的财务制度要符合公司财务制度框架，并且更贴近事业部的微观经营与管理。所以，公司财务基本制度集中管理的实质思想体现在公司宏观财务制度的全面性、科学性以及对第二层面制度符合性的管控上。

（1）公司基本财务制度的主要内容把握

公司基本财务制度要对公司财务目标体系构建、财务管控模式和方式、多级财务组织体系及运行、多级财务权限划分以及核心财务业务流程运转、多级财务人员管理与激励、会计核算主体标准、内部市场规则、财务报告规范及财务风险管理等大的原则和主导思想作出一系列明确的回答。不论基本财务制度如何制订，其都要为保障公司经营成果、促成经济目标达成、衡量公司盈利与发展能力、推动财务体系稳健运行、控制财务风险等方面体现价值。基本财务制度要定期组织优化，以满足公司发展战略调整、深化和管控需要。

（2）基本财务制度的纵向符合性管控

如何保障事业部的基本财务制度是“合法”的呢？主要做好三方面工作。

①事业部的基本财务制度出台要走严格的审批手续。事业部的基本财务制度是在总部指导下由事业部财务部门遵从公司财务制度设计的，其要经过公司财务部门或财务委员会的审核，由总经理批准后才能生效。其间专业审核的要点之一便是判别其是否突破了公司的财务制度管理框架。当然，在审核当中，也偶尔会发生根据事业部的财务制度需要或受其启发，反过来修改、完善公司财务制度的情况，这从管理上讲都是有益的互动。

②要做好事业部基本财务制度的调整、优化管理。事业部的基本财务制度经过审批颁发后，后续的调整或优化往往疏于管控，长此下去，其制度将走向不规范。一个好的制度的管理就是要常态化、持续化、长期化，因此，对基本财务制度的修改要被纳入到严格管理当中，小的调整由公司财务部门审核，大的调整要经过财务委员会审核，直至总经理的审批。

③关注事业部主要财务行为是否超越了事业部基本财务制度框架。对事业部基本财务制度的内容实行了缜密的管控并不意味着对事业部的财务行为实施了有效的管理。制度不执行怎么办？制度走偏了怎么办？如果出现这样的结果，实际上前面对基本制度所作的工作就是半截子工程，是“纸上心安”。因此，一旦发现事业部的主要财务行为超越基本制度框架，那么就要敦促事业部检讨基本制度的执行体系是不是出了问题，并尽快予以修正。

2. 公司财务机构的集中管理

公司财务机构的集中管理主要指总部财务部门、事业部财务部门及其职能运行的集中设计和监督管理。

为满足企业运营的实际需要，更是为了加强财务管控，总部财务部门应是公司财务政策中心、财务体系运行管理中心、投融资规划与操作中心、全面预算管理中心、资金管理中心、会计核算中心及财务风险监控中心的集合体（见图8－6）。对于小规模的事业部企业，在总部可设一个财务部门综合管理所有业务，而对于上规模的企业，则可在财务中心内分设部门专门从事某一项财务管理工作，或将会计核算工作转型成服务职能实现与财务管理工作的分离。

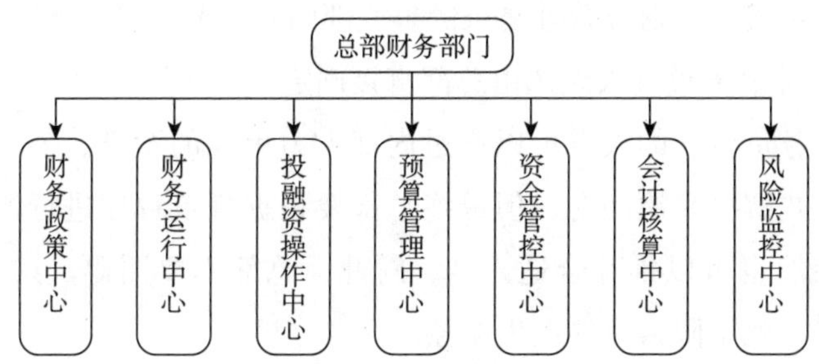

图8－6 总部财务部门的角色

对于事业部的财务部，则按照单体企业财务部门设置即可。总部财务部门与事业部财务部门形成对口职能管理关系。

3. 财务负责人群体的集中管理

事业部制企业中，对多级财务负责人均要实行集中统管的体制。尤其是事业部层面财务负责人，一般采取总部派出的形式。派出模式构建的主要途径如下。

（1）事业部财务负责人的岗位说明书由总部制订

由于岗位说明书是对岗位职责、权限、任职资格等的重要界定文件，因此，事业部层面财务负责人的岗位说明书要由公司财务部门组织制订，公司总经理或财务委员会审批。只有这样，才能将公司的管理意愿从制度层面赋予财务负责人，并框定其工作使命。

那么，财务负责人到底承担着怎样的职责呢？可以从三种模式说起：一种为参与事业部经营决策及对事业部进行财务监督；第二种为仅对事业部的财务工作进行监督；第三种为负责事业部的财务工作。前两种模式只有在财务负责人由总部派出的情况下有条件实现，而第三种模式，其财务人员完全归事业部领导——事业部制企业轻易不采用这种模式。在这三种模式中，第一种模式比较常见。

（2）事业部财务负责人地位由总部确定

财务负责人是否进入事业部领导班子，或为“双核”领导中的一员，这些都要由总部给予明确。对于组建初期或规模较小的事业部，财务负责人也可以不进入班子，规模大、财务管理复杂的事业部则必须要进入领导团队。

（3）事业部财务负责人人选由总部直接确定

事业部财务负责人的人选可以通过内部人力市场的竞聘、公司外招、内部人员推荐等形式解决来源问题，但最终总部要根据规范程序进行严格审批。事业部总经理当然也可以推荐合适人选，对此，总部不要回避。只要人员考察、任免机制完善，就不限人员的产生途径。

（4）事业部财务负责人的任免、异动、辞聘由总部决定

事业部财务负责人的职务任免、调转与辞聘显然要由总部来决定，否则，财务负责人不可能对总部承担相应责任。事业部总经理根据实际情况可以适时提名或提议。财务负责人或职务的变化，应被视为重要人事调整，需要做好调查研究、把握住原则、慎重决策，尤其是来源于事业部内部的提议，更要谨慎对待。

（5）事业部财务负责人的各项权限由公司界定

公司总部主要界定事业部财务负责人在事业部层面的决策参与权、财务审批及审核权限等。显然，财务负责人的权限划分不能来自于事业部内部，因为如果这样的话，财务负责人派出制就形同虚设了，财务监管作用也就无从谈起了。

（6）事业部财务负责人的薪资和激励方案由总部决定

事业部财务负责人的薪资和激励方案虽在事业部实施，并占用事业部的费用，但其方案主导思想及内容完全由公司确定——这当然也是为了把握该岗位控制的主导权。

不过，财务负责人的薪资和激励方案的制订要兼顾事业部的实际情况及事业部的整体薪酬、激励主导思想，也就是说，财务负责人的薪资方案同样是事业部整体薪酬方案中的一部分，不能出现太特例的情况。事业部当然也可以提出财务负责人的薪资方案，总部可作为参考。另外，因为财务负责人对总部需同步负责，从而开展相应监管、信息反馈工作——这并非事业部内部的工作，

因此，为公平起见，财务负责人总体费用的一定比例可在总部分摊。

（7）事业部财务负责人的绩效考核由总部与事业部总经理双重考核

由于事业部财务负责人肩负支持总部与事业部的双重使命，因此要由总部与事业部对其进行双重考核。不过，在这里，需要明确的是虽然是双重考核，但要以总部考核为主，事业部考核为辅，即，总部的考核权重要占主体。

对事业部财务负责人，除了依照岗位职责、工作计划对其进行考核外，对于进入领导班子的财务负责人同样要适度挂钩事业部的经营业绩，在此基础上，进行综合考核。

（8）事业部财务负责人的职业晋升与发展计划由总部统筹考虑

事业部财务负责人的横向轮岗、调转或向上晋升，均要总部为其制订相应的步骤和计划，这种晋升或岗位变动的安排不仅是对其培养与激励，还伴有制约作用在其中。及时的横向、纵向调岗可以有效瓦解事业部已经滋生的裙带关系。

4. 财权的集中

财权的集中指的是重要财务管理权限集中于总部层面，下放给事业部的财权比较有限，并在行权过程中接受监管。集中于总部的财权通常有如下八类：

①对外投资、融资权。对外投融资权限高度集中于总部，事业部不具备对外投融资的权力，但可以根据经营需要提出申请或建议。

②资本运营权。资本运营权高度集中于总部，这是显然的，因为总部有这样的资信、实力、视野和经验。

③资金统筹调配权。总部掌握对全公司范围内资金收支统筹以及资金使用的权力。事业部在预算框架下具有一定的经营性资金使用权。

④资产处置权。对公司基建、房产、设备等重要资产的处置权集中于总部，事业部可以提出申请。

⑤全面预算批准权。事业部的全面预算及后续预算调整均要经过公司的审批。事业部在预算批准后可以进行内部多级部门的自行预算审批。在时间跨度上，有的企业总部管控到年度和季度预算层面，而将月度预算下放到事业部，不过，更多的情况是年度、半年度、季度、月度预算都要经过总部的审批。

⑥预算外使用资金批准权。对预算外临时发生的资金，则要经过总部审批。在不紧急的情况下，事业部要先行申请批准增补预算，在紧急情况下，可由总部先批准支付资金，后续补齐增补预算，此增补预算一般由总部职能部门审批或代签即可。

⑦事业部总经理费用审批权。事业部总经理个人费用申请及报销需要经过公司审批。

⑧内部市场交易争议仲裁权。在内部市场交易中，当出现因内部收入或付费引起的冲突的时候，公司具有最终决定权。

二、资金集中管理

企业总部对资金实行集中管理是重要的财务管控方式，其可以最大程度整合资金资源，提高资金使用效率，创造资本运营效益。

事业部制企业实行资金集中管理的主要目的在于：①通过资金集中可以支持总部的对外投融资决策；②通过资金集中可以支持总部的对内战略性资金配置计划；③通过资金集中可以支持总部创建新事业部的构想；④通过资金集中可以掌握公司的总体资金资源，从而提高存量资本使用效率；⑤资金集中方式的使用可以确保公司资金安全；⑥资金集中方式能够让总部掌握事业部的资金使用行为（见图8－7）。

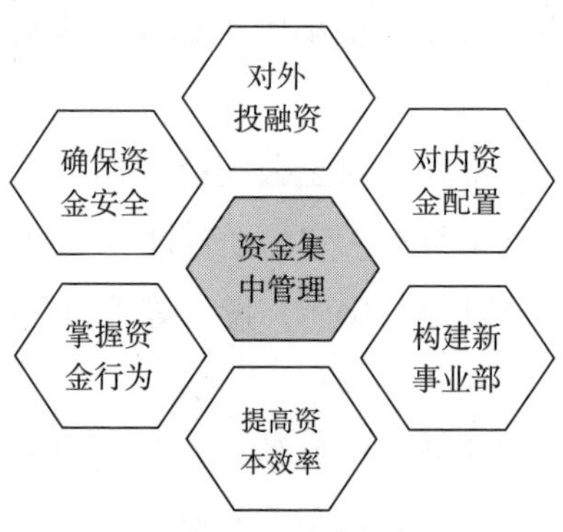

图8－7　资金集中管理的目的

资金集中的方式有多种，事业部制企业比较适合于采用集中的财务管理职能下的结算中心模式，其特点如下：

1. 完成资金的集中、内部配置与资本运营

通过对公司账户的掌控与分配，完成对事业部资金的集聚，同时根据公司整体发展规划与财务战略，实行资金的运营管理，从而提高资金的使用效率和效益，当然，这其中包括对产业经营的战略性投入和倾斜。

2. 加强对资金的预测和分析工作

及时掌握事业部对资金的需求、可能出现的缺口，预测并调整公司资金的流入与流出，同时，追踪和分析企业资金动态情况，及时发现问题解决问题，保障资金的供应与使用效率。

3. 加强对事业部应收款的管理

公司财务部门要对事业部的应收账款情况进行密切监督，不仅要制订应收账款管理制度，提醒和敦促事业部完成应收款催收计划，还应在必要时候，组织应收账款的直接催收工作。在多事业部情况下，更要建立客户、代理商信誉额度制度，并及时沟通，共享信息，全面掌握客户多头欠款发货的情况。

4. 对事业部实行收支两条线管理

对各事业部的收入与支付制订相应入口和出口，使两条资金轨道并行工作，杜绝事业部的收入直接冲抵费用的情况，实现公司的统一收入和统一支付。

5. 事业部在全面预算框架下支付备用金和办理会计业务

根据公司审批过的事业部预算方案，向事业部提供限额备用金，以提高事业部运营工作效率，避免业务延迟。同时，严格依据预算进行事业部的费用申请与报销，并监督事业部内部财务审批权的使用情况，遇到超预算或超权限事宜需要及时阻止，重要情况需向上汇报。

6. 完成企业内部市场中的交易核算

事业部之间根据内部市场交易规则，进行相对自由的合作与买卖，于是会

产生相应费用与内部收入，这同样需要公司统一的结算中心进行内部收入与支付的记录，并及时汇总核算事业部利润。不过，外部收入与内部收入，外部采购成本与内部采购成本在进行经济财务分析的时候既要汇总，也要分列，这将有助于公司对事业部经营情况的深入、真实掌握。

三、核算集中管理

事业部制企业的集中核算主要包含如下两方面内容。

1. 统一企业核算标准与流程

为支持公司的财务汇总、确保公司基本财务业务运行有序以及体现对事业部经营成果评估的公平性，需要总部统一全公司范围内的财务核算口径与标准，在充分体现事业部之间业务差异性的同时，尽最大努力做到求同。例如，横跨不同行业的事业部，在成本、费用核算、固定资产目录内容、折旧方法等方面可能存在差异。再比如，会计科目的设置是否存在一定差异，尤其在涉及收入、费用、利润和特殊业务方面，而且在多级财务核算体系中，会计科目的设置是个关键细节，需要满足统一核算的要求。当然，对事业部财务核算流程也要予以规范，重要流程制度需要公司审批。

在核算上，使用信息化手段是个必然。在信息技术的支持下，企业可以顺利实现账表一体化的核算模式，即，在企业整体账表中，各利润中心分别拥有自身的账表——这当然也是事业部制企业的必然核算模式，只不过在信息化技术的帮助下，这套系统运行得更具效率，企业的很多分析、管理意图可以快速实现。

2. 事业部内部二级核算体系的建立

为建立虚拟利润中心体制，公司可向事业部注入虚拟资本金，同时，对事业部的利润核算模式和过程需要加以明确，尤其对内部收入和内部采购行为需要加以界定，并根据事业部所在行业特性、所持业务的不同提供详细的计算方法。这其中，对事业部间内部交易价格的提前确认十分重要，因为这是事业部内部核算的一个重要基础。同时，总部作为管理机构需要计提管理费用及各项资源统筹费用，如基础研发基金、全国性形象品牌维护费用等。这些费用的计提要按照一定规则进行，其在事业部间的分摊比例也要体现出公平性。

四、预算集中管理

这里的预算当然指全面预算，不过，对全面预算的内涵我们一定要认识清楚——这里的内涵不是说全面预算除了财务预算还包含经营预算、投融资预算等，而是指全面预算与经营计划的区别。简单地说，就是全面预算当中到底包不包含完成各类目标所出台的经营管理举措及其执行计划？如果包含，那么包含到什么程度。

许多资料对这一问题尚未提及或是一带而过的，基本没有阐述清楚，但其都强调全面预算无所不包，言外之意，除了传统的预算外还包含经营计划的内容。如果是这样，那就是个名称问题了，如果不是这样，那么全面预算充其量只包含一些宏观的经营计划思路，或者仅在预算后附上经营计划的有关内容。

我们在这里想强调的是：全面预算就是全面预算，其要与经营计划融为一体地使用。缺少了经营计划的全面预算其实质丧失了依存根据，是对企业经营的简单化与管控机械化。

一些企业是忽视经营计划的，因此，其全面预算大多是各类表格的汇总与链接，顶多再加些论证与说明。要知道，全面预算的定量化既有其优越性也有其缺陷，那就是不足以表达企业经营的全部。企业采取的很多重要政策与举措是不可能完全量化的，因此，全面预算囊括不了企业的整体经营目标与思想，其只是企业的一个大型管理工具——正因为有其突出的特征，也就产生了其固有的缺陷。

关于经营计划，以及经营计划与预算的结合，我们在运营管控中已阐述，本部分我们暂且简明地讨论一下全面预算管控。

事业部制企业全面预算的管控包括如下要点。

1. 全面预算组织体系的建立

实际上，全面预算不是单纯的财务行为，因此，在有的企业将财务管理体系等同于预算管理体系的时候，有些企业则建立了专门的预算管理机构。例如，有的企业经营计划管理部门或预算中心就承担着全面预算管理职能，而财务部与其是分立的。

全面预算管理组织也呈现多级组织的形式，从总部到事业部两个层次的预算管理组织是最重要的预算组织构成，其承担着不同的预算管理职责。概括来说，总部预算管理部门承担着预算的整体组织、规划、审核与监督执行、考核工作，而事业部的预算管理部门则承担着事业部预算的具体制订、执行的职能（见图8－8）。

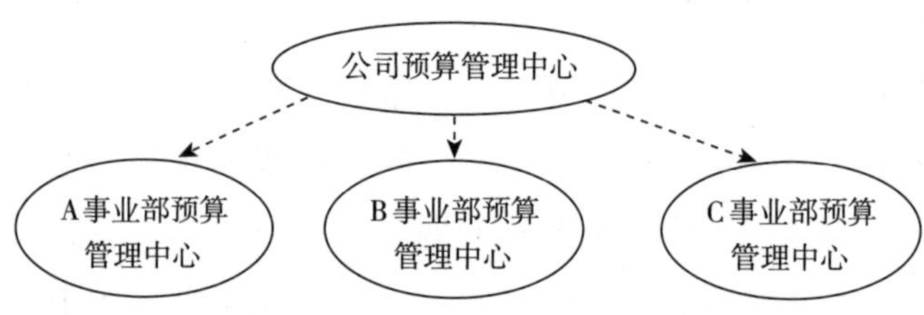

图8－8 两级最重要的预算管理组织

2. 企业发展战略的澄清与年度经营目标的提出

全面预算制订之前，需要对公司发展战略与各事业部发展战略进行检讨和优化，从而指导预算投向和重点。同时，要提出公司的经营目标，并将经济目标在各级预算中去分解落实。年度经济目标的确定在预算制订过程中会出现上下反复的情况，这也是总部与各事业部之间的博弈过程，当然，也存在总部目标要求过高、脱离实际的情况。

3. 全面预算模板与预算工作计划的下发

在全面预算制订时，总部要为事业部提供预算制订模板，并开展培训活动。预算模板主要有三方面作用：第一，相当于是对事业部预算工作的指导，因为模板本身就代表了预算制订思想；第二，对各事业部需要制订的预算内容相当于进行了强制锁定，需要事业部一定要提供清楚并要论述明白；第三，对事业部预算工作进行规范，同时为下一步的预算汇总和合并提供了对接标准和轨道。当然，预算模板也并非完全一刀切，毕竟事业部之间存在差异，因此，在总体统一的前提下，要注重对差异化内容的指出与针对性要求。

4. 全面预算的指导制订

对事业部的全面预算要进行系统培训及现场指导，事业部领导层必须参与其中。

作为总部预算管理部门，要根据经验和事业部实际情况预见到可能出现的问题，以开展针对性的沟通和指导。例如，对指标的博弈就要提前做好应战准备，遇到强势的事业部怎么进行矛盾的化解都要事先讨论好。再比如，事业部针对预算的保障措施要写到什么程度，这些都要提出明确的指导意见，否则，交上来的预算方案将缺乏依据，主导思想会很模糊，甚至写得五花八门，无法上会评审。

5. 全面预算的审批

事业部的全面预算要经过公司预算委员会的审批，而后由总经理签发执行。

全面预算的审批一般会出现多轮反复，即使预算经验丰富的公司出现这种情况也不足为奇。这主要是由于三方面原因：第一，全面预算的内容非常丰富，涵盖了公司几乎所有重要事情，因此，相对复杂，很容易出现制订偏差或深度不够的问题；第二，公司在预算审批过程中，可能会产生新的管理思想，从而要求事业部继续补充或完善预算方案；第三，一些事业部会出现先期预算方案中，指标过于保守的问题，只有经过几轮推动与施压，其“真面目”才能得以显露。

另外，全面预算的审批既要严守原则，也要向现实妥协，要充分考虑公司和事业部的预算基础。既不能过于松懈，弄出个形式大于实质的预算，也不能脱离实际的过分严格，导致预算过了很长时间还没批下来，这将很大程度影响公司总体目标的完成。

6. 全面预算的执行

全面预算的执行要点如下：

①事业部的全面预算方案中要包括预算执行计划，而且要内容具体，标准明确，可以考量。预算执行计划要连同预算方案经过公司的一并批准。

②分解预算要经过公司批准。有的企业甚至连月度预算都要公司预算委员会批准。

③全面预算执行的主要内容就是批准后的预算对日常资金、费用使用的控制问题。也就是说，如果不在预算框架内从事财会业务，那么所谓的预算管理就是形同虚设，预算方案也就是一堆废纸。具体而言，预算的管控作用要在如下几方面充分发挥。

第一，在预算框架内，进行资金的申请与费用的报销。批准的预算方案是事业部资金使用的通行证。事业部账户内有资金，但没有预算那么就无法使用资金。在有预算的情况下，也不能超越预算使用资金。同样，事业部的费用报销也不能超预算。请款的时候在预算范围内，报销时却超出预算了，并罗列出种种不得已的理由，这在企业中是要严格控制的。具体处理方法为：先走特批手续报销，再补足预算，并进行总体违规考核。这一行为只能在特殊条件下偶然发生，不能成为常态。

第二，预算外事项需要增补预算，再办理具体业务。这一要求，在实际操作时，事业部会抱怨手续麻烦，指责总部职能部门作风官僚，不能急市场之所急。不过，对这一条，公司一定要坚持到底地予以执行。事业部要想不麻烦，就请将预算制订的更深入、更精准，当初预测的时候就该多下些功夫，该考虑的情况都考虑到了，增补预算自然也就少了。制订预算的时候大大咧咧，执行预算的时候也就只能咧咧大哭了。

第三，在预算的执行方面，公司领导不能例外。很多企业是这样，规矩是领导立的，规矩也是领导率先打破的。实行全面预算管理之后，公司领导的财务权限、费用花销同样要被纳入管理，有的领导就会觉得不自由、不舒服，于是经意不经意地开始打破预算原则，违规支付费用。到后来，更有甚者会发展到与事业部一起责骂职能部门作风官僚、做事僵化，不考虑业务实际，而只是一味死板管理的程度。到了这个时候，预算管理思想就会出现动摇了，职能部门也就很难坚持原则了。

④做好预算偏差分析工作。预算偏差分析是全面预算管理最重要的管理方式。预算的执行结果与当初预测存在多大偏差，为什么会出现预算准确率如此之差的情况，原因在哪里，谁承担责任，下一步怎么整改，谁监督整改，整改不力将如何处理等等都是预算偏差工作的重要内容，同时，这也是预算偏差的分析步骤和推进流程。预算偏差分析要通过会议完成，并总结成报告上报公司。预算偏差会议也是分级进行的，在事业部召开预算偏差会的时候，公司要派有关人员去听会（见图8-9）。而公司层面的预算偏差会则是公司的最重要的会议之一，需要总经理亲自主持，并做好会前的一系列准备工作。只有这样，才能开出效率高、有成果的会议。

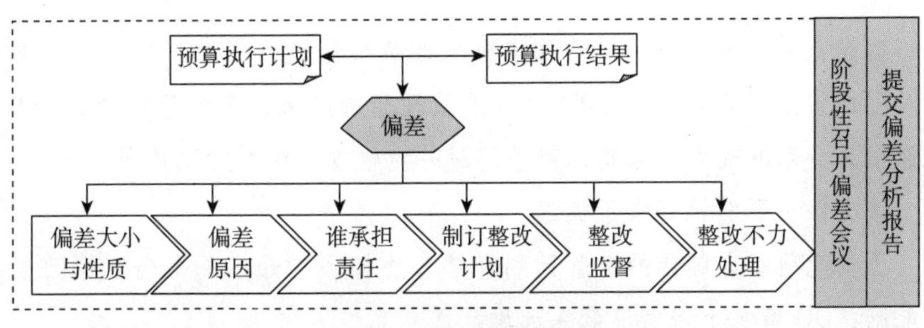

图8-9　预算偏差管理

预算偏差工作中，还有一项重要工作就是预算调整和增补预算情况分析。全面预算毕竟是一种经营的预测，因此难免会出现预测不准、考虑不周的情况，而且，预算执行以年度为周期，年度中行业政策、市场形势、经营条件等都可能出现变化，有些变化可能还很大且根据公司的预见水平尚无法被预料，此时，在预算执行过程中出现预算调整在所难免。另外一个情况就是预算确实出了差错和漏洞，需要针对某一方面工作或某个具体事项进行预算的增补。对预算的调整和增补我们的管理原则是：第一，预算的调整与增补要经过公司审批，如果调整幅度较大，那么还要召开预算委员会进行审批；第二，不论市场形势出现怎样的变化（除去不可抗力）导致预算需要调整，还是临时增补预算，我们即便有一千个一万个理由，也要承担预算考虑不周的责任。因此，对这一情况要进行相应考核。

⑤做好事业部薄弱指标与薄弱预算环节的针对性指导与敦促工作。

7. 全面预算的考核

对全面预算制订、执行质量及预算的准确率要进行考核，同时，全面预算经济指标完成情况实际就是事业部经营业绩考核最核心的构成部分。在这里，需要提醒的是，对全面预算的考核不能只是年底进行一次，而是要加强过程中的考核，从而一步一个脚印地累加完成公司的年度预算指标，否则，只是到年底才看结果会造成公司的经营风险太大。另外，对预算准确率的考核要谨慎进行，防止出现各种各样的误导。

专栏 8.2　预算准确率考核的争议

蓝筹乳品公司出台了对预算准确率的考核制度，中心思想为：各事业部对于经营指标的完成，100%完成是最理想的结果，而低于或超过100%都被视为计划准确率有偏差，偏差超过一定幅度，就会受到处罚。

该文件一下发就引来了热议。

负责此项制度制订的经营计划部部长冷楠下午开了一个会，等回来一看电脑，QQ 留言上密密麻麻一大堆反馈：

冰淇淋事业部的于总问道："低于指标我们认罚，超额完成为什么也要罚？那好，我能超也不超了，控制销售力度和进程算了。"

奶粉事业部的丁总说道："预算不准会造成总部的资金预算筹划不准确，从而造成资源的浪费或短缺，对此，我们充分理解，可是，预算要考虑的因素太多了，没办法做得那么准，考核计划准确率是不合理的。"

酸奶事业部的黄总说道："公司是不是怕我们乱报预算，所以考核我们预算准确率啊？"

鲜奶事业部的白总说道："计划准确率别考了，就按照原来的业绩考核办法考我们就行了，这个新办法真是画蛇添足、多此一举啊。"

……

冷楠看得后背嗤嗤直冒冷汗，可是慢慢地，他的心情平复下来。

从事业部总经理的质疑声中，冷楠除了读出了这项制度尚不被人理解之外，还读出了这项制度的价值。凭经验，他知道，只有两类制度会令事业部"咆哮"，一类是确实存在致命错误的制度，其对事业部构成伤害，事业部会毫无保留地对你提出质疑，另一类则是指向事业部软肋，使其倍受促动的制度，事业部也会找到各种借口对制度予以否定。

"预算准确率考核属于哪一种呢，"冷楠自问道。

……

五、财务风险集中管理

总部财务部对每个事业部的财务风险均要实行有效监控，其中经营性财务风险是事业部企业财务风险的一个主要方面。

概括而言，财务风险管理需结合每个事业部的实际情况，做好如图 8-10 所示的工作。

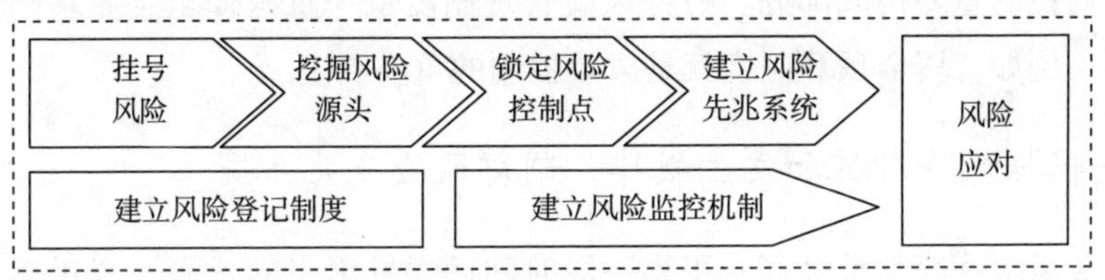

图 8-10 财务经营性风险管理

1. 将风险挂号

到底哪些工作出现什么状况会引发事业部的财务风险，对此，总部与事业部财务部门应该特别清楚，并要将其列入风险清单当中，只有这样才能将风险动因纳入到管控体系当中去。例如，事业部过高的应收账款会导致财务风险，那么就将应收风险列入其中，作为一个重要工作进行监控。

2. 总结及挖掘出风险源头

我们说过高的应收账款是一种风险，面向应收的直接控制显然十分重要，例如，我们可以对应收结果直接进行严格考核，不过，工作仅做到这种程度还不行，我们还要进一步追问：高应收是如何形成的呢？对此，要深入剖析原因，可能原因有四项：第一，事业部的销售人员只管销售，不管回款，回款由售后服务人员负责，但售后服务人员的效益不跟回款挂钩，只与服务挂钩，导致后续回款催收不利；第二，代理商欠款发货没有控制，监管不严，导致后续货款很难催收；第三，事业部部分产品质量太差，导致用户无法履行协议付款。源头找到后，就可以进行下一步控制工作了；第四，工程安装拖期或安装质量出了问题。

3. 锁定风险控制点

根据对风险源头的追溯和分析，我们要设计遏制风险的内控点。以上述高应收为例，内控点的分布已经超越了财务的范畴而遍布经营管理领域。也就是说，对风险内控的设计是一个多维度的综合方案，需要全面深入剖析后提供一套解决方案，而这个解决方案控制的关键环节要被梳理出来，上升到风险监控的层面。

设置内控点是一种比较简单的说法，实际上风险控制是一张严密的网，其是企业内控的重要构成部分。财务风险管理制度也一直延伸至企业基础管理制度层面，例如，资金预算制度就是风险控制的重要制度。

4. 根据风险特征和发生规律，制订风险先兆系统

财务风险一般都是潜藏并积累一段时间后爆发出来的，而在真正爆发前都是有先兆的。不同的风险先兆存在差异。对照挂号的风险，根据经验积累及现实分析，我们可以制订出风险先兆指标系统，即，哪些指标的变化或经营管理现象的出现被我们视为异常，其背后常隐藏着某种财务风险。

在实际运营中我们发现，一部分先兆指标就是内控节点有关情况的相应变化。

5. 建立风险等级制度

根据财务风险的破坏程度，我们将风险进行等级划分，以便引起管理者的

重视，从而及时启动相应预案。

6. 建立风险监控机制

在做好财务风险基础管理工作及相应规划后，要有相应机构对财务风险实施具体监控工作。在事业部制企业中，多层级的财务机构都有风险监督的责任，但总体监控中心在总部财务部门。风险监控机制的构成除了确定相应责任机构外，还要对监控的频率、方式、方法及监控执行作出界定，同时对监控工作质量和及时性要实行相应考核。

7. 财务风险的应对

对于企业出现的财务风险，要做好应对工作，主要为两个步骤，第一是制订紧急应对计划，以将风险损失在最短时间内控制在最低范围，此时强调的是快速“止血”功效；第二，风险过后要彻查产生的原因，并制订深入、全面的解决方案，以从根本上杜绝此类风险的发生。

第3节　事业部投融资管控

事业部允许投融资吗？别说，这还真是个问题。郑涛知道这虽然不是什么核心问题，但还是界定清楚为好，毕竟下一步组建的事业部中有两个要承载公司主业，实力了得。郑涛站起来活动了几下身体，又返身坐下，继续看下去……

一、对外对内投资

笔者不建议对事业部开放投资权力，不论对内与对外。这主要基于两方面的原因：一是事业部是作为企业的事业单元存在的，其主要收益获得不依靠投资而要通过自身所定位的优质产品或服务输出取得，这才是事业部承担的专向事业使命。企业之所以把整体事业分割成不同的事业部，就是为了其在各自战略方向上有所建树，而其资源为所拥有的产品或服务。二是多事业部在企业总部的管控下拥有一种最优化的事业结构，这种结构的最基本特征首先是具有一定的事业界限与运营操控权的独立性，而后才是在此基础上的实体事业层面的合作。因此，内部投资将导致这种各自发展的并行结构受到削弱，进而会造成总部对事业部的垂直管控受到影响。

那么，为了获得互补优势，或提高发展效率，事业部通过对外投资来控制拥有资源优势并具有业务相似属性的企业是否可行？这在理论性上是可行的，但在实际当中，事业部在投资运作及后续管控上会比较吃力，即便投资阶段可由总部代为运作，那么后续对收编公司的一系列治理及管控问题又摆在了面前——当然，对于控盘能力强，可以运作事业集团的事业部而言，这些问题也许不是太大障碍。可是如果事业部能力尚不具备的话，总部就应严格控制这样的投资行为，可行的办法是将投资对象直接纳入企业旗下，成为一个新的事业部，从而与其他事业部通过内部交易与协作走向资源与优势整合。也就是说，总部之下的每个事业部都要保持最直接的面向市场的运营模式，而不是通过控制其他实体来间接运作的模式——这样的事业部制企业是扁平化的，是最具效率和竞争力的。

因此，对于事业部的对外投资，一定要特别谨慎的予以处理，不能头脑发热草率决策，否则会落个“咬得着但吞不下”的后果。有些企业领导人热衷于打造高耸的事业集团，希望事业部本身都成为集团企业，其初衷可谓是好的，但也要掂量一下事业部具备的整体能力。事实上，很多事业部制企业的总部在管控工作上都“半生不熟”，多层次的结构体制就更难以把握和驾驭了。我们倒很赞成比较现实的发展途径，那就是：既然层层纵向管控做不到，那么我们就横向发展，将管控对象直接置于总部之下，这样的管控模式我们还是熟悉的。

从以上分析可以看到，不论企业构筑了多层次的管理架构还是扁平的管理架构，事业部对外投资都没有完全的权力，基本是在总部的操纵和管控下完成的。也就是说对外投资的决定权把握在总部手中，有能力的事业部可以提交投资方案由总部论证后去操作。

至于事业部间的对内投资，前面已经提到，只要想想事业部制企业建立的初衷，我们就会清楚这一行为轻易不该发生，即便出现了，也一定是总部出于某种意图操作的。

二、对外对内融资

事业部制企业一般都会规定，事业部不具有对外直接融资的权力，融资均由总部集中操作，事业部可以提出融资申请。对外融资权力的不下放主要是为了避免企业融资风险，当然，事业部与总部相比较，在资源拥有及运作经验上也会有较大差距。所以，所谓的事业部融资，实际上是事业部制企业对外融资后的内部融资分配行为。

对于事业部之间的内部融资，一般都与事业部的产品或服务交易行为相捆绑，实质上是一种赊欠款与融资间的转化。即，事业部内部交易涉及的欠款需要计息并在规定时间内还清本息。这种变相融资与通常情况下的融资在内涵上有很大不同。这部分内容介绍可见事业部内部交易部分。

对于事业部之间可能产生的真正意义上融资，也不是由事业部之间直接商谈，而是由有融资意向的事业部提出申请，由总部来协商促成。实际上，对于事业部间的融资，出资方一般都是没有主观意愿的，因为这对其既没有较强的现实激励也无战略意义，所以，只能由总部去促成，应归为支援性行为，对于出资事业部而言，其形态意义大于经济意义。

总 结

1. 对事业部的运营管理主要围绕企业全面经营计划与预算体系来开展。全面经营计划与预算是一套相比于全面预算更加完善和科学的运营管控系统，其着重强调对经营方针、经营举措、运营办法乃至激励机制的计划管理，认为经营计划是产生预算结果的依据，是推动业务运行的实质。

2. 计划偏差会是全面计划与预算推进的重要会议制度，其不仅要分析计划与预算产生偏差的深层原因，更要及时制订有效的整改计划并落实到位。

3. 对于实行全面计划与预算的企业而言，贵在坚持和逐步改进。

4. 对事业部的财务集中管控充分体现了事业部制企业对关键资源的集权与整合的特征，其主要包括“五项集中”，分别为财务体系的集中管理、资金集中管理、核算集中管理、预算集中管理、财务风险集中管理。通过财务的集中，事业部的整体经济运行受到监控，同时也确保了资金安全。

5. 事业部不适于对外对内投资，主要原因为事业部是作为企业的事业单元存在的，其主要收益获得不依靠投资而要通过提供自身所定位的优质的产品或服务取得，同时，相互投资会破坏企业已经建立的整体事业结构。一般而言，事业部业也不具有对外融资权，而由总部集中操作，以避免融资风险。而内部融资通常都与事业部的产品或服务交易行为相捆绑，实质上是一种赊欠款与融资间的转化。

第九章

事业部的横向协调与内部竞争

如何做好多事业部之间的协同，从而在降低运营成本的同时创造事业部间的联盟优势——这是总部价值的关键体现之一。与协同相对照，在事业部之间引入比较性竞争机制，则为公司优势资源的流向和重新分配提供了选择路径。不过，多事业部之间的关系还不能因此确立为典型的竞合关系，主基调应定位在：合作为主、竞争为辅。

第1节　事业部间业务争端的处理

对于郑涛来说，见惯了直线职能制下研产销之间的冲突和矛盾，而对事业部之间也可能出现业务争端，他比较好奇。略作思考，他感觉找到了原因：如果业务相关，那么事业部间就可能发生对资源的争夺。可接下来的问题是出现争执，怎么解决呢？见时间不早，他干脆翻开书，追踪答案……

多个事业部运营，经常会发生一些业务争端，此时需要事业部自行协商解决或借助总部力量来解决，否则，问题被搁置或争论不休，实质都会给公司运营带来效率和效益上的损失。从另一个角度而言，事业部发生冲突既是不可避免的，也是事业部制企业的正常现象，因为，这正说明事业部之间的协作或监督行为正在发生，也会暴露出公司事业部制管理潜在的问题，对事业部制完善有一定益处。当然，事业部之间的矛盾、争端与冲突不能过多和过激，要控制在一定程度和一定范围内，同时，需要从内部运行规则上不断出台制度，以减少这种摩擦的强度和频次。

通常而言，事业部之间的争端如表9－1所示。

表 9-1 事业部之间的争端

争端种类	具体争端	解释
用户类	争夺用户	当事业部产品相似，或是事业部之间形成相互代理关系时，容易发生此类冲突
代理类	争夺代理资源	产品相似的事业部对区域或行业内主要代理商的争抢，或引导代理将精力全部投入到本事业部的产品上
大区销售机构	拉拢大区销售机构	暗中给其他事业部大区销售机构以承诺，导致其投入一部分精力销售本事业部产品
内部交易	价格谈不拢或分利不兑现	内部出售产品或服务的事业部抬高销售价格，或不按照签订的合作协议进行分利
	质量投诉	内部交易中事业部提供的产品或服务质量不过关
	供货不及时	内部合作中，事业部不能按照协议及时交货
	服务不到位	内部合作中，事业部的售前、售中、售后服务延迟或质量不高
合作	推卸责任	在面对事业部合作签订的用户时，不按照事先的约定履行自己的职责，并推卸责任
人才	挖人才	猎取其他事业部相关人才

对于事业部间的争端，要根据争端的性质分门别类地进行处理，其处理原则如下。

一、事业部自身问题由其自行处理

上述表 9-1 中争夺代理资源就属于这类问题。谁的产品好，谁对代理提供的服务好，代理商认可谁，谁就会在代理资源的争夺中胜出——这是天经地义的，也是公司鼓励的，因此，对于事业部的这类申诉只能被看作是事业部的消极示弱，并没有被总部支持的有力依据。

二、无章可循或有章不循问题由公司解决

表 7-1 中的内部交易部分就属于这种情况。例如，事业部制间的内部交易价格为什么谈不拢？公司有没有提供一部供货事业部内部交易的定价标准和规

范？一般而言，事业部制企业都有一部这样的制度性文件。如果有，内容全不全面、细不细致，是否涵盖了事业部申诉的情况，是“无章可循”还是“有章不循”，事业部是否能够协商解决。如果这些都不奏效，那么公司有关职能部门就要出面协调——在了解情况后，提出恰当的定价方案，并有理有据地说服争议双方，而后，根据这次协调事宜进行相关总结，以完善内部交易价格及相应规范。

再比如，为什么分利方案不能得到执行？事业部是否将分利要点或整套方案签在了合作协议中？没有的话，属于违反公司基本的内部交易“法规”。如果这类争议事件所涉及的分利额度不大，职能部门可不做协调，让草率的事业部受个教训。如果额度大那么还是需要协调，毕竟属于公司内部的兄弟间买卖，但对两个事业部都要做出一定的经济处罚，以警告其对公司交易规则的熟视无睹，既造成了事业部之间本不该产生的摩擦，也占用了职能部门的精力。如果签订了有效的合作协议，但某事业部拒不执行分利方案的有关规定，那么公司会通过财务部门强制性执行——事业部制企业财务与资金集中管理的威慑力和优越性将又一次得以体现。对于有章可循但拒不执行或不愿执行的情况在事业部制企业中是比较常见的，尤其是拥有了关键产品和资源的事业部，其在产品质量、价格、交货期及服务上往往在面向内部用户时表现比较差。因为，在这样的企业，公司通常规定，能在内部采购或买到的产品、服务不允许到外部购得，这就给了一些事业部肆无忌惮的理由。所以，这样一种纯内部采购的政策一般运行一段时间后都会出现松动，公司往往允许事业部可以对外采购少量产品或服务，以建立起竞争机制，迫使作为供方的事业部提高服务效率和质量。但这种新政策在执行的时候也是困难重重，例如，外购产品要经过公司的质量审核，外购厂家要经过公司的资质评审等，甚至，一些公司还规定，审核方就是内部作为供方的事业部，这都在一定程度上降低了外购效率。

三、杜绝损害公司行为

例如，暗中拉拢其他事业部的大区销售机构，许以高额回报，通过其销售本事业部产品，这要被当作违纪行为处理，一旦查实，将对责任事业部处以经济和行政重罚。这件事情表面上看违纪事业部只是想多卖点产品，少花点销售成本，但从更深层面的危害看，实际上这一行为破坏了事业部制企业的内部运行秩序，对各产品线事业部直属销售前端力量造成了一定程度的影响和削弱，因此，对这一行为要坚决予以杜绝。

事业部之间的争端可以说是林林总总，也许每天都在发生，或者每天发生不止一件事情。对这类争议的处理关键是辨别其性质，把握处理原则，对症下药，有理有据。一个能够很好地协调事业部争议的领导或职能部门，应该说都是高水准的，其不仅对业务谙熟，而且具有很好的大局观、原则性和协调技巧。不过，话说回来，现代企业的协调不能仅仅依靠人的能力，你浑身是铁，又能捻几根钉？所以，完善企业内部交易原则、规范、制度与标准，不断沉淀形成典型事件的经验性协调办法，辅以一定处罚和理念教育，将是解决事业部之间摩擦的必由之路。

第2节　事业部之间的协作

事业部之间有争端，但更有协作，而协作会在哪些方面展开呢？联合投标肯定算一种协作，还有其他形式的协作吗？对此，郑涛一时想不出，于是，他接着向下看……

事业部之间的各类协作是在公司既定政策允许的情况下开展的。作为事业部制的企业，总部之下多个事业部之间能够合作是其典型优势的体现，当然，企业也需要保持事业部在其界定的事业范围内的相对独立性，做到以运营自身业务为主，以协作为辅（在非相关事业部制企业，这类协作将处于更次要的地位），只有这样，才能发挥事业部制企业的总体优势。

一、研发协作

对于产品线事业部而言，如果存在一定的技术相关性，那么可以开展如下四种合作。

1. 委托开发

如果事业部技术力量不足、技术能力偏弱、产品开发周期过长、开发成本过高或者无法实现技术瓶颈的突破，那么完全可以委托内部优秀的事业部研发机构进行开发。委托开发需要签订详尽的委托开发协议并附开发计划。同时，委托方要指定相应人员给予全过程支持、配合。委托开发的付费模式双方可协商确定，甚至可以探讨按照新品上市创造的效益进行分成（见图9-1）。

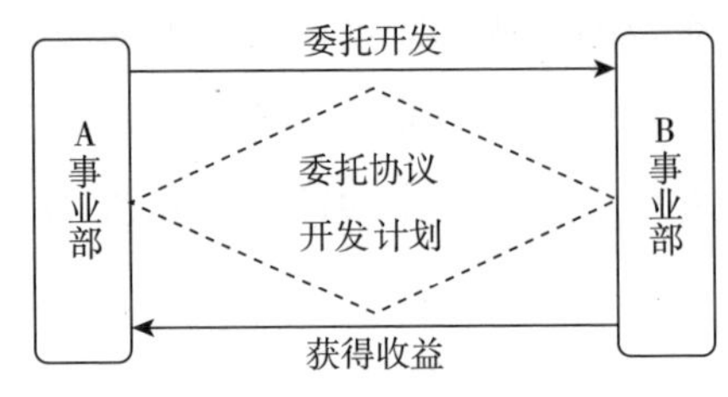

图9-1 委托开发

2. 技术管理咨询

技术管理咨询是指邀请技术管理优秀的事业部派出工作组对本事业部技术管理工作进行诊断、咨询。技术管理咨询的内容十分丰富，可以包括技术发展战略的规划、技术管理制度与流程的制订、研发项目组的运营模式优化、研发激励机制的建立等。对技术管理咨询当然要付费，此费用没有严格标准，双方协商即可。这里面提醒一点的是，内部咨询协议内容一定要包括在执行阶段的现场指导约定，唯有此，才能尽快达到目标效果。另外，管理咨询一定要说服服务输出方的事业部总经理，否则，可能被其认为是负担，将不会提供这类服务，况且内部咨询的付费与该事业部主营收益比起来微乎其微，不会被其所看中。因此，管理咨询带有援助的性质，需要公司总部给予名誉上的激励或相关政策，并由公司总经理适时策略性推动。

3. 技术指导

技术指导，主要指聘请其他事业部的技术高端人员担当技术顾问，对本事业部的技术规划、产品研发或技术管理提供整体思路、架构、难点、操作上的指导。技术指导不及管理咨询的工作幅面和深度，但对于能力偏弱的事业部也是较简化的借智借力方式。当然，技术指导与管理咨询一样，都属于援助性工作，需要总部给予一定程度的鼓励。

4. 专利转让

专利转让是一种买卖行为，但事业部之间的专利内部优先买卖及付费的优惠则透射出协作的味道，这也是多事业部企业独具的优势。公司总部可以从中进行协调，甚至建立集中的内部专利等知识产权交易平台，并通过引导促成最有利的合作。专利转让费可以直接支付，也可以待专利产品化、商品化后分期支付。

二、生产协作

当企业存在生产制造型事业部的时候，由于生产业务实现集中，因此，通常不再存在产品线事业部之间的生产协作。当然，有一种极端情况，可看作是因生产问题产生的协作，那就是当生产事业部满足不了各事业部的产品供给要求，且无法协调的时候，事业部之间可能联合起来对生产事业部或公司总部施压，以促成问题的尽快解决。这种所谓的事业部之间的协作通常不是企业希望看到的，但事实情况是在某些企业依然会存在这种现象。

我们在这里主要探讨的是产品线事业部具备生产职能的情况，此时，事业部之间可以按照内部协议，开展以下有偿合作。

1. 委托生产

所谓委托生产，就是将有关产品或部件短期或长期委托其他生产机构代为制造的生产模式。显然，事业部之间在生产能力通用的情况下可以开展内部委托生产工作。一般而言，当事业部出现如下情况的时候，可能促发实行内部委托加工：

①产能不足，满足不了订单进度要求。

②生产成本过高。

③质量不达标，工艺水平不具备。

委托生产同样要做好生产计划管理工作，并对产品的交货期、质量进行严格管控。委托生产只是委托产品的实物制造，生产管理责任并未委托出去。委托生产的费用一般应不高于外部市场平均水平，否则就要认真研究内部委托加工的必要性了，而后进行权衡决定（见图9－2）。

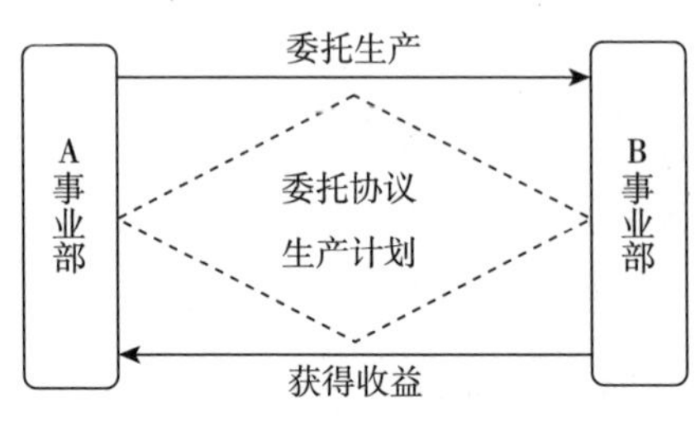

图9－2　委托生产

2. 委托采购或联合采购

委托采购是指将物资的具体采购工作交由其他机构来实施。如果某个事业部没有建立完善的采购体系，且事业部间采购物资、采购渠道比较相近，那么可以在初期采用委托采购的形式。同样，委托采购的管理责任并没有委托出去，因此，要做好采购物资成本、交货期、质量的管控。委托采购的费用同样要进行外部对比与权衡，并与自建供应网络相比较，如果明显高于自建采购队伍的支出，那么就该考虑马上筹备这项工作了（见图9－3）。当然，如果内部事业部的采购不仅质量好而且成本低，那么也可长期委托下去。

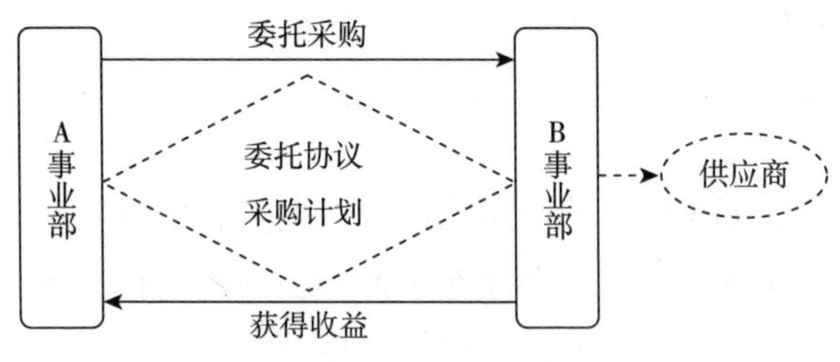

图9－3　委托采购

联合采购是指多个事业部为了降低采购成本而联合起来，以达到大规模采购的合作行为。一般这种方式用在应对招标的情况比较多。联合采购一般不存在内部付费，多方出人出力共同组织与配合，压低价格后各方共享实惠即可（见图9－4）。

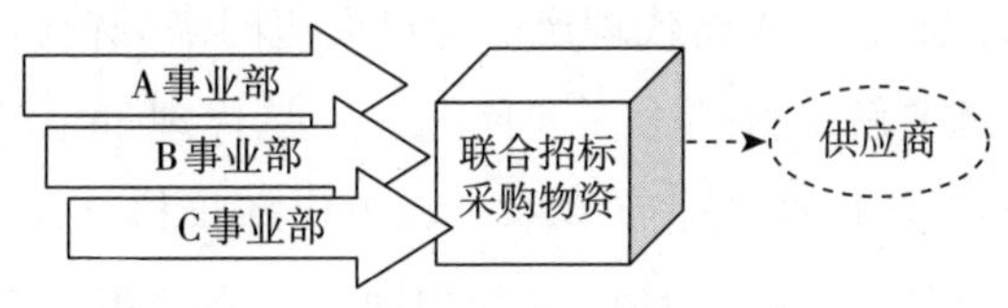

图9－4　联合采购

当然，有些企业可能建立了集中的采购平台，这种情况下，就不再存在上述事业部之间的相互委托或联合采购的形式了。

3. 生产管理咨询

生产管理咨询是指邀请生产体系建设、运营业绩突出的事业部派出工作组，对本事业部生产管理工作进行诊断、咨询。生产管理咨询可以包括生产计划的制订与执行、生产质量管理体系的建立、生产成本的管控、柔性生产及现场管理、生产管理信息化等方面，也可以包括机制层面的诸如生产体系的薪酬优化、业绩考评及降成本奖励等。

4. 生产指导

生产指导是指聘请其他事业部生产方面比较优秀的技术人员、管理人员作为顾问，对本事业部的相应生产工作或工作难点提供指导。

三、销售协作

在事业部制企业当中，多事业部之间的销售协作还是拥有很大空间的。尤其是存在一定相关性的事业部之间，这种合作经常发生。通常事业部之间的销售协作主要有以下五种模式。

1. 产品互为代理

事业部可将其他事业部视为代理商，从而通过其他事业部销售有关产品，甚至可将有实力的事业部发展成某些产品的总代理。对于采用直销模式的事业部，如果代理了兄弟事业部的产品，那么可以直接向用户供货，如果是以分销模式为主的事业部，那么可以将代理产品通过渠道网络分销出去（见图9－5）。事业部之间相互代理要解决好两个主要问题，一是代理价格问题，二是避免作为代理的事业部与社会上的代理商争单。对于代理价格，通常应该一视同仁，不论是内部代理还是外部代理，均应享受相同的价格政策。对于争单问题，也应一碗水端平来处理。然而，事实上，外部代埋心存疑虑，会认为事业部之间相互偏袒，因此，对内部作为代理的事业部应该提出更高的要求，并严格执行避免争议的有关市场运行规范，例如，划清各代理商的销售区域或行业，实行销售走访预报制等方式。

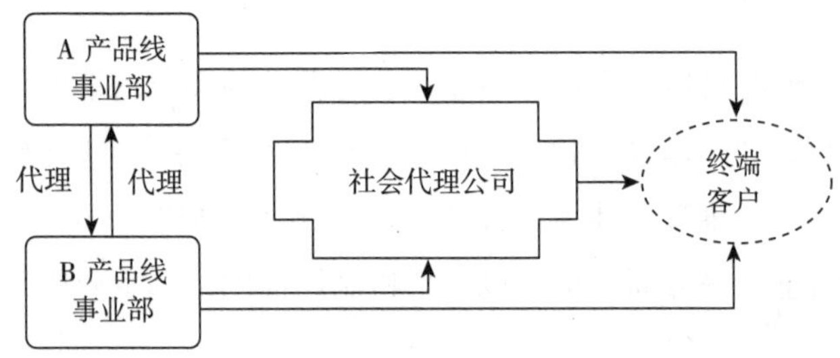

图9－5　事业部之间互为代理

2. 售后服务内部外包

售后服务内部外包主要指在技术、产品、业务有一定相关性的情况下，事业部之间开展的售后委托服务的模式。对于实行服务外包的事业部而言，不必再构建庞大的服务体系，因此能够节约运行费用。如果这一条不能成立，即，与自建体系在成本上所差无几，那么外包的意义就不大了。同样，售后服务外包出去的是售后工作的具体执行与操作，但对售后服务体系的管理仍然掌控在委托方事业部手中，其要对外包方进行工作监控、检查，并接受客户的投诉。当然，外包出去的售后服务体系所从事的不仅仅是产品咨询、操作指导、技术支持等工作，还有收集用户新需求的工作，这些都要一并完成，委托方也要为此付费，并制订有关激励政策。

当然，如果事业部存在工程安装业务，也可以探讨内部类似合作。

3. 客观或神秘调研

神秘调研是指根据事业部间主要岗位尤其是事业部总经理的相互委托，事业部之间所进行的有关事项的相互调研。例如，两个事业部均有开展对大区机构在地域市场上占有率或用户满意度的调研想法，那么可以相互委托，穿插调研。即，用另一个事业部的人员调研自身的情况。如果业务存在相关性的话，调研人员应该能够较快熟悉情况，进入工作状态，从而较好地保证任务质量。当然，这个类似于“神秘顾客”的相互调研方法，其最根本的目的在于保证其调研结果的客观性和公正性，同时，增大底层机构信息的透明度，使事业部总经理能够接近甚至彻底了解事实真相。神秘调研根据事业部之间调研工作量大小、工作难度的差异，可以适度进行补差付费。

4. 联合投标

联合投标主要指事业部之间发挥互补优势，从而团结在一起为用户提供一揽子的解决方案。与竞争对手相比较，多个事业部集合的方案可能更全面、服务更周到。联合投标要事先通过协议约定好中标后各方的利益分享模式和所担负的责任，并将全套方案在公司备案。

5. 联合宣传

联合宣传是指多个事业部集合广告资金，聚零为整，创造更大规模和声势的宣传，例如，联合参展、联合刊播媒体广告、联合开展促销活动等。

四、管理协作

管理协作主要指管理咨询在事业部之间的输出。另外，对于事务性工作（例如人力资源工作中保险的办理等），在企业没有建立统一的服务型事业部的情况下，其内部外包也可能发生。而像招聘广告的联合刊登等也都可以进行合作，以创造更大的声势。管理咨询的付费前面提过，没有严格的标准，合作双方可以协商确定，而事务性工作的委托则可参照外部市场标准制订。某些联合行动因存在互益性，因此，不存在实际付费或只需补差付费。

在事业部内部业务及管理协作过程中，公司总部应同步制订各种引导性政策和细化规范，明确公司鼓励什么，反对什么，并通过有关协同规章及制度减少协作冲突的发生、降低摩擦成本，提高事业部间的合作成功率，维护内部协作秩序。对于比较经典的协作项目应要求和鼓励事业部写成案例，并从中总结出协作模式，以在内部借鉴、推广。其实，总部从事的这些工作每时每刻都在体现总部的价值——总部就是要做到并不直接干涉事业部间的具体协作，但又在时时关注、引导与管控协作全过程。

第3节　内部市场机制设计

事业部制形成了内部市场，而内部市场运行需要相应规则和机制，否则无法维护内部交易秩序——针对这一点，总经理曾为郑涛重点指出过。价格机制肯定是重中之重，估计还要签订合作协议吧，想到这儿，郑涛索性翻开书，一睹为快……

事业部制企业之所以能够构建起内部市场机制，主要因为有作为虚拟利润中心的多个事业部的存在，且事业部之间存在买卖交易行为，同时，这种内部市场交易行为具有较外部市场成本更低、质量更优、效率更高及能增加企业整体竞争力的效果。正因为如此，内部市场交易既是事业部自发的，也是被企业一定程度所鼓励的。不过，为建立内部市场机制，需要建立一整套市场规则，唯有此，才能维护内部市场秩序，使交易行为顺利并公平达成。

内部市场机制的设计主要应把握好以下几方面工作。

一、内部交易价格的确定

事业部之间进行交易的产品或服务必须订好出售价格，这是实现内部市场交易的关键，定价模式一般分如下几种。

1. 常规产品的定价

（1）未实行集中生产的情况，即，不存在制造型事业部的情况

此时，产品线事业部之间购买产品，可视为代理行为，因此，可以参照代理价格政策进行价格制订。即，临时购买或签订代理协议长期合作，甚至作为某个区域或产品线的总代理均可，什么合作模式就对应什么样的代理价格。显然，作为供方的事业部应为此提供一系列的技术服务指导与支持，这样的服务伴随销售行为产生，也许在产品之外另行计价，也许包含在产品售价当中，总之要在代理价格政策中界定清楚。

（2）存在集中生产的情况，即，存在制造型事业部的情况

如存在集中生产的情况，则为完成产品的加工制造，那么，产品线事业部首先与制造事业部之间发生一次内部市场交易，该价格可参照社会制造类企业的出厂价格进行确定。在制造事业部出厂价的基础上，作为供方的产品线事业部仍要参照社会代理价格进行内部市场的定价，从而将产品卖给兄弟事业部（见图9－6）。显然，如果出厂价过高，则一定程度压缩了买方事业部的定价空间或利润空间，直至波及其价格竞争力大小。

图9－6 集中生产情况下的定价

现实操作中，一些企业会采用“成本加成”的方式进行制造事业部出厂价的制订。采用成本加成法需要解决好如下三方面问题。

①准确核算成本。但恰恰在这点上，相当一部分企业由于管理基础差做不到准确核算。其主要原因是数据不准，或在部分费用的归集上遇到了困难。针对一个单件产品，或者一个集成项目，说不准成本到底是多少的企业并不在少数。

②成本加成要有参照。成本加成不是封闭存在的，成本加成后的价格与外部市场价格相比较，应在一个可接受的范围内。否则，应该通过锁定出厂价倒逼制造事业部降低成本。

③内部价要固定。这里的成本加成不是随实际成本变化随时浮动的价格，而是计算后需要固定的价格。只有这样，制造事业部才有动力合理压缩成本，

否则，会产生支持成本增加的负向激励。

2. 常规服务的定价

常规服务的定价在这里特指作为后勤服务的事业部对产品线事业部输出的服务定价。服务定价中有价格标准相对明确，从而容易确定内部价格的服务，也有比较抽象，没有明确标准参照的服务。例如，一张 A4 纸的复印费比较好订，因为外部复印社价格标准较透明，但是诸如代办人力保险等工作就不是十分容易确定的了。此时，公司可以制订出相应的服务定价原则，即，存在社会公认标准可参照的要遵循社会标准，标准模糊的则按照一定成本加价率进行定价（成本加成定价法）。成本加价的前提是要有理有据地摆出服务成本构成数据，在这一点上，产品线事业部就可以起到监督的作用。无故加大成本是不能被接受的，因管理问题导致的成本过高也是不能被接受的。而加价率则由服务事业部提供方案，阐述服务的价值，并据此制订适合的加价率，报请公司审批。当然，产品线事业部可以对此提出质疑，要求复审。由于成本和加价率的意见交换，就为内部服务价格的达成提供了协商的基础，如仍争执不下，可由公司进行价格仲裁。在这里，需要说明的一个细节是，供各事业部使用的诸如房产等，总部都是委托后勤事业部来向产品线事业部收取费用的，这里的费用就是房屋租金，可以参照社会房租来定价。当然，为了降低新创建的事业部的成本，也可以采取类似于开发区初期入园的优惠政策，给予房租优惠甚至免租处理。

3. 分利模式

所谓事业部间分利模式实质是内部交易定价的一种形态。要知道，事业部之间的合作方式不仅仅是出售产品或输出后勤服务这两种。例如，A 事业部签订的大用户是在 B 事业部的大区机构协助下签订的，在这种情况下，B 事业部并没有从 A 事业部购买产品后再出售给客户，而是在商务环节做出了贡献、体现了价值。此时，A 事业部要评估 B 事业部的贡献，并为其分利。分利标准主要基于该订单实现的毛利或收入，并以其为基数，实行提成计算。例如，A 事业部承诺，将订单毛利的 30% 分给 B 事业部。当然，由于毛利的核算并不能做到完全透明，B 事业部为了保障自身的利益，也可以要求 A 事业部按照合同额的一定比例进行收益分利（见图9－7）。如果A与B事业部合作非常愉快，那么有可能达成长期合作，并将分利模式确定下来。

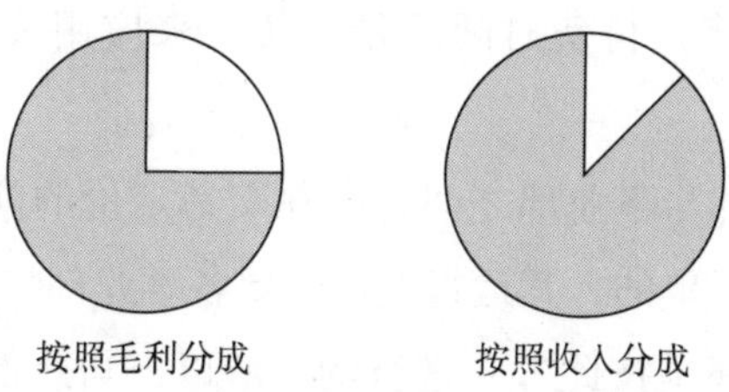

图9－7　分利模式

分利定价应该说在一些行业里存在约定俗成的分利标准，计提多少比例合适一般行业内资深人士都会知晓。不过，话说回来，这样的标准还是相对宏观，且这类合作情况比较复杂，对贡献大小并不能做到百分之百的准确评估，因此，一切还得双方协商确定，并在长期合作中将这一标准稳定下来。

4. 管理咨询定价

事业部之间输出管理咨询服务，其计价可以参照管理咨询行业标准进行，不过，行业中这一标准在不同管理咨询公司之间差异很大，以至于标准非常模糊，一切还得协商确定。例如，管理咨询可以按照常规项目的361标准付费，即，30%预付，60%方案通过支付，10%实施指导结束后支付，也可以按月平均付费。一些营销咨询项目还可以按照销售业绩增量提取咨询费用。

5. 顾问服务的定价

事业部之间提供顾问服务，其收费可参照行业标准进行，不过，有些顾问因是管理咨询顾问，其标准不十分明确，因此，仍需协商完成顾问服务定价工作。同样，顾问的服务付费模式也存在多种形式，例如，按月付费、基础月薪+年终评价奖付费，当然，技术顾问或营销顾问还可以按照新品上市或营销方案创造的增量效益提取奖金。

6. 内部技术输出的定价

对于存在公司实行中央直管的基础研发平台的情况，则存在关键性技术向事业部应用层面输出的定价问题。这一交易模式可参照技术市场通行的方式进行。当然，为了鼓励事业部的技术应用，或考虑事业部暂时的经济负担能力，那么公司总部可将其付费时间后延，从将来应用成果市场化的收益中分期提取。

实际上，公司总部与事业部之间也存在交易定价的问题，因为总部职能的履行实质都是事业部买单的，其运行费用需要各事业部按照收入盘子分摊支付。总部计提的各项费用都是按此方式进行的。所以，当总部运行成本过高，或计提方式不合理的时候，事业部一样会发出抱怨，因为事业部的经济利益因此受到了影响，经营业绩也受到了埋没，而造成这一原因的根源不在于事业部没有能力，而在于企业附有一个臃肿而低价值的总部。而且，我们从这里也能够看到，总部与事业部之间的交易带有十足的行政与管控色彩，属于“单方面协议”，事业部基本没有太多议价权，只有质疑权。不过，即便如此，事业部制也针对总部提供了强烈的反约束机制，即，一个高成本低价值的总部最终会因影响事业部的经营成果而必须革新，否则，会极大打击事业部经营团队的积极性，事业部制甚至难以为继。

二、内部融资管控

事业部之间的融资行为是要被严格管控的，这是因为事业部的构建主要是为了完成企业赋予的产业经营责任，而不是依靠资本经营获得收益。资本运营主要由总部集中完成。至于被总部直接推动和操纵的事业部之间的资金拆借，其宗旨则是为了对资金匮乏的事业部提供及时支持，以使其生产经营得以延续，逐步摆脱困境，而并非为了使出借资金的事业部依靠内部投资获利。

因此，内部融资主要发生在事业部之间因资金不足导致内部交易欠款的情况下。例如，A 事业部从 B 事业部购买一批产品，由于资金不足，需要赊欠 100 万货款，此时，根据企业内部融资规定，相当于 A 事业部向 B 事业部借款 100 万元后再从 B 事业部购得了该批产品。由于内部融资被紧紧捆绑在因购买产品或服务而发生的内部生产经营交易环节上，因此，其符合事业部制企业的建设初衷。这样的赊欠转融资也是具有现实意义的，其意义就在于，由于是融资借款，因此，对借款事业部形成还本加息的压力，敦促其尽快提升经营质量，保证拥有充足的资金。当然，其对于推动企业整体资金利用效率与效益也是有益的。

对于由于内部交易产生的融资，其权限可以下放到相关事业部总经理手中，其按照公司规定的内部融资规范签订协议并依照执行即可。无疑，这样一份协议当中包含着借贷款额度，利息比率（参照外部市场制订），还款计划，违约处理方案等。在这里需要说明的是，在协议履行过程中，如果出现借款事业部违约不还款的情况，则会由公司直管的财会结算中心强制性足额划拨货款，以借助行政力完成还款动作。

对于非产品或服务交易而萌动的融资情况，则是被总部严格限制的，其只能由产生意向的事业部提出方案，在报请公司审批的情况下进行。由于事业部制企业资金管理、核算结算工作均采用集中管理模式，因此，得不到审批就无法执行具体融资操作。

三、内部协议管理

在内部市场当中，内部协议是内部市场交易的法制性约定与凭据。事业部如要对自己加以保护，避免在内部市场中蒙受损失或会引来麻烦，那么就应严肃、规范、细致地起草并签订相应协议。具体协议的起草往往要基于公司总部的若干类别的协议范本，因为内部协议是总部对内部市场秩序及内部交易过程管理的重要内容。协议签订后，要在公司管理内部市场的职能部门备案。这里的备案实质是带有公正、审查性质的，如果协议签订存有重大疏漏、模糊甚至违规款项，将不予备案，此时，当事的双方事业部要对协议进行及时修改，交易也将通过结算中心被冻结，无法实现既定操作。例如，在作为供货方的 A 事业部与作为代理方的 B 事业部签订的代理协议中，A 给 B 的代理价低于外部代理价 50%，而从 B 承诺的协议销售额度来看，并没有体现出很大的销售贡献——对于这样的一份协议，总部职能部门显然要提出质疑。再比如，融资协议中注明了此笔内部融资免息，但从货款额度、还款周期以及事业部的现实情况来看，不应该给予优惠免息，则相应事业部要做出解释。

在这里，还要罗列一下在通常情况下，事业部制内部市场中使用的内部协议的种类，这样有助于我们理解事业部之间都有可能发生哪些市场交易行为，以及合作规模的大与小。一般而言，包括：临时性购销合同、区域或行业代理协议、区域或行业总代理协议、某条产品线总代理协议、临时性分利协议、分利式合作协议、服务协议、咨询协议、顾问协议等。对这些协议的原则和要点，总部内部市场管理部门均要给出相关规范和制度，一般来说，应是参照外部市场通行的协议、合同来制订，并结合本企业有关政策与规则的要求进行改进。

对于没有签订内部协议而直接交易的行为，则需要在结算时，补办协议，否则结算中心无法实现款项的划拨。同时，由于这样的做法属于违规行为，没有遵守内部市场交易规则，影响了内部市场运行秩序，因此，对事业部及相关负责人要进行经济处罚。

内部协议的条款要保持一个持续完善和优化的态势，这项工作要由总部管理部门坚持抓好，只有这样，才能对内部交易过程起到更严密监管与约束的作用。

四、制订内部市场运行流程与规则

内部市场中，事业部之间的交易需要遵守一系列交易规则（如图9－8），只有这样才能维护好内部市场交易秩序，提高内部互动效率，降低交易成本，提升企业整理竞争力。内部市场交易规则通常包括如下几方面。

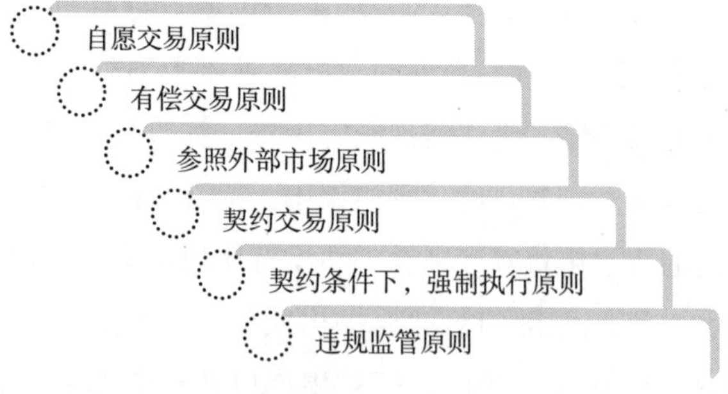

图9－8　内部市场交易规则

1. 主流自愿交易原则

绝大多数的交易是事业部之间自愿达成的，这是内部市场交易的主流行为。作为内部市场的营造者——企业总部肯定是认可并尊重这样行为的。不过，内部交易毕竟是在内部市场中完成的，其服务于企业整体利益的宗旨是不会改变的，因此，还存在两类交易行为并非是事业部完全主动或自愿达成的。一类是公司协调、引导达成的，一类是公司通过行政力量施加压力迫使事业部达成的。这两类行为一般出现在两种情况下，一是某个事业部因为资金困难或对外低价竞争的需要，希望另一个事业部优惠提供产品或服务，而公司认为这样的意愿有一定的客观依据存在，具有其无奈性或合理性，或这一行动确实有战略意义，那么总部有可能出面干涉这一交易，通过协调甚至压力的形式促成交易。不过，一般出现这样的情况，或早或晚总部也要给予优惠供货的事业部以各种补偿，或促成原来享受到实惠的事业部以某种形式予以回报，这样才能使交易最终归于公平。二是为保障公司整体利益，需要一致对外的时候，总部会协调或强制交易的达成。例如，对外大型投标，需事业部按照合理的分利模式捆绑到一起才能有胜算的可能，如果此时事业部之间为了一己之利不能达成分利协议，那么总部就会出面干涉，甚至在争执不下时拍板决定。

2. 有偿交易原则

内部市场中，事业部之间进行有偿交易是显而易见的。事业部作为虚拟利润中心，成为内部市场的交易主体，其间进行产品、服务及咨询等的交换均要本着计价付费的原则。免费提供资源由于损害事业部的切身利益是不合理的，也是在事业部制企业内无法通过的做法。作为事业部是需要盈利的，不论面向外部还是内部市场，这是天经地义的。同时，只有有偿交易才能驱使事业部像对待外部客户一样对待内部客户，从而使内部市场交易高质量高效率完成。

3. 参照外部市场原则

参照外部市场定价及进行交易是内部市场交易的重要原则。有偿交易的实质体现及更严密界定就是参照外部价格制订内部价格，使有偿变得公平及有据可依。随意的优惠及提升价格，或总部经常横加干涉交易价格都是违反内部交易规则的，是需要被杜绝的。参照外部市场定价，使事业部的竞争力得到衡量，同时也确立了相对公平的价格标准，易于在事业部间达成一致，从而提升内部交易效率。当然，参照外部市场原则不仅仅包括定价问题，还包括供方需提供的产品质量、服务内涵及需方的付款模式标准等方面，也就是说，除了参照外部市场制订内部价格外，还要参照外部市场中的契约规定来规范内部交易方式。

4. 契约交易原则

契约，或说合同、协议、备忘录等是内部市场交易的书面凭据。只有签订有效契约的内部市场交易才能受到完全的保护，而在没有签订契约的情况下，一旦发生纠纷，公司总部有可能在查实情况后付诸公道，给予比较公正的裁决，能够为一方挽回损失，当然，总部也可能对此不予理会，不予理会的理由便是没有内部交易契约作为依据，从而使一方交易者吃个哑巴亏，当然也是总部趁机让其买个教训。

另外，受到保护的一定是符合“内部合同法”的契约，否则，同样不能得到利益的全面、有效保护。当然，这里还有超越或不顾内部法规明确要求，签订违规契约的情况，例如，比较隐蔽的优惠供货，提供假冒伪劣产品等。这种情况下，公司将根据事件性质对双方做出相应的处罚处理。

5. 契约条件下，强制执行原则

在内部市场交易中，只要交易双方签订有效的协议，那么当出现违约行为时，总部将推动该协议强制执行。例如，需方不按期支付货款、内部融资不按期还款、提供的产品质量低劣或供货期延迟给需方造成的损失赔付在协议中已经界定的情况等。由于强制执行实质调动的就是交易资金、违约赔付款项等，因此，在实行结算集中管理的事业部制企业，总部在强制执行划拨资金时是具有绝对便利和权力的。

从以上内容可以看出，在签订有效协议的情况下，强制执行几乎没有什么商讨的余地，通过企业结算中心按照协议自然执行即可，这种情况，我们称之为自然性强制执行。还有一种情况，就是协议签订的不够缜密，甚至由于各方面原因没有签订，那么就需要自认为利益受损的一方进行举证申诉，公司进行仲裁后强制执行，这种情况我们称为申诉性强制执行。不过，在这里需要说明的是，强制执行规则在不同企业制订与执行的出发点是不同的，有的企业申诉后会按照规范交易进行评判，使不合理甚至不合法的交易得到较规范地完成，有些企业则只保护合法协议下的交易，无契约或无效契约交易不仅损失自认，而且交易双方都要受到经济惩处。

6. 索赔原则

事业部之间如果供方提供的产品或服务存在问题，以至于给需方事业部造成经济损失，则可以按照损失额进行索赔。索赔应注重实证，并通常以造成的直接经济损失额为限。

7. 违规监管原则

在内部市场交易中，违规交易一定要受到监管，事前或事中发现要中止这类交易，并进行相应处罚，事后发现处罚力度要加大。事业部之间属于违规行为的内部交易一般包括两类：一类是没有充分理由的变相大幅优惠提供产品或服务，从中牟取私利；一类是从事公司明令禁止的交易，如非供货性的融资。由于交易平台的结算中心紧紧攥在总部手里，因此，只要认真监管，很多违规的交易行为能够得到及时发现和制止。当然，事业部如果想钻这样的空子，也会巧立名目，甚至通过外部代理进行运作，从而绕开公司结算中心的控制。对此，要加大经济、行政甚至法制处罚的力度。

五、内部市场仲裁

内部市场仲裁是指当事业部内部市场交易发生争议时，需要总部有关部门出面予以仲裁解决。出现仲裁情况主要基于三方面原因：一是内部契约不可能周全、细致地考虑到所有可能发生的情况，一旦出现协议空白事项，而事业部又不能达成一致的，那么就需要实施内部仲裁。例如，对用户提出的后续个性化需求也要由供货事业部来完成，但当初在内部协议中没有对个性化工作付费标准作出界定，此时，需方认为供方开价偏高，不能达成一致，此时，就需要仲裁；二是对内部交易的货品或服务的标准双方可能存在认定不一致的情况，例如，制造事业部认为自身的产品质量没问题，而产品线事业部认为其为降低成本使用了劣质元器件；三是存在多种可能原因造成损失，从而难以界定责任的情况，例如，产品质量出现问题，供方事业部认为是用户开箱或安装不当造成的，需方则对此不予接受等。

内部市场仲裁需要制订一套仲裁规程与“法典案例”。所谓仲裁规程其中最重要的就是谁申诉谁举证，同时，听取另一方的解释。对于频繁出现的争议情况或对公司造成较大影响的事件，则不仅要听取举证，公司还要成立专项调查组进行事件查实。而所谓仲裁“法典案例”则是仲裁部门长期积累下来的其所经手的各种具有代表性的仲裁案例的汇编，为的是给新的仲裁事件提供参考和启发。对这项知识管理工作，总部职能部门一定要做好，因为类似于仲裁这类事情，有时候仅凭大原则和粗线条的处理思路是难以应付具体事件的操作过程的，而来源于实践的生动案例则会帮上大忙，让人从中很快学到经验和技巧。另外，具有先例并广为认可的仲裁方法也容易被事件各方所接受，从而提高仲裁效率和权威性。

第4节　事业部间比较性竞争机制设计

既然事业部有多个，总部利用事业部之间的比较能够建立一些有益的机制吗，从而鼓励先进，鞭策后进？这个想法一出，郑涛感觉自己在连续几天的学习后思路有所长进。别说，书中还真有这一节，真是英雄所见略同……

一、内部吞并的威胁

对于管理者而言，都希望下属事业部能够个个“冒尖”，不希望有的事业部迟迟发展不起来，成为“掉队分子”。因此，在发展与管控机制上往往会动一番脑筋，其中一种比较有“动魄力”的方式便是“大鱼吃小鱼”“快鱼吃慢鱼”的“内部吞并”方式。即，发展没有达标的事业部将面临被业绩优秀的事业部并入的危险，从而带来业务、人员的一系列重新分划甚至被淘汰，这将关系到原事业部团队人员的存留、降级使用、待遇缩水等关系到切身利益的问题，从而激励事业部努力提升工作成效和经营业绩。

“内部吞并”方式，其机制设计要点体现在以下几方面。

1. 被吞并条件

举个例子，根据实际情况，公司总部可以规定，不考虑事业部总经理是否更替，只要事业部连续三年主要经营业绩不能达标，或者连续两年没有达标且累计差异率（未完成指标的比率）超过40%，则该事业部具备被吞并条件。

2. 谁来吞并

一般而言，应是业务最相近的业绩优秀、管理能力较强的事业部完成“吞并”。但“吞并”不是简单的业务接纳，而是伴随一系列政策支持的业务融合，需要总部与事业部沟通、研讨与互动，争取为这一变化提供更多的激励。例如，在第一年可为该业务设定较低的业绩指标要求，以给新的事业部理顺、调整的时间，同时，对此部分业务成长赋予更有利的激励政策。在人员安排上，总部要在主流上认可新事业部的意见，而在业务模式转型上，如果事业部的思路确实有价值，那么原则上应支持事业部的想法。

“吞并”前，要由新事业部列出详细的计划时间表，尤其注重对原事业部客户、代理商、大区机构、技术、产品、未完项目、重要管理文件等的深入、细致接手，实现业务的平稳过渡，尤其不能延误客户的服务。

3. 吞并的自愿性与行政性

对于公司总部而言，一定希望有事业部能主动站出来，表达吞并的意愿，然而，实际情况恐怕会事与愿违，因为，有些事业部是不想接手一个烂摊子的，况且在企业实际环境中，人情关系还在作祟，如无总部率先“揭开盖子”，一些人是不愿意做这种不讨好的事情的。

对此，公司总部应该智慧些，可采取如下机制进行调节：即，总部向事业部发布政策，主动接纳“烂摊子”的事业部，将享受更好的支持政策，如果最后是公司强制性要求的结果，那么新事业部享受的支持政策将存有差异，不及前一种情况优越。

当然，对于慧眼识珠，能够看到被吞并事业部成长机会的情况，则也会出现事业部主动跳出来抢业务的情形，甚至在事业部较多的情况下，还会出现总部组织竞标的情况。遇到这样的“火爆”场面，公司总部自然会很惬意。

不过，不论到什么时候，一定要优先选择综合业绩最优的事业部成为原事业部的新娘家，这应成为公司政策倾斜的关键方向。即便在竞标的情况下，也要按照业绩差异设计加分机制。

4. 不成立的“吞并”

对于业务相关性不强，或业务相关，但其他事业部确实无力“吞并”的情况，则不宜进行事业部间的强制性撮合。因为，强制的后果是新的事业部背负沉重的负担而逐步被拖下水，业绩可能就此开始下滑。

针对不能被吞并的事业部，公司总部则只能按照相应发展原则考虑取消这一事业部，停止相应业务的营运，或者继续选派新的管理团队接手事业部，以重振旗鼓。

二、资源投向的影响

业绩好的事业部与业绩差的事业部在获取资源上也要设计出差异来，只有这样，才能鼓励先进鞭策后进。也就是说，在资源的争夺上，总部对业绩不同的事业部是有明显倾向的。诚然，总部在面对业绩不一的多个事业部时，可能会对业绩差的事业部加大资源投入，以扶持其走出低谷或加速成长，但与此同时，绝对不能亏待业绩优异的事业部。也就是说，对业绩差的事业部可能会加大投入，但对业绩优异的事业部一定会投入更多。只有坚持这样的资源分配机制与原则，才能达到激励先进的目的。

对事业部资源分配机制的设计主要体现在资源分配预期制与年度经营计划预算批复制两个环节上。

①资源分配预期制主要指，在年初即公布政策，如事业部完成年度指标或连续多年完成指标，则资金预算相应提升到一定比例，其目的在于激励事业部达成目标。

②年度经营计划批复制是指，依据上一年经营业绩实际完成情况进行本年资金资源的分配，从而根据业绩的优劣在预算批复上做出差异。毫无疑问，上一年业绩越好，则越能够取得更多的资金资源。

以上两个环节实际上是同一机制的正反两面，一个可谓下达政策，一个可谓兑现政策。

由于每一年，总部可投入的总体资金资源是有限的，因此，给胖和尚分的粥多，那么瘦和尚得到的就少，所以，业绩是资源分配的方向标，只有做好业绩才能获取更多宝贵资源，也就是说只有业绩叫得响，才能在资源蛋糕的争夺中分得大块。

三、利益机制的设计

如同资源分配捆绑业绩一样，公司总部也要赋予业绩优秀的事业部以更大的激励，从而在事业部之间做出奖励政策差异。

这种差异设计的原则是：业绩好的事业部其激励一定好于业绩差的事业部；规模大、业务复杂的事业部其激励一定好于取得同样业绩的规模小、业务相对简单的事业部；连年持续增长的事业部一定好于同等规模但增长不稳定的事业部；年度主动上报经营计划指标高且合理的事业部其激励一定好于基本情况相同但上报指标保守的事业部。

利益机制要与事业部总经理班子成员个人所得密切、严格挂钩，从而在长期的、明确的利益机制导向指引过程中，让事业部充分体会公司政策方针的要义。

四、外部采购市场的引入

当企业内部事业部之间提供的产品那么价格高，要么质量次的时候，作为需求方的事业部可不可从外部市场采购呢？通常情况下，对这类行为总部是要特别关注和严格管控的，因为一般企业都奉行内部采购原则。不过，在两种情况下总部可考虑允许外部采购：一是内部产品性能、质量太差，无法满足客户当前订单的需求，二是为督促问题事业部尽快提高产品性价比和竞争力，可有条件阶段性开放外部采购市场，让内外部市场联通，从而引入外部竞争力量，向问题事业部施压。

五、公示的压力

选择大体相同的方面或指标，比较性“晒晒”所有事业部的业绩——这种公示方式也令事业部总经理及团队成员倍感压力，从而激励其提升业绩、加强管理。当然，公示要与其他方式配套使用，这样才能取得理想的效果。

总结

1. 多事业部之间的关系并非典型的竞合关系，而是协作为主、竞争为辅的关系。

2. 事业部之间的协同包括：事业部之间争端的处理，即，协调事业部间日常因争夺资源、内部交易摩擦产生的林林总总的矛盾。协调原则为：以制度为准绳，没有制度依据的则应该在人为协调后及时完善有关制度、流程与规范；推动事业部之间的职能合作，即，销售合作——产品可相互代理、服务可内部外包、且可联合投标、联合宣传等。研发合作——可内部委托研发、专利转让等。生产合作——可内部委托制造、委托或联合采购等。管理协作——可开展内部管理咨询活动等；内部市场机制设计，即，遵循五大交易原则：主流自愿交易原则、有偿交易原则、参照外部市场原则、契约交易原则及契约下强制执行原则，并在此基础上，确定产品类、服务类内部交易价格或分利模式的制订标准，明确捆绑发货的内部融资方式，规范内部协议，梳理内部交易流程；内部市场仲裁，即，当事业部因内部市场交易发生争议时，需要总部有关部门出面予以仲裁解决。内部市场仲裁的顺利进行，需要企业长期积累制订一套仲裁规程与“法典案例”。

3. 内部比较性竞争机制的设计包括：经营不善的事业部可被其他事业部吞并，企业优势资源将继续投向良性发展的事业部，业绩突出的事业部将得到更大的激励，有条件阶段性引入外部采购市场等。

第十章

事业部的侧翼监控机制设计

事业部制企业的主要管控机制除了垂直管控、横向协同之外，还包括侧翼监控机制。侧翼监控机制的突出特征是，独立于总部与事业部之间交互发生的主体工作流之外，其站在第三方角度对事业部经营管理状况进行调研、审视、检查与工作成果评估，从而得出更客观、更真实的专业结论，供企业领导层与职能管理部门应用与参考。

第1节　事业部的财务与管理审计

对于财务审计，郑涛并不陌生，但对管理审计，郑涛只是了解个大概，而且公司也没开展过这方面工作。就在昨天，审计部的周经理还找到郑涛，因为总经理给老周提出了明确要求：实行事业部之后要加强审计工作。郑涛决定先好好看看这一节充充电，然后再找老周讨论一下……

对事业部实施内部审计是事业部制企业的重要制度化要求。内部审计工作的有效开展将十分有助于总部掌握事业部的真实情况、暴露工作薄弱环节、推动各项工作进程、堵塞各种财务漏洞、发现营私舞弊行为。内部审计其实质是企业的一种独立的管控方法，其与被审计组织的主体运营体系及责任岗相脱离，从而建立了客观、公正的结果与过程审查角度，使不符合企业意志和制度化要求的问题得到充分曝光。随着审计工作理念的发展，审计已经不单纯停留在“审”的层面，而强调为企业提供经营建议和带来业务增值。即便如此，笔者仍认为审计首先要将基本工作做好，在此基础上，再向全面审计及为推动企业经营与管理成效的方向稳步迈进。

一、审计的分类及概念

按照不同标准分类，通常情况下，审计有几种不同分法，例如，按照审计工作涵盖的内容性质可分为财务审计、管理审计、经营审计与战略审计；按照事项范围与特征又可分为企业全面审计、专题设计、项目审计、管理者履职审计与经济责任审计、离任审计等（见图10－1）。

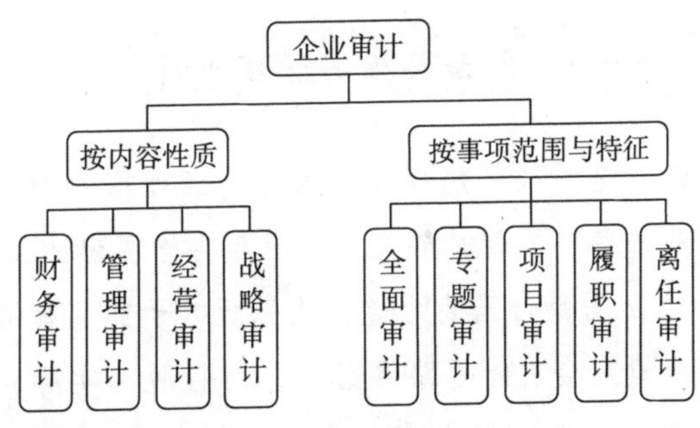

图10－1　审计类别的划分

一般而言，财务审计被视为传统审计模式，其主要对账务、收支、资金、费用、资产、财务政策运用、财权使用、财务制度遵守等方面进行真实性、准确性、合规性、效益性等方面的审查，目的在于维护企业的财务制度与经济运行秩序，尽早发现侵占企业财产的行为，同时，通过整改措施的下达进一步完善企业的财务管控体系，并持续提高企业的经济效益。不过，虽然谈到财务审计，大家都视其为传统审计，但财务审计作为基础审计及审计大家庭的重要构成，其地位十分重要，那种认为财务审计就是查账的观点也是有失偏颇的说法。可以说，没有财务审计的所谓内部审计一定是存在重大缺陷的审计，其审计结果将是片面的。在企业实际运行领域，财务审计并没有单纯的就盯着财务体系内发生的事情——这是纯理论化的看法，其实，财务审计早就涉及到了管理与业务层面。

而管理审计被业界所热衷，其是财务审计在企业范围内的全方位扩展，其提供了全面的视野而超越了财务审计的一维专业视角。管理审计是对有关企业目标、政策、组织、计划、流程及制度的完备程度与执行情况等进行全方位的审查，其触角伸向企业的各个层面和方面，覆盖企业全部内控领域。在业界，财务审计已经沉淀下了一套审计标准和方法，而管理审计的面向范围、主题界定及审计标准和方法尚需进一步探讨。在企业管理实践中，管理审计的理念呼声胜于实践执行，因为这里面有个最关键的制约，那就是管理审计对企业提出了能力的挑战，其依赖财务体系却又超越财务体系，已经进入到企业的全面管理实践中。应该说，如果没有一个具备管理咨询能力的机构从事企业管理审计工作，那么这项工作的开展也许会有些许成效，但一定不是完美的结果。

专栏 10.1　勉为其难的管理审计

审计部周鹏部长这两天可愁坏了，因为总经理前两天找他谈话，给他部署了一项艰巨的任务，那就是要在新的一年将管理审计工作开展起来。

“听风就是雨”，周鹏心里嘀咕道。几乎所有干部都知道，总经理只要一出去培训，回来肯定会有新思路要落实，而且脱离实际，全然不顾公司的现实状况。这不，培训才回来，也不知道在外面听了哪位高人的指点，立马就要启动管理审计工作了。

管理审计是那么好做的吗？概念都没弄清，方法也没积累，怎么开展？公司这方面的人才也是奇缺，巧妇难为无米之炊啊。这些话周鹏跟总经理委婉沟通了两次，第一次，总经理态度还行，第二次就勃然大怒了，他问周鹏：能不能做，不能做换人。

无奈，周鹏只好求助从事管理咨询的朋友钱聪。钱聪不愧是聪明之人，马上建议周鹏将管理审计委托给他们公司来做，不仅会很专业、很有效率，更重要的是能保证结果的质量和客观性。周鹏一边笑骂钱聪算计朋友，一边暗自高兴找到了一条捷径。别说，委托管理咨询公司来做管理审计还真挺对路，而且，总经理也对周鹏吼过这样的话：我不管你用什么方式，我就要管理审计结果以及后续的改善成效，你需要什么支持和资源就吭一声。

“干了财务审计近十年了，干管理审计还真摸不到门道，只有借力打力了，马上就向总经理汇报这一想法。”想到此，周鹏在本子上简单列了个思路框架，然后把杯子里的茶一饮而尽，健步向总经理办公室走去……

经营审计概念的提出，让人再次思量其内涵何在，其到底有哪些翻新花样？其实，这里面有两种观点存在，一种观点将经营审计等同于管理审计，只是叫法不同，另一种观点则将其与管理审计相区别，认为经营审计强调对企业业绩驱动、效益增长产生作用的各类规划、计划与执行举措的审查，而管理审计主要立足于防范风险、稳定与控制。例如，企业的既定策略为实现营销模式的转型，及加大新品开发力度，那么对此工作的落实审查就应归为经营审计。而对于营销模式转型过程中的预算执行情况，及新品开发流程完善程度的审查，则应归为管理审计范畴。通过这个事例我们能够看出，其实很多环节上是难以区分经营与管理审计界限的，理论上说起来都很费劲，实践中想执行好就更加难上加难了。所以，笔者的观点是，理论上可以探讨管理审计与经营审计的区别，实际工作中都视为管理审计即可，只不过这里的管理审计是企业全面审计的内涵。从这个角度而言，管理审计的规划与执行并取得实效的难度再次加大了，因为管理审计不仅关注企业全面内控制度，还要关注推动企业取得效益与获得发展的驱动要素——什么样的组织能够担当这样的重任呢？

战略审计的内涵比较明确，就是对战略的规划工作开展、执行计划制订及具体执行结果的专项审查。对于小企业而言，这项工作开展得比较少，对于规模性企业，尤其是事业部制企业，战略审计还是非常必要的。战略审计能够及时发现大目标与大路线的偏移及离散问题，推动战略的积聚与修正，趋使战略工作深入、系统推进，从而支持企业达成阶段性战略执行目标。

而专题审计主要指领导指派的审计任务或对企业的某一方面工作进行专项审计，如对企业的大区机构进行产品备件管理工作的审计等。专题审计一般目标明确，且是在发现一定潜在问题的情况下开展的。

项目审计是针对企业既定项目进行的事中或事后审计，主要关注项目的完成质量、进度、效益情况与项目的预算执行情况，并对其中潜藏的违规行为进行深挖与审查。对于大型项目一般都要进行项目的专门审计。

管理者的履职审计与经济责任审计是指对管理者的尽职、胜任与工作目标完成情况的审计。履职与经济责任审计主要面向企业内部的重要管理岗位来开展，如内部单位或部门的负责人岗位等。对于事业部制企业，事业部总经理的履职与经济责任审计通常都要如期开展。

离任审计是在被审计人离任或任期接近尾声时开展的审计，其不仅包含履职与经济责任审计内容，还包含管理审计的内容。对离任审计，除了全面检查离任人在任期间工作成效以及工作是否合规之外，还要对可能潜藏或遗留的问题进行挖掘，避免人员离任后问题才得到暴露，造成后续损失或给接任者制造工作困难。

二、审计的组织体系与独立性的保持

在这里，我们介绍一种比较健全的三层架构审计组织体系，其比较适合大型事业部制企业，中小型事业部企业可参照这个体系进行简化建设。

1. 三层架构审计体系主要由审计委员会、审计部与派驻审计组构成

三层架构审计体系见图 10－2。

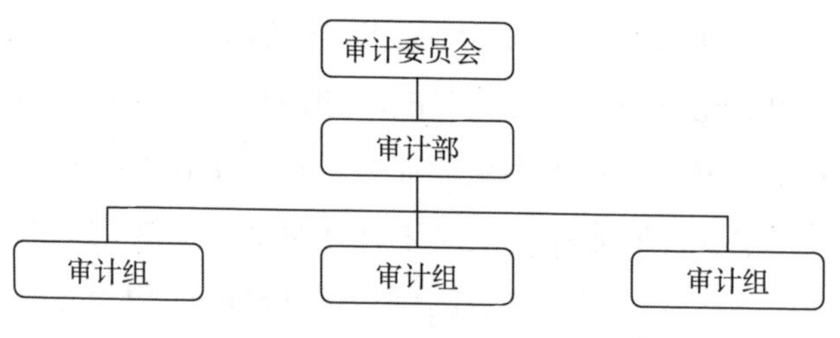

图 10－2　审计体系的三层架构

2. 审计委员会的隶属与职能

从规范角度而言，审计委员会归公司监事会管理，是企业审计专业工作决策与管控的最高权力机构。而实际工作中，审计委员会到底应该归董事会还是监事会管理呢？笔者认为主要看公司总经理扮演的角色。如果总经理为职业经理人，且不兼任董事长或董事，那么审计委员会既可归董事会，也可归监事会。如果总经理兼任董事长或董事，那么审计委员会理当在监事会的领导下。那么存不存在审计委员会放在总经理下面领导的情况呢？实际情况是存在的，那就是在老板兼任总经理的情况下，此时，审计委员会的主要审查对象是下属各事业部及各职能部门。其实，从审计委员会隶属关系的各种设计形式中，我们能

看到其核心目的之一都是为了保障审计工作的独立性。在审计委员会的向上隶属问题上我们探讨到这里就可以了，因为在事业部制的企业中，我们最关注的是审计委员会能够有效开展对下属事业部的审计工作。

审计委员会的主要职能为：

①领导制订公司的审计工作规划。

②制订公司的审计原则、主要审计策略、重要审计标准与审计制度、规程。

③审核公司年度审计计划与审计预算。

④审核公司审计组织体系建设方案，并监督落实。

⑤审批审计部长以下岗位的任免、辞聘与异动；审核审计部长的任免、辞聘与异动。

⑥审批审计部长以下岗位的薪酬、绩效方案；审核审计部长的薪酬、绩效方案。

⑦审批并指导审计部门工作计划、具体审计行动。

⑧审批审计报告、出具修改意见，形成最终审计意见书。

⑨支持审计部各项工作，帮助排除阻力与解决有关困难。

审计委员会的成员构成与议事机制可参照专业委员会章程制订。

3. 审计部的隶属与职能

审计部归审计委员会管理，为审计工作的具体执行机构。有一种说法是审计部在业务上归总经理管理，即，日常在总经理的领导下如同其他职能部门一样开展工作，而在人事关系上则归审计委员会管理，这种说法有较大问题。主要是这种多头领导体制会导致审计部无法有效开展工作，而且审计部的独立性也会遭到破坏。

审计部要独立设置，那种与财务部合二为一的组织形式在业界也会看到，应逐步实现财务与审计的分离。这其中的道理有两点，第一，财务审计部的存在，导致针对财务问题的内部审计无法“自己刀削自己把”，毕竟，有勇气自毁颜面的人并不多见，虽然可以重点审计各项制度的执行情况，但财务审计部仍背负着管理不力的责任。第二，管理审计的发展使审计已经超越了财务范畴，与财务部合二为一的审计部门并不能构建出适应于综合能力的机构。

审计部的主要职能为：

①制订部门发展计划。

②制订年度审计计划与预算，并予以执行。

③制订部门内部定岗定编方案，起草岗位说明书。

④制订部门内薪酬与绩效管理办法。

⑤制订具体审计方案，并在批准后执行。

⑥组建审计组，组织、推动、协调具体审计事宜。

⑦提交审计报告，审批后出具最终审计意见报告。

⑧建立与管理审计档案，建立审计信息库。

⑨遇有重大紧急情况，及时汇报。

审计部在具体工作开展时，其派出的审计团队有两种组织形式：一种是审计部成员构成的审计团队。如果审计部成员能力结构完整，业务素质较高，那么可以直接组成审计组。当然，在实际工作中，如果开展的是真正意义的管理审计，那么对审计部则是个巨大挑战。因此就产生了第二种审计工作形式——以审计部为主体，由其他职能部门抽调成员共同构成派出的审计团队或审计组，以达到满足管理审计要求的目的。这种形式既可以作为权宜之计，用到时临时组建，也可以作为公司的一项制度长期存在。这样一种组合同样需要审计部成员作为组织核心承担管理与协调任务，因此，审计部的综合能力依然是最关键的，而且，这种形式在有些企业会被认为是“异类”，会因职能部门的反对而无法行得通，所以，打铁还须自身硬，审计部还是要面向未来加快自身能力的打造。另外，这种构成是否会因为职能部门的参与而削弱其独立性呢？我们说，这样一种组织形式比较适合对事业部的管理审计，对职能部门或总经理审计则不适合。

4. 派驻审计组的隶属与职能

派驻审计组是指由审计部长期派驻到下属事业部的小型审计机构。审计部与派驻的各审计组构成了一个有机的审计执行网络。这里面我们可能的疑问有两点，一是这种长期派驻的形式是否必要，其有充足的工作内容吗？二是长期派驻至事业部，“日久生情”，审计体系的独立性是否还能真正保持。对于问题一，我们说对于规模较大的事业部制企业，从管理审计角度，可做的事情非常多，派驻审计组的审计工作应该成为一种常态，而不是传统审计的临时组织、遇到事情才行动的做法。常态的管理审计往往长期、持续追踪事业部的各项工作执行情况，其作为公司垂直管控的侧翼监督体系将发挥很重要的监察与管理作用。换个角度而言，能够真正做好管理审计工作，也必须扎扎实实地深入到事业部内部，了解其业务情况——这样的能力是日积月累逐步沉淀出来的。临时抱佛脚，说要审计马上组建个审计组从总部下来，这样的临机行动能高质量地开展管理审计基本是比较困难的。对于问题二，派出的审计组显然归审计部直接管理，其薪酬及绩效考核都由审计部直接控制——这是保持其独立性的根本。另外，派驻的审计组其持续的独立性应通过定期轮岗及严格处罚制度来保障。

派驻审计组的主要职能为：

①按照常态审计计划开展工作，及时反馈审计报告。

②在审计部派出的临时审计组到本事业部开展工作时，派驻的审计组作为临时审计组的重要构成参与其相应工作。

③完成审计部安排的专项审计工作。

④日常收集事业部必要经营、管理信息，构建和完善事业部审计信息库。

三、审计规程

一个相对完整的审计规程，通常包括如下图 10－3 中的六个步骤和环节：

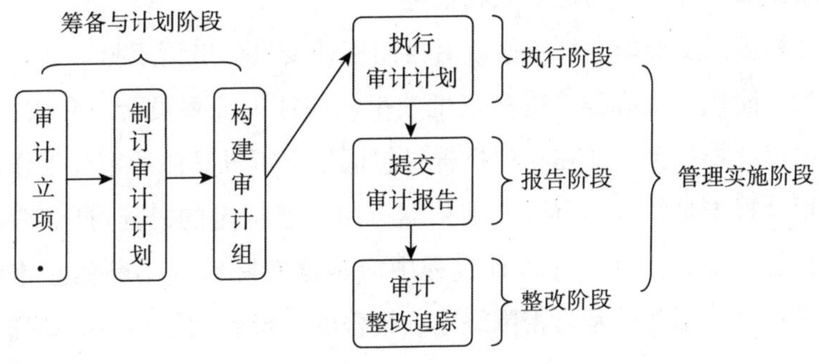

图 10－3　审计规程

1. 审计立项

审计立项环节主要任务为：明确本次审计的目的意义、确定审计对象与审计范围、制订审计工作开展的主要思路、大体周期、人力配置与预算，并预测审计成果。

审计立项报告由审计部制订并提交，审计委员会审批。

审计立项这个环节对于审计工作而言非常重要。在企业，不少审计工作要么按部就班平平淡淡地开展，要么目的不清，思路不明就付诸实施了，结果质量不能得到保障，还牵扯了被审计部门很多精力。为避免这类事情的发生，作为事前控制的审计立项工作一定要坚持做好。只有事前把好关，思考清楚重要环节的把控策略与方法，才能有望获得一个满意的结果。另外，立项方案中对审计结果的描述，也是将来对审计行动结果检验的一个重要标准。

2. 制订具体审计计划

当审计立项报告获得批准后，就应根据立项报告主导思想制订系统、细化的审计计划，从而使具体审计工作在审计计划的管理与指导下逐步推进、拓深。制订审计计划之前，一定要根据立项报告中界定的工作要点收集被审计单位的各种经营管理信息，并与被审计单位进行必要沟通，在此基础上经过部内讨论后形成统一思路，而后制订审计计划。审计计划必须考虑到可能的难点与关键细节，从而保障审计工作的稳妥顺利推进。

审计计划应反复推敲、仔细修改后再向审计委员会申请审批。在这个环节，有些企业为了简化审批流程，提高审批效率，往往审计委员会只负责批准立项报告，而由审计委员会主任在立项报告思想框架下审批具体的审计工作计划。

由于审计报告是在现场审计之前根据有限信息拟定的，其可能存在一定的盲目性与预想偏差，因此，在审计过程中应根据实际情况不断修正审计计划。当然，这其中唯一不变的是紧密围绕立项报告的宗旨和大原则不能动摇。

3. 审计组构建与沟通

在审计立项报告获得批准后，审计部首先要针对本轮审计目标与特点抽调有关人力组成筹备组，起草具体的审计工作计划。筹备组成员的全部或绝大部分最后应归到后续的审计组中。待工作计划获得批准后，应该按照工作计划要求选配合适人力构成正式的审计组。当然，关于审计组成员构成的设想是否可行，在制订计划的时候就要同步考虑，否则，会出现计划被批准后无法搭建审计组的两难状况。

4. 执行具体审计

按照审计计划，审计组将执行现场具体审计。现场审计应提前下达审计通知，并告知被审计单位准备相关书面资料。准备相关资料是一个关键细节，做得好，则有关资料会准备得正确、齐全，会极大地提高后续工作效率，做得不好，被审计单位往往会应付性给出一些价值不高的材料，使得审计工作一开始便被减速。因此，有些企业的审计部门甚至提前派出一位或少数审计组成员到现场指导收集有关资料，而后再将审计组派出去。

现场审计需要在与被审计单位负责人良好沟通的情况下开始，并要求被审计单位确定配合领导与配合部门。而且，召开首次沟通会是绝对必要的，因为正式阐述审计的目的十分重要，虽然这是老生常谈，但是一定要说。唯有此才能将审计工作严肃起来，引起被审计单位的重视，这将关系到后续工作配合质量问题。

具体审计要按照计划任务对审计组成员进行相应分工，使得该项工作的开展能够多方面齐动，同步进行，不仅可以提高工作效率，最重要的是可以调研和审查不同方面的情况，从而在讨论的时候能够多维度剖析问题，产生更真实、客观与全面的结论。

在具体审计过程中，除了书面的数据、单据、纪要、签批文件、制度文件等依据外，现场深入调研是至关重要的。现场调研的成果来自于审计人员的专业经验与沟通水平，面对同样的调研对象，有的审计人员就会挖掘出很多有价值的信息，有的审计人员则无论怎样也不能获得对方的配合。因此，审计人员不应是板着脸写着审查二字的形象，而应是情商较高的复合型人才。

5. 提交审计报告

在现场审计的基础上，在审计组组长的统筹下，由一人执笔多人提供局部方案形成审计报告。该审计报告须征求被审计单位负责人意见，当然，对其意见可接受也可不接受。而后，审计报告经由审计部负责人最后审核，并上报审计委员会批准。在批准的过程中也许会出现需补充调研和二次审计的情况，从而进一步修正和完善报告主体内容。审计报告批准后，需及时送达被审计单位负责人阅知。

6. 审计整改追踪

对于审计报告中的整改计划，一定要采取被审计单位具体落实，相应职能部门进行监督，审计部同步进行追踪的方式予以落地。对此，审计部不能大包大揽或越权指挥被审计单位执行整改措施，而应还本溯源，将整改任务交给相应职能部门去组织有关启动工作，而审计部仍要侧身回到原位，发挥侧翼监督作用。

四、管理审计的主要内容与方法

现在我们讨论一下事业部制企业的管理审计内容，即，针对事业部的管理审计我们到底要做什么？

首先，我们要澄清的是这里的管理审计是指包括经营审计、战略审计在内的全面审计。另外，我们提出一个问题，那就是等同于全面审计的管理审计到底具有何种特质？即，管理审计与全面管理以及管理咨询的区别在哪里。

也许乍一想，这是个风马牛不相及的问题，谈不上进行比较，但是由于管理审计已经包罗万象，且定位于为企业提供增值贡献，那么这样高规格的管理审计与企业管理乃至管理咨询就有了几分相像之处了。所以，剖析透彻管理审计究竟具有何种本质性特征还是非常必要的，只有这样，我们才能界定真正属于审计范畴的管理审计工作范围，并建立相应的专业体系，否则，在企业实践中，很难将此项工作深入开展下去。

具体而言，我们将管理审计的特征分析如下。

1. 管理审计的第一要务仍是检验事业部对公司现行政策、制度执行的准确性与合规性，并做出客观评判与整改意见

管理审计的立足点首先并不在于事业部该如何制订更科学合理的制度，而在于针对已经存在的制度化要求事业部执行的效率与质量如何，要对比相应标准，找出偏差，这是审计工作的共性特征和落脚点。相对于传统审计，管理审计只是在审查范围上实现了更大扩展，但其基本特征并没有改变。而企业全面管理或管理咨询则较管理审计而言具有更大的责任范围，需要的不仅仅是偏差检查，而且还要直接推动建立各种各样的管理制度，并做好执行工作。

如同质量管理体系一样，事业部是否执行了各类重要规章制度是有据可查的，管理审计可通过证明性、提问式、客户反馈及调研沟通等方法对此进行审查。例如，公司规定事业部的内部文件格式要按照公司统一标准来制订，而实际情况是拿来一沓文件，格式随意性很大，根本没有执行公司的文件管理制度。再比如，公司规定事业部必须建立延伸至代理商的信息体系，其作为公司信息体系的重要构成，并要按照信息制度要求上传信息，结果是事业部的市场信息确实能够按期上传，并也标明了反馈信息的代理商名称，但经过实际走访发现，很多代理并不知道这件事儿，事业部的许多信息是杜撰出来的，那么这样一个工作舞弊行为到底是事业部大区销售机构所为还是事业部更高层领导授意的就需要进一步审查了。

2. 管理审计关键价值在于指出事业部的经营管理纰漏与思路错误，并提出有关建议

除了对现行制度作出执行偏差审查外，对事业部的经营管理疏漏与错误也要给予指出。这对管理审计部门就提出了更高的要求，因为有制度标准作为依据还比较好审查，而在没有相应制度的情况下，如何能够指出事业部经营管理不力之处呢？

这就需要管理审计机构具有高超的管理功底与经营企划能力，否则，无法发现有关问题，更不会提出有价值的思路，还会被事业部嘲笑为“不懂业务”、“小儿科”。所以，管理审计机构或审计组内要吸纳有关专家加盟，唯有此，才

能更好地支持审计部门履行相关职能。从这点而言，管理审计已经具有一定的管理咨询味道了，只不过其咨询方向比较明确，锁定在了事业部思路错误和存有较大纰漏的方面。例如，事业部屡次拒绝属地化公司的代理申请，坚持以直销方式运营，这有可能就是一个重大错误。再比如，事业部在研发团队的激励方式设计上一直固守工资加津贴的薪酬待遇模式，根本没有制订与研发项目进度与质量情况相挂接的研发奖金办法，那么，就可以认为其存在较大的机制性纰漏，需要其弥补。

3. 管理审计侧重于对事业部经营计划与预算执行、内部激励机制、内控管理制度、业务模式创新、内部文化氛围、总经理胜任程度与威信六方面的专业审查

虽说管理审计属于全面审计，但也一定要梳理出其审核的主体内容，否则真的按照面面俱到的办法开展工作既做不到也没必要。上述六方面之所以成为管理审计的审查重点，原因在于两点：一是这些工作对于事业部的年度效益和发展储备工作至关重要，二是对这些工作的审查要么具有全面的标准可以参照，要么可审查的性质比较突出。例如，对于事业部经营计划执行情况的审查，就一定要有一份公司批准的事业部经营计划作为参照，在此基础上，管理审计工作的开展就会比较顺畅。再比如，对于事业部总经理的威信评估，就带有一定的可审查性质，可以通过对事业部各层面岗位进行调研，甚至可以延展至事业部外的代理商、终端用户处进行了解。

当然，管理审计的重点是动态变化的，且根据企业实际情况的不同，会产生不同的管理审计要目清单，这是再正常不过的了。

五、管理审计与企业经营监测系统的联动

从管理审计所涉足的内容看，不是一般审计部门能够完成的。其中最大的难点就是因为审计部门不熟悉事业部的各项业务，其日常沉淀的业务信息不论在数量上还是深度上都十分有限。如何解决审计所需价值性信息不足的问题呢？除了派驻审计组一定程度发挥作用外，还有一条思路，那就是管理审计部门不

能凡事亲力亲为，而应发挥资源共享的作用，采用拿来主义的做法，从而走捷径实现自己的目标。下面介绍的企业经营监测系统就可帮助审计部门改善当前局面，为其提供全面细化的经营管理信息。而且，企业经营监测系统与审计体系有许多相似之处：其一都是独立机构。其二，根据公司要求，都要对事业部经营管理结果作出评价。第三，都要提出整改建议。所以，这里面带出一个新的思路，那就是企业管理审计体系与经营监测体系是不是可以合二为一，整合为一套人马两块牌子的问题。笔者认为，审计与经营监测在本质上是不同的，审计仍偏重于依据标准进行经营行为的合规性审查，而经营监测系统则偏重于通过设计企业运营质量、效率指标，制订有关评价标准，从而对企业下属单位的经营状况、运营能力等做出状态反馈与客观评估。所以，针对这两个体系，有规模有实力的企业还是应该分设，当然，中小企业可以尝试合二为一。

第2节　事业部经营监测体系的建立

看到“经营监测体系”这六个字，郑涛浑身一震，这不正是总经理这么多年一直想要的东西吗？没有经营监测，无法验证事业部反馈信息的真实性，总部就是处在半聋半瞎的状态中。“总部一定要保持耳聪目明。”郑涛暗下决心，他把书翻得哗哗响，那是一种坚定……

一、经营监测体系定义

经营监测体系是事业部制企业内部建立的客观反映事业部经营、管理状态的综合调研、评估系统。其不仅提供数据信息，还要进行分析和评估。诚然，总部相关领导人及各职能部门都会在日常要求事业部上报各类信息，也会不定期深入事业部去了解情况、开展调研活动，但仍有必要建立一套比较超脱的，同时也是方向专一的经营监测体系。这一体系相对独立运行，不介入总部和事业部之间的信息传递流程。即，一般情况下，总部各职能管理部门不委托该体系开展有关调研活动，除非有一些特命事项需要执行。

经营监测系统能够发挥价值至少要求有如下三方面的保障：

1. 保证其体制的独立性

①归公司领导层直接领导，通常要设在总经理之下，与总经理保持直通车汇报方式。

②与事业部的经营成效脱钩，即，事业部的经营成果大小、管理状态好坏与经营监测体系没有直接关系。

③经营监测体系拥有获取信息的“尚方宝剑”，事业部及各部门必须无条件配合。

④公司任何其他部门无权向经营监测体系部署工作。

⑤经营监测体系工作人员无权向事业部及各部门发号施令。

2. 具备相当的专业性

经营监测体系在调研、指标设计、业绩分析与评估、经营建议等方面要具有相当的水准，从而不仅仅是保持客观性的信息机构，而是能够在客观的角度上为公司带来高价值的一个经营机构。如果水平不过关，那么这样一个机构其工作层面就会比较低，甚至连有价值的信息都不能识别和提炼出来，也就不能达到经营监测体系建立的初衷了。

3. 不期待其短期产生优秀业绩

对于经营监测体系的建设，要做好打持久战的准备。只有持续积累信息、不断总结方法，才能使其发挥的作用越来越大。急功近利、短期内就想依赖其反馈所有信息，而且评估要深刻、准确、全面那是难以办到的。另外，公司领导层要坚持自身的决定，不为风言风语所惑——因为建立这样一套体系是个长效工程，不可避免会有员工提出“没有价值、不起作用”的抱怨或质疑，更有事业部领导层也会提出公司对其不信任才建立这样一套体系。对此，需要安排有关部门耐心解释，并将这一工作坚持下去。相反，如果急于求成，会给经营监测体系管理部门施加很大的压力，打乱其工作计划，慌了手脚，最后真的会败下阵来，从而不得不取消这一建设计划，将来如想再重建那就困难了。

二、建立经营监测体系的意义

建立事业部的经营监测体系，其意义在于如下五方面。

1. 能够为公司领导层提供更客观、真实的经营、管理状态反馈

事业部的经营、管理状态到底如何？这是公司领导层非常关心的问题。毫无疑问，若干经济指标能够一定程度反映事业部的情况，但不能代表事业部的全部。事业部按照公司信息制度要求进行汇报也能反馈一定情况，但仍不能反映事业部的经营全貌。况且，事业部的汇报是否全面、真实与客观，这本身就要打个问号。事业部的很多信息往往还要经手职能部门后，再向上进行呈报，这也可能导致信息的进一步失真，毕竟很多工作是在职能部门的指导、监管下开展的，事业部某些工作成效不佳，总部职能管理部门也负有一份责任，为了保全自己，报喜不报忧的情况、多报不如少报的情况屡见不鲜。对于信息系统中存在的种种隐患，作为公司领导层在没有真凭实据的情况下，也不好处理，但是内心的隐痛一刻也没有消除。而建立归领导层直接管理的相对独立的经营监测体系则能一定程度上改善这一局面。

专栏 10.2　总经理心中的隐忧

这几天，公司总经理杜金一直在思考一个问题，就是事业部总经理定期汇报的经营情况到底有多少是真实客观的，有多少是掺杂水分的。前几天，总经理助理卢芳去了几个销售大区做例行走访，就带回不少让其惊诧不已的消息，包括个别事业部的知名老用户都被对手抢去了，可事业部在月度信息汇报中还坚称用户维护形势一片大好。

事业部总经理为了保住自身职位，总让人感觉有报喜不报忧的倾向，可是抓不住事实依据，也无法对这个问题即刻开刀处理，不过，从卢芳的这次走访结果来看，这个问题已经严重到了一定程度，必须着手予以解决，

否则，后患无穷。而且，从正面来看，公司总部是一定要掌握真实、客观信息的，否则，公司无法作出正确决策，也无法预知前面的风险，公司领导就变成了瞎子、聋子。

怎么办呢？时不时派人出去调研一圈倒是个奏效的方法，但不是工作常态，得到的信息也是局部和浅层次的，只能作为临时性措施来使用，要想从根本上扭转当前信息失真的局面，恐怕得建立一套独立的监控体系，而且要完全置于总经理直管之下，成为其嫡系信息部队。想到这个主意，杜总内心一阵兴奋，凭直觉，他感觉这是个具有深度而且意义重大的办法。

2. 能够同步建立公司全面而系统化的经营信息系统

伴随着经营监测体系的运行，公司的各方面信息得到全面汇集及梳理，经过日积月累，公司的经营信息系统就会逐步建立起来。这个经营信息系统不仅储存原始信息，而且包含各类分析报告，是个具有深度的信息系统。在授权的情况下，经营信息系统可以对有关岗位和部门开放，为大家所共享使用，支持各方面工作有效进行。

3. 经营监测体系的指标、要素评价方法将会为公司、事业部所用，从而建立更科学的业绩评价体系

经营监测体系不仅要调研、收集信息、起草各类分析报告，还要建立各种模型对事业部的经营与管理状况作出评价，因此，其评价的一整套方法可以作为公司对事业部业绩考评的重要参考，同时，也可作为事业部进行自我评估以及加强有关工作的有效指引。

4. 为事业部的经营状态发出预警，同时，支持公司有关重要决策

经营监测体系要根据自身建立的评价办法，对业绩不佳的事业部及时作出预警报告，报告要依据事实提出有关建议，同时，抄送有关领导阅知。同样，还要依据掌握的信息，对公司领导层既定及未来的工作思路提供决策支持和建

议，避免决策风险。

5. 担当事业部管理审计的执行者

一些企业将管理审计安排给企业的财务审计部门去执行，实际上，这样的部门很难具备管理审计的能力，因为其对事业部战略、组织、市场、产品和服务并不熟悉，平时所做的积累也远远不够。管理审计绝不同于传统财务审计，企业如不构建一套深入市场和业务的系统是无法真正实施该项工作的，即便做了也是以财务审计为主，并沿着财务这条线牵连出一些业务问题。财务角度的所谓管理审计与直接定位于业务的管理审计在审计深度和经营建议的价值上有本质性的不同。经营监测体系则能一定程度担当这方面责任，利用丰富、全面的日常业务信息对公司面向事业部的例行审计或专项审计进行有力参与。因此，对事业部的全面审计可以由审计部门与经营监测运行管理部门携手完成，这两个机构的优势能力是互补的。

三、经营监测体系的构建思路

1. 建立公司经营监测体系管理部门

经营监测体系的管理部门应单独设立，以保持其运行独立性。该管理部门可置于公司总经理之下。管理部门实质是公司经营监测体系的总体管控与信息处理中心，其主要功能为：制订经营监测体系的发展与运行计划及预算；制订相应信息流程与工作规程；集中进行信息分析与处理；协调本体系日常工作；制订相关部门与岗位的绩效评估办法。

2. 建立公司经营监测体系性架构

经营监测体系性架构如图 10－4。

体系各构成部分功能如下：

①事业部反馈系统：根据经营监测体系的要求，反馈各类经营指标完成情况及重要工作进度、质量信息。同时，管理部门可派人进行实际了解、调研。

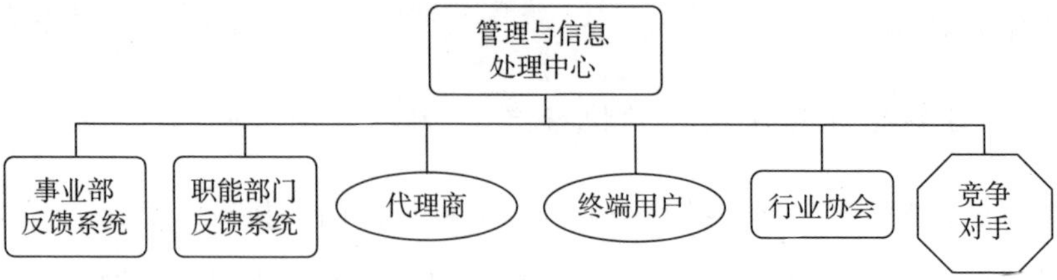

图 10－4　经营监测系统的体系架构

事业部的大区销售机构是事业部反馈系统的重要信息集中点之一，其反馈的信息贴近市场，往往反映市场呼声和即时状况，应认真对待。

②职能部门反馈系统：根据经营监测体系的要求，反馈职能部门的运行状态信息。

③代理商：由经营监测体系派人走访调研，反馈各类信息，主要包括：产品质量与功能、代理价格、技术支持与服务、新产品需求、营销与竞争模式等意见、建议信息。

④终端用户：通过派人走访用户，反馈各类信息，主要包括：产品质量与功能、价格、服务、用户的新品需求及各类意见、建议等。

⑤行业协会：国家有关行业政策信息收集。

⑥竞争对手：通过一线大区销售机构、代理商、终端用户收集竞争对手各类信息，主要包括：竞争对手的发展战略、销售模式、竞争手法、产品与服务情况等。

3. 建立公司经营监测体系运行机制

①定期反馈：事业部、职能部门都需定期按照相关细化要求提供各类信息材料及报告。对于代理商也要建立定期信息汇报制度，该制度要在签订代理协议时予以明确，其作为一个条件是代理商必须遵守的。代理商的定期反馈要建立直通车直达经营监测体系的管理部门，避免大区或事业部“过手”，导致信息失真。代理商作为中间用户，其信息价值很高，因此，一定要把握住这个群体，从而通过我们对中间用户的信息分析来反映事业部、公司的总体运营与服务质量。

②即时信息反馈：在定期反馈的基础上，要求事业部、职能部门、代理商

即时反馈紧急的重要信息，诸如大客户的招投标信息，重点大客户、代理、骨干人员将要流失信息，各类危机事件信息等。即时反馈也包括临时下达信息上报任务，需要相关部门或单位予以及时完成。

③专项调研：专项调研是经营监测体系的重要运营方式，只有有计划、深入地开展各类专项调研活动，才能提高信息的客观性、挖掘更有价值的信息，同时，对事业部及公司整体的经营状况才能作出深刻、准确地评价。专项调研需要在目标清晰的基础上，精心策划、认真实施。通常情况下，专项调研主要针对如下情况开展：

终端用户及代理商的满意度调研。

终端用户名单验证性走访。

公司主要产品真实的市场占有率调研。

公司重要新品销售信息收集。

销售、服务体系主要举措落实情况调研。

深入了解事业部大区机构总体工作状态。

深入了解代理商总体经营状态。

事业部研产销体系管理状态调研等。

专项调研后，要起草、完成专项调研报告。

④信息分析与建议：在有关部门或单位反馈及专人深入走访调研的基础上，管理与信息处理中心要为公司总经理、相关领导提供各类信息材料及分析报告。这些报告也分为定期呈送、年度汇报及即时上报几种形式。例如，定期呈送的报告可包括：《月度事业部整体经营状况分析》、《季度各事业部重要新品研发进度》、《季度各事业部主要产品占有率提升汇报》等。年度汇报可包括：《各事业部战略计划执行情况评价》、《事业部年度经营计划中核心举措落实质量评价》、《年度用户及代理商满意度分析报告》等。即时上报的信息及报告可包括：各类重大喜讯、需要及时引起关注或需要立刻予以定夺的经营管理事项，包括危机事件等。

⑤预警：当事业部乃至公司整体出现业绩明显滑坡趋势，或预见到公司可能蒙受损失的情况时，经营监测体系应及时发出预警，列举事实信息，并提供分析及预测报告，从而做到防患于未然。

⑥管理审计参与：按照年度或公司专项安排，参与事业部的管理审计工作，与审计部门共同制订审计结论与整改报告，及对总部工作提出建议。

4. 设计公司经营监测体系工作内容与结果

经营监测体系工作内容比较丰富而充实，前面虽然也或多或少提及了部分内容，但均不够全面和系统，现通过表 10－1 较详细地表述如下。本表中的要素内容代表一个比较完善的经营监测体系需要调研、分析的信息库，企业可以结合自身实际情况，有选择地使用。

表 10－1　　经营监测体系调研要素一栏表

<table>
<tr><th>要素类别</th><th>序号</th><th>具体要素</th><th>要素内涵</th><th>调研周期</th><th>数据来源</th></tr>
<tr><td rowspan="5">企业所处宏观环境</td><td>1</td><td>政府因素</td><td>行业政策、新规、风险</td><td rowspan="5">年</td><td rowspan="5">二手资料</td></tr>
<tr><td>2</td><td>经济因素</td><td>区域市场购买力、主要购买群体、社会结构、经济发展水平</td></tr>
<tr><td>3</td><td>社会文化因素</td><td>区域市场购买习惯、社会文化特征对行业的可能性影响</td></tr>
<tr><td>4</td><td>技术因素</td><td>行业技术要求、行业技术发展趋势</td></tr>
<tr><td>5</td><td>环保因素</td><td>政府环保要求、政策</td></tr>
<tr><td rowspan="7">经济指标</td><td>6</td><td>收入</td><td></td><td rowspan="4">月</td><td rowspan="7">财务部门</td></tr>
<tr><td>7</td><td>回款</td><td></td></tr>
<tr><td>8</td><td>净利</td><td></td></tr>
<tr><td>9</td><td>现金</td><td></td></tr>
<tr><td>10</td><td>投资回报率</td><td>（净利润/资产总额）×100%</td><td>年</td></tr>
<tr><td>11</td><td>应收账款周转率</td><td>赊销收入净额/平均应收账款余额</td><td rowspan="2">年</td></tr>
<tr><td>12</td><td>存货周转率</td><td>销售成本/平均存货余额</td></tr>
<tr><td rowspan="2">销售及产品</td><td>13</td><td>产品性价比</td><td>产品综合评分/价格转化值
（产品综合评分为技术性能、产品功能、质量、外观等的评价）</td><td rowspan="2">年</td><td rowspan="2">依靠自建评价方法</td></tr>
<tr><td>14</td><td>竞争产品性价比</td><td>同上</td></tr>
</table>

续表

要素类别	序号	具体要素	要素内涵	调研周期	数据来源
销售及产品	15	行业增长率	行业发展的增速	年	实地调研、核实
	16	市场规模与潜量	市场容量及潜量		
	17	可达市场占有率	本企业在所服务的细分市场占有率，可按地域、行业及销售收入或数量标准衡量		
	18	市场增长速度	该类产品销量、销售收入增幅		
	19	高端用户占有率	重点用户或样板用户中的市场占有率		
	20	重点城市占有率	重点区域、重点城市的市场占有率		
	21	竞争对手动向	产品动向、营销策略，管理方式的变化		
	22	竞争对手市场占有率	竞争对手市场地位		
	23	品牌知名度	品牌在细分市场中的知晓度		
	24	品牌美誉度	品牌获得用户认可信赖的程度		
客户研究与满意度	25	客户平均贡献	收入/客户数量	季度	财务/销售部门
	26	客户分类研究	不同规模、不同地域现有及潜在客户的特点分析	年	实地调研
	27	客户需求研究	客户对产品、服务的需求分析		
	28	客户购买决策因素	分析决定客户做出购买决策的关键因素		
	29	客户满意度	客户对产品的性价比指标评价	半年	
	30	服务满意度	售前、售中、售后环节中的反应时间、专业性、增值性		
	31	问题投诉率	产品质量、服务质量投诉情况	月	投诉受理部门实地调研、核实
	32	客户保持率	1—客户流失率	年	客户管理部门实地核实
	33	客户持续开发率	本企业越来越多的产品进入老用户的情况		客户、销售部门实地核实
	34	用户档案管理	用户档案的完备程度、更新及时性	季度	客户管理部门实地核实

续表

要素类别	序号	具体要素	要素内涵	调研周期	数据来源
渠道	35	代理商能力分析	经营资质、资金实力、销售能力、获利能力、服务能力的核实	年	售部门、渠道管理部门、财务部门实地调研核实
	36	渠道覆盖率	区域、行业市场渠道覆盖面		
	37	分、直销比例	分销与直销渠道数量、销售收入对比	季度	
	38	新渠道开发比例	新增渠道数量/渠道总数	月	
	39	新渠道销售增幅	新增渠道销售收入贡献增量		
	40	渠道丢、弃单率	渠道丢、弃单比例	季度	
	41	渠道伙伴满意度	企业在产品性能与质量、供货速度，产品政策，价格政策、技术问题等方面解决能力	半年	
	42	渠道销售计划完成率	（实际完成额/计划完成额）×100%	月	
	43	渠道持续开发率	渠道增加代理本企业其他产品情况	年	
	44	竞争对手渠道策略	竞争公司代理政策、渠道形式、开发方法、代理商选型	季度	
事业部战略与运营	45	战略计划执行情况	战略计划的按时完成质量	年	
	46	年度经营计划与预算执行情况	年度计划、预算的按时完成质量、差异分析及整改情况	月	实地调研
	47	管理制度、流程完善情况	新制度、流程出台数量、质量 原制度、流程优化数量、质量	半年	
	48	员工对总经理班子成员的反映	总体能力、分配公正性等综合评价	半年	
	49	事业部文化与品牌建设	与公司文化管理的承接性 品牌管理的专业性与内部合规性	年	
	50	产品技术革新、创新速度	与竞争对手新品、新技术推出速度比较	年	

续表

要素类别	序号	具体要素	要素内涵	调研周期	数据来源
事业部战略与运营	51	新产品开发率	（年度新品数量/所有产品数量）×100%	年	研产销管理部门实际核实
	52	新产品开发实现率	上市新品数量/立项新品数量	年	
	53	销售费率	销售费用/销售收入	月	
	54	研发投入	研发费用/销售收入	年	
	55	产能利用率	用于生产的产能/已经实现的最大产能	年	
	56	供应商网络情况	供应商队伍的资信、实力、规模 供应商的更新情况	年	供应部门实地调研
	57	薪酬总额占比	薪酬总额/销售收入	年	人力部门
	58	新产品销售贡献率	新品销售收入/总销售收入	季度	销售部门
	59	营销企划能力	营销策划案的数量 营销策划案的最终效果	季度	市场、销售部门实际调研
	60	营销体系建设情况	营销组织体系、分销体系、市场信息等体系的完善程度及建设计划	半年	
	61	营销模式创新	创造或引入新的营销模式，实现营销模式的转型	半年	
	62	大区管理状态	大区管理的规范性	半年	
	63	员工满意度	员工对事业部满意程度及原因	半年	实际调研
	64	中高级人才占有率	中高级人才数量/所有事业部员工数量（工人、基层辅助人员除外）	年	人力部门
	65	员工流失率	员工流失数量/事业部员工总人数	季度	

对于制造型、内部后勤服务型的事业部的经营监测，则要制订相应的要素，如针对制造型事业部，要针对产品质量合格率、废品率、返修率、退货率、生产产能挖掘情况、制造成本降低情况、工艺改进情况等进行密切监测。而面向后勤服务型事业部，则要针对服务质量与效率情况、服务成本降低情况等进行监测。

从以上讨论可以看出，除了事业部之外，其实针对总部职能管理部门也需进行经营监测，其监控要素均可梳理和总结出来，只不过本部分主要考虑的是面向事业部的经营监测。

四、经营监测体系的适用性

事业部经营监测体系比较适合于规模较大的事业部制企业适时建立，不具规模的企业单独建立这一体系的必要性不大，毕竟其带来一定的运行与管理成本，况且对这一类企业而言，组织结构、业务流程不是太复杂，因此，信息透明度较高，总部通过常规渠道能够一定程度掌握实际情况。

总结

1. 事业部侧翼监控机制的突出特征是：其独立于总部与事业部之间交互发生的主体工作流之外，是站在第三方角度对事业部进行调研、审视、检查与工作成果评估的。

2. 财务审计被视为传统审计模式，其主要对账务、收支、资金、费用、资产、财务政策运用、财权使用、财务制度遵守等方面进行真实性、准确性、合规性、效益性等方面的审查；管理审计提供了完整的视野而超越了财务审计的一维专业视角，其是对有关企业目标、政策、组织、计划、流程及制度的完备程度与执行情况等进行全方位的审查，其触角伸向企业的各个层面和角落，覆盖企业全部内控领域。

3. 三层架构审计体系主要由审计委员会、审计部与派驻审计组构成。

4. 一个相对完善的审计规程，通常包括六个主要环节：审计立项、制订审计计划、构建审计组、执行具体审计、提交审计报告、审计整改追踪。

5. 经营监测体系是事业部制企业内部建立的，客观反映事业部经营管理状态的相对独立的综合调研及评估系统，其不仅提供数据信息，还要完成分析和评估工作。建立事业部的经营监测体系，其意义在于：能够为公司领导层提供更客观、更真实的事业部运营信息，能够针对事业部的经营状态及时发出预警，同时，通过提供分析报告支持公司有关决策，另外，能够同步建立起公司的经营信息系统。

第十一章

事业部的转型策略

对于管控水平有限、对事业部制模式研究不深的企业，应该在向事业部制转型过程中，走稳健渐变的组织变革路线，这样不仅可以规避骤变可能带来的多方面风险，而且，能够使团队成员有个适应期，从而最终比较稳妥和顺畅地完成事业部制的构建工作。

第1节　事业部构建策略设计

从公司实际情况看，一步到位“蜕变”到事业部体制确实存在难度，对此，郑涛心知肚明。总经理也曾提醒他要找到恰当的切入点，走稳健渐变的路线。有没有过渡模式呢？郑涛停止踱步，连忙翻开书……

事业部转型策略强调的是一种组织渐变推进模式，它呈现的是一种以事业部制为目标和方向，从“小变”到“大变”，从“局部微变”到“整体彻变”，或“局部尝试、整体观摩”的过程，它使得事业部制变革在当前和未来之间建立起巧妙和科学的计划性联系，让这一体制性的重大调整逐步展开。

下面以标准型事业部制为例，进行事业部制转型的策略性路线阐述。

一、事业部试点制

当企业决定尝试产品型事业部体制后，可在若干拟分划的产品线中找一条具有代表性的产品线，委任管理团队，先期创建出企业的第一个事业部来进行试点，对其实施事业部制管理，而对其他产品线仍实行原有的研产销直线职能制管理，待认定试点成功后，再进行企业内推广（见图 11 -1）。

实施试点路线，需要较好地把握如下要点。

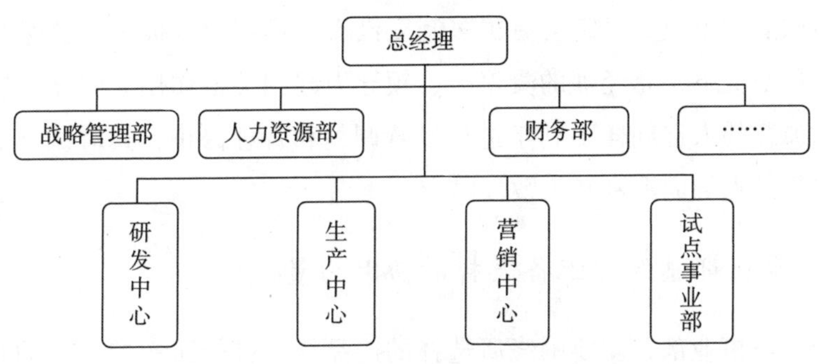

图 11－1　事业部试点制企业组织结构

1. 如何选择试点产品线

一般而言，应选择业务规模中等，业务发展总体稳定，且在业务成长上存有长期空间，同时，已经暴露出诸如对顾客反应速度慢、新品开发效率低、员工工作积极性降低等问题的产品线。这样的产品线所构造出的事业部既有挑战性，也能较好把握，同时，具有发展潜力，因此，比较适合先期试点，利于新的事业部团队去操盘。

试点的意义绝对不在于“救火”，因此，不能够把最糟糕的产品线放给新团队去尝试运营，从而通过起死回生的“奇迹”来证明事业部制是多么的优越。要知道，实行事业部制是战略性转型，确保试点成功这一体制才能继续坚持下去，否则，会挫伤企业团队信心，造成认识思想的离散。

当然，对于增长特别迅速的产品也不利于最早作为事业部试点，因为这样既看不出事业部体制的优势，也可能会因调整暂时耽误业务进程。也不要拿规模庞大的产品线进行试点，因为这不利于事业部新团队的总体把握，对其管理能力是个很大考验。对于为公司利润提供主要贡献的产品线，也最好不拿出来第一个吃螃蟹，毕竟试点也是有风险的。

2. 委派一个什么水准的事业部总经理

一定要将一名能力突出的总经理推到试点的岗位上来，以确保试点成功。

对这名总经理要求得比较全面，不仅要具有胆识和魄力，而且管理手段要刚柔相济，善于对下对上沟通。没有胆识的人选是不适合进行试点操盘的，因为，作为试点的事业部肯定会有很多制度没有安排到位，很多管理课题需要探索，在这种情况下，总经理的凝聚力、领导力起到关键作用。同样，过于鲁莽的，一意孤行的人选同样不利于进行经营调整和管理修正，其对试点不利，甚至会很快将试点导向混乱和失败。

3. 为事业部总经理配备怎样的协助力量

构建试点事业部，就要围绕所选择的产品线，进行研产销职能的整合，因此，研产销负责人，以及试点事业部关键职能部门负责人人选也十分重要。那么，如何产生这些总经理的四梁八柱呢？中心原则应该是“强调凝聚性、忽视监管性”。也就是说，要正确看待试点事业部的重要意义，因此，要选派一批首先是总经理认可的人选，从而构成团结一致的事业部管理团队，而不是过多考虑制约关系。所以，人选采用事业部总经理提名制，公司研议后获准。另外需要说明的是，在上述主要原则基础上，要注意管理团队成员间的互补性，从而构建起一个能力全面的团队。

专栏 11.1　硕通公司事业部试点的成功经验

经过长达一个月的激烈争辩，硕通公司领导班子勉强达成共识，计划将其电饭煲产品线拿出来作为事业部进行先期试点。可以说试点成功与否决定着公司能否全面实行事业部制体制。为此，作为极力主张事业部制的公司总经理张昊承受了巨大的压力，毕竟，其他六位副总齐刷刷地表达了反对意见，他不能强行驳回，况且其中还有三位公司的创业元老。虽然，随着公司的发展，这些昔日功臣的老态龙钟已逐步显现，但当前阶段还必须听取他们的想法。不过，还好，整个计划总算有了转机——张总提出了试点的想法，其他领导没有理由再反对了。

如何确保试点事业部取得成功呢？事业部总经理的人选至关重要。经过深思熟虑，张总提名吴桥为事业部总经理，并获得了领导班子的通过。之所以这么考虑，就是因为电饭煲产品线的营销工作比较薄弱，而吴桥是营销工作出身，尤其擅长小电器渠道的开发与管理。张总心里很清楚，事业部的成功与否，在这些持反对意见的副总看来经营业绩仍很重要。虽然经济效益绝不是事业部体制的全部内涵，但如果没有效益作为支撑，其他的都没有机会再谈。不过，吴桥的不足也很突出，就是管理方面比较薄弱，技术、生产管理缺乏经验，这对于他管理事业部是个挑战。

“一定要为吴桥配备最得力的副手，只有合手才能让事业部得以生存和发展。”张总想到这里把吴桥叫到了办公室，询问吴桥事业部主要人选的提名情况。吴桥推荐的技术副总人选是邱立，生产副总人选是吕搏，这与张总的想法不谋而合。这两个人的突出特点都是专业能力突出，工作经验丰富，而且协作意识强。当然了，还有更重要的一点，一个是吴桥上一个公司的同事，一个是吴桥的老乡。张总早就知道他们三个关系好的跟一个人似的，不过，为确保试点事业部成功，当前的组合方案一定要放行，以后再考虑制约的事情。想到这儿，张总说道：“吴桥，你的提名我完全同意，我还要安排个干将协助你做好管理工作。”

“张总，您直说，谁啊？”吴桥忙问道。

“你觉得庞陆怎么样？”张总喝了一口茶，反问道。

吴桥没有料到会是庞陆。这个庞陆现任张总的助理，是张总最欣赏的红人之一，以管理擅长。论工作能力，不会有太大问题，但是论秉性，与吴桥还真合不来，两个人曾发生过两次摩擦。

看着吴桥没有马上言语，张总笑着说：“吴桥，我知道你在想什么，你俩之间的事情我也听说过，不过，这次派他去事业部，真的是去帮你，这一点我可以向你保证。吴桥啊，真正帮你的人不一定跟你意见一致的，而跟你始终保持意见统一的可不一定在帮你啊！”

张总的一句话似乎点醒了吴桥，他知道张总的目标只有一个，那就是确保事业部试点成功，因此，绝不会轻易确定人选，更不会限制自己能力的发挥，于是点头认同。

与吴桥沟通后，张总与庞陆进行了一次深谈，其要义基本是两方面：第一，不要考虑过去的矛盾，全力协助吴桥工作。用张总的话说，协助吴桥就是协助他张昊。第二，遇有不可控制的情况或风险，一定向张总汇报，张总会在背后进行运筹和把控，确保事业部渡过难关。

果然，这四位事业部领导成员上任后不负使命，配合得天衣无缝，并且各施所长，事业部经过半年的适应期后逐步走上正轨，到年终，效益有了显著的增长，而且管理工作也抓得井井有条，令公司相关领导刮目相看，逐步认识到了事业部的优越性。第二年年中，硕通公司所有产品线全面实现事业部制转型，而吴桥的两名心腹邱立、吕搏也被张总调到其他事业部任职，庞陆则被任命为公司运营中心总经理，主抓事业部的运营管理工作。

4. 总结试点事业部经验的刚性方式

对于试点事业部的经验总结，不能仅靠事业部的自我总结，应由公司组建专门的管理小组进行跟踪、记录和分析。管理小组的职责就是如实记录试点事业部的成功经验和试点过程，同时，有三个要点必须把握：一是必须打消事业部对管理小组的疑虑，一定要让事业部了解和信任管理小组不是起监管作用的；二是切记不可干涉事业部的经营管理活动，试点事业部的日常运营由事业部与总部间互动推进；三是对事业部试点的总结是全方位的，不能仅局限于事业部内部的运营经验，而是要涉及在试点期间，总部决策层、职能管理部门，甚至外部合作伙伴和客户在与试点事业部之间发生业务关系所应总结的经验或教训，其是对企业试点事业部管理范畴的全面总结。

5. 如何消除试点事业部对研产销职能管理者的影响

将一个产品线拿出来进行事业部试点，那么对其他产品以及研产销职能部门肯定会有影响，员工一定会对下一步的企业体制走向有各种各样的议论和猜测。因此，对于这种状况的应对是必要的，企业应该做好如下三项工作。

①试点前即向员工公布出公司总体走向事业部制的大方向，这没什么可隐瞒的，也没有必要。不过，当公司领导班子成员分歧很大，短期内尚不能达成共识时，则不宜于直接公布公司改制走向。

②对现有没有分化的产品线和研产销职能部门依然坚持原有业绩考核方式，

确保其完成公司既定的各项经济、市场、技术、产品、管理等目标。

③试点期间，公司肯定在同步酝酿试点全面推开后的事业部构建方案，包括事业部总经理人选的遴选，对这些都应予以严格保密。

6. 企业职能部门如何既做好事业部的管控又做好研产销的职能管理

在事业部试点的情况下，企业职能管理部门必然面对事业部与研产销职能同步存在的情况，而且这一状态要维持一定时间。对此，职能管理部门要适应这种双重体制共存的局面，在面向不同管理对象的时候能够及时转换角色，并在总体工作计划上有个统筹安排与平衡。这里尤其要强调的是，在面对试点事业部时，要坚持公司出台的事业部制管理原则和方式，做到“有所为、有所不为”，因为事业部是相对独立核算的利润中心。换个更高的层次来看，我们会清楚地认识到，事业部的试点不仅仅是事业部本身的试点，其是一个完整的事业部制试点的概念，因此，必然包含企业对事业部管控这一部分工作内容，这对企业高层和职能管理部门同样是个考验，并要在此过程中不断完善事业部管控机制与办法，得出宝贵心得，为事业部制的全面推开提供充分的准备。

7. 试点成功后，是全面推行事业部制，还是一个一个剥离

试点成功后，企业马上面临一个课题，就是剩下的产品线经营是平行一次性构建出各自的事业部，还是继续走渐进的路线，一个一个分化，直到实现全面的事业部制。如果企业先期试点经验总结较好、自身管控水平比较高且事业部总经理人选充足，那么当然是一步转型到位为好，不必过于保守，人为降低组织转型效率。如果受多方条件所限，尤其是找不到事业部总经理人选，那么可以逐步剥离到位。

二、研产销内部细分对应制

我们也可以走这样一条渐进路线，前面也有提及，就是在保持现有研产销三大块职能组织平台不变的情况下，将研发、生产、销售体系按照产品线进行内部细分。即，围绕产品线在研发部门内部细分出相应的产品研发部门，该细分

部门只对该具体产品的研发负责；同理，在销售和生产体系也作这样的处理——围绕同样的产品线进行细分（见图 11 -2）。当然，通常情况下，如果企业经营的产品具有一定相关性，可共享生产制造资源，那么，也可维持生产职能现状，而将研发、销售部门细分。

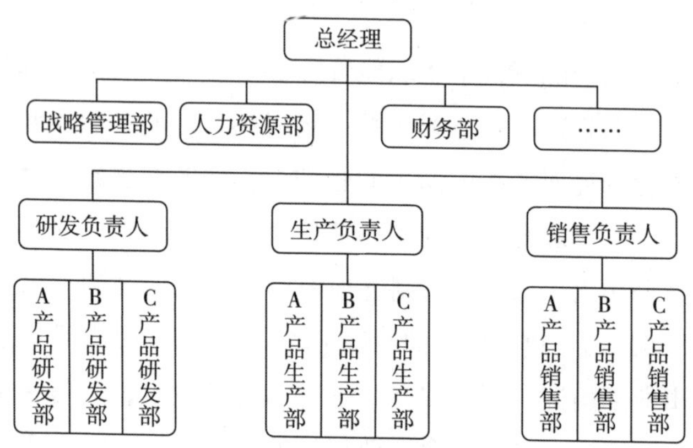

图 11 -2　职能细分制组织结构

当细分组织构建完成后，对应产品的细分机构就构成了跨部门的协作关系。毫无疑问，这会增加相当的管理成本，但好处是围绕每个产品线的横向对应点和协作过程脉络清晰，而且围绕产品的日常经营活动和权限下移，可以实现更直接的运营互动。

需要充分认识到的是，细分对应制其实质是事业部制转型过程中的一个过渡模式，它最大的意义在于能够尝试性进行产品线划分和对应职能互动演练，并在此过程中寻找事业部总经理人选（将事业部总经理候选人放到相应产品线横向协调岗位上锻炼），也使下一步的事业部制到位变得顺理成章——这一模式的潜移默化效果比较突出。

当细分对应制运行一段时间后，按照产品线进行研产销细分职能的归集和整合，从而构建出若干事业部就变得比较容易。

在这里，还要重点说明一下这种细分对应制的两种深化模式，具体如下。

①为进一步下放经营权限，同时，也是向事业部制方向迈进一步，在细分对应制运行一段时间后，可以尝试取消研产销职能平台的直管负责人，而将围绕产品的细分机构从原来的平台中拔出来，从而构建一个包含多个产品研发中

心、多个产品销售中心的中心体制。这样，将进一步加速围绕产品的互动（见图 11－3）。

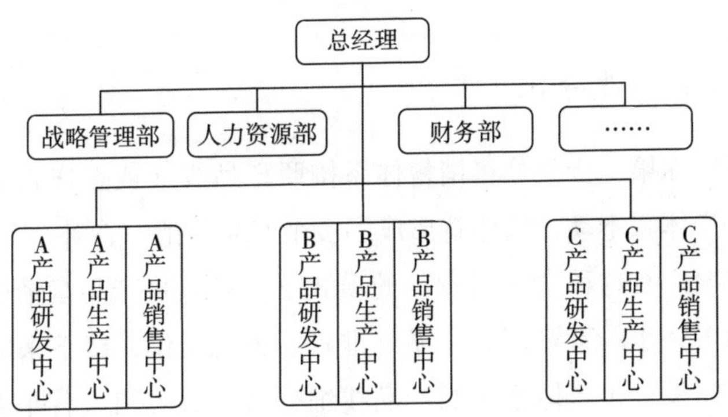

图 11－3 中心互动制组织结构

②为加强对产品职能中心的协调，可暂时与中心并列成立对应产品协调中心（或设产品经理），以更好地对接各职能中心间的断层，更及时地处理有关横向矛盾（见图 11－4）。要将下一步总经理的人选放在产品协调中心的负责人岗位上来充分锻炼。待时机成熟时，产品协调中心就从与产品中心的平行关系提升为垂直管理关系，但此时，这个协调中心仍是企业的一个职能管理部门，直到有一天将其与产品中心充分整合，共同纳入一个利润中心的体制框架内，事业部的过渡就算基本完成了。

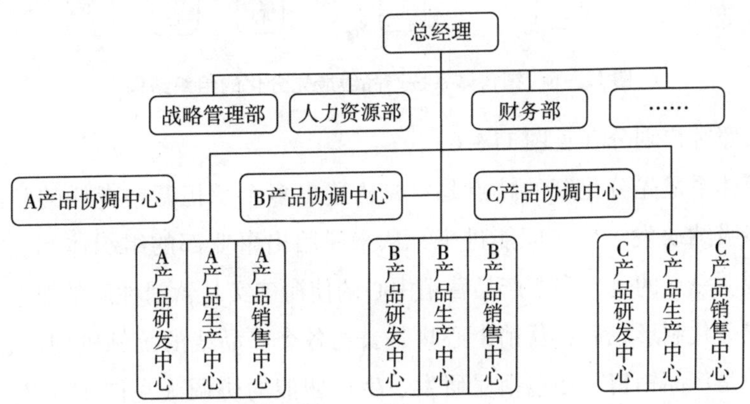

图 11－4 产品协调中心制组织结构

三、销售研发体系最先分化制

1. 销售体系最先分化

企业也可以在第一步只是将销售体系按照产品线（或客户）进行细分，而维持研发、生产体系不动，这样就形成了多个产品营销中心对一个统一的研发、生产平台的情况。在这种“多对一”的模式下，可以将产品营销中心做成虚拟利润中心，为下一步的事业部分化做好准备。也就是说，接下来的动作是在时机成熟时，将研发、生产体系按照产品线细分后，对应归入各个营销中心，从而构建出产品线事业部。

①按照产品线划分（见图 11 -5）。

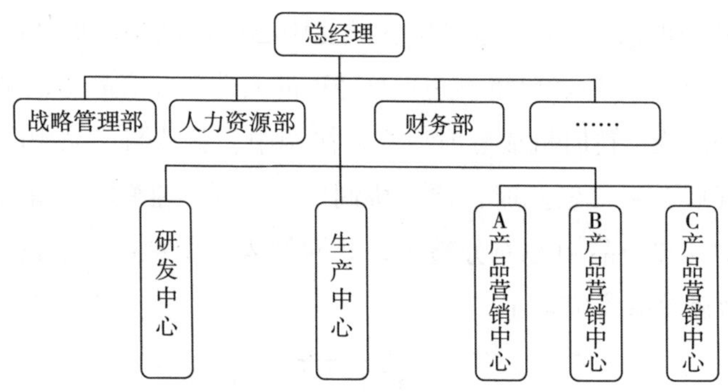

图 11 -5　销售体系按产品线最先分化的组织结构

②按照客户划分（见图 11 -6）。

销售体系最先分化制的特点是：先构造出多个承担营销责任的利润中心，而后逐步吸纳研发、生产职能进来，从来脱胎出事业部的组织体制。在这里，要特别说明一点的是，多个产品营销中心的使命确实是营销性质的概念，而且，这种最先分化制形成后，营销中心将是公司各个产品线的统领机构，它的职能绝不单单是产品销售，还包括对研发、生产职能的协调（见图 11 -7）。因此，实行这种体制，需要赋予产品营销中心一定的协调权限。

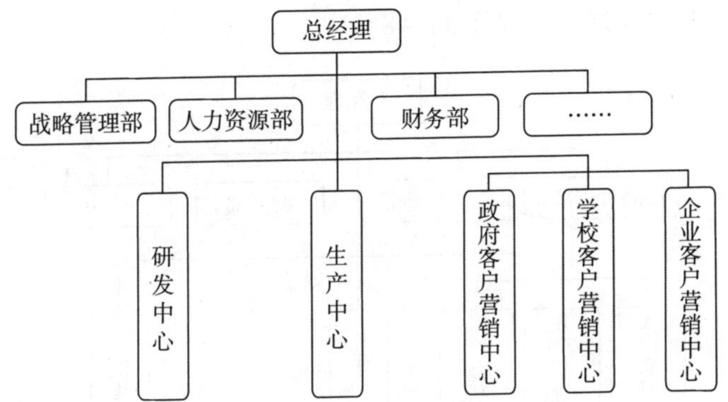

图 11－6 销售体系按客户最先分化的组织结构

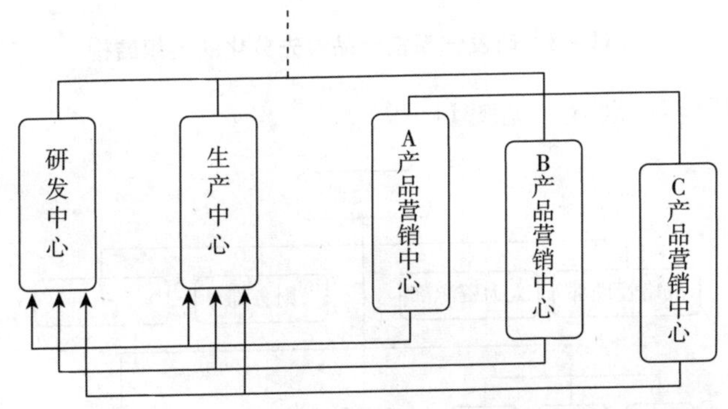

图 11－7 销售体系最先分化的组织运行

从产品营销中心成立那一天起，就应将未来事业部的总经理人选安排到产品营销中心经理的位置上，对其进行充分锻炼。

当然，这种销售体系分化制只是事业部制转型的一个开端，其实质是一个过渡性步骤，只不过这个环节为事业部的最终完善提供了一个值得尝试的路径。

2. 研发体系最先分化

与销售体系分化制相类似，也可以从研发体系最先分化开始动作，从而围绕产品或客户形成多个产品研发中心，而保持销售、生产体系原样不动，其同样可形成“多对一”的产品运营互动模式。同样道理，可将产品研发中心设定为利润中心，并在时机成熟时，吸纳细分的销售、生产职能，最终形成产品型或客户型事业部体制。

①例，按照产品划分（见图 11 -8）。

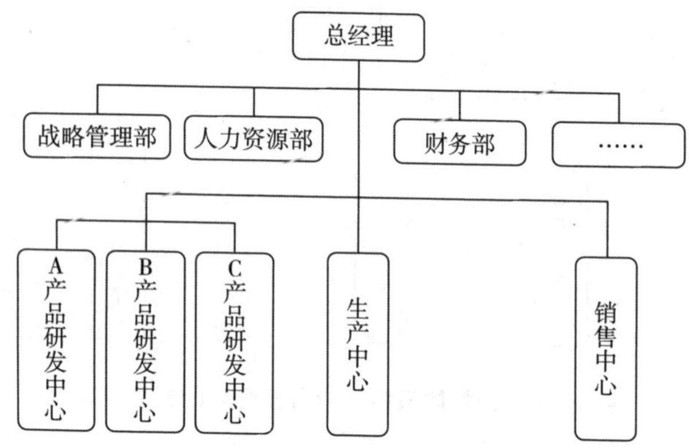

图 11 -8　研发体系按产品最先分化的组织结构

②例，按照客户划分（见图 11 -9）。

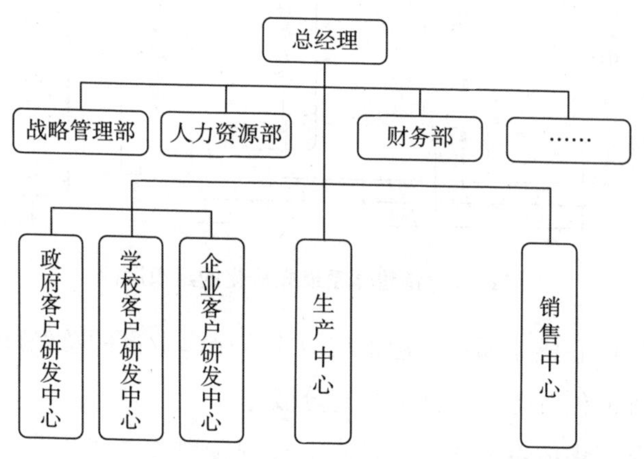

图 11 -9　研发体系按客户最先分化的组织结构

实行研发体系最先分化制，那么，研发中心就成为公司的产品运营主导机构，由其对相应产品线进行总体协调，在这种体制下，研发中心的使命已经不仅仅是技术研究、产品开发的传统意义，而是对产品走向市场的全程管理协调作用。在这种情况下，围绕产品的多个研发中心就成为了“产品营发中心”（见图 11 -10）。

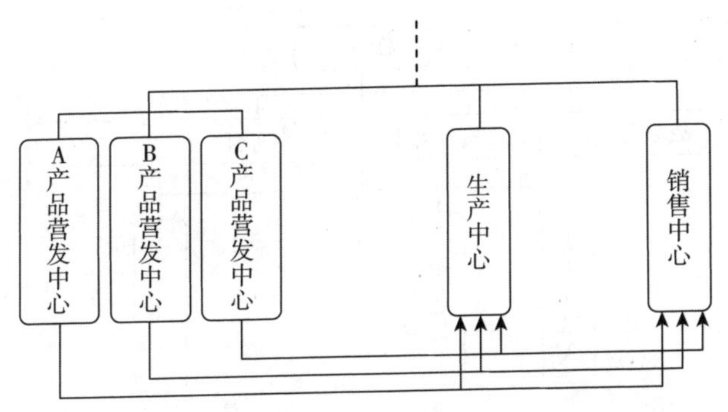

图 11－10　研发体系最先分化的组织运行

那么，到现在一个问题就浮现出来，既然可以按照销售体系进行最先分化，也可以按照研发体系最先分化，那么公司根据什么做出选择呢？答案是很具现实意义的，那就是可以考虑两点，第一，如果公司未来事业部总经理的人选主要产生在当前销售体系中，那么就实行销售体系最先分化制，产生于研发，则实行研发体系最先分化制。只有这样，通过“实行利润中心的分化”和“职能吸纳”两个步骤，才能使事业部总经理的上任顺理成章、水到渠成，很自然坐到总经理的位置上。第二，判断公司当前处于营销拉动还是技术驱动阶段，可以优先分化处于主导地位的职能。

补充说一点，通常情况下，不采取生产体系最先分化制，因为企业很难以生产体系为主体中心机构，从而通过生产体系完成围绕产品线的总体协调和产品经营职能。

四、大事业部制

企业在实行事业部制转型一开始，也可以不把产品分得过细，而是将产品按照相关性，分成有限的几大类，甚至是仅有的两类，从而构建出包含产品集群的大事业部（见图 11－11）。

为什么要这么做呢？主要考虑两点，一是公司缺少事业部总经理人选，二是事业部自身运营经验和总部对事业部的管控经验都存在明显不足，一旦分化出过多的事业部，则难以把控住局面。

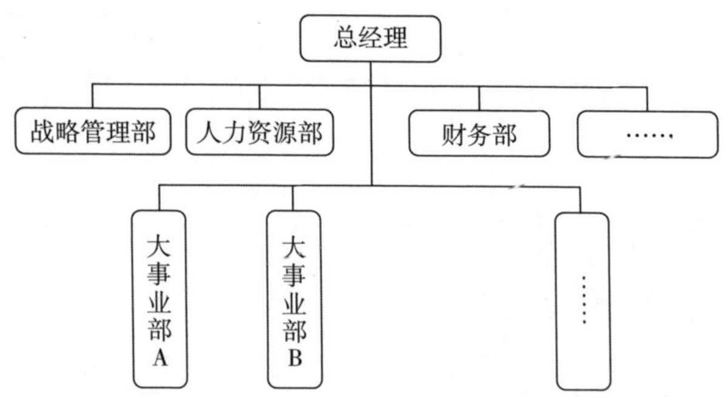

图 11－11　大事业部——事业集群组织结构

当大事业部运行一段时间后，将大事业部围绕产品进行拆分，从而产生更多事业部当然是个必然，因为从实行这种大事业部体制的那天起，就已经为其拆分打下了伏笔（见 11－12）。

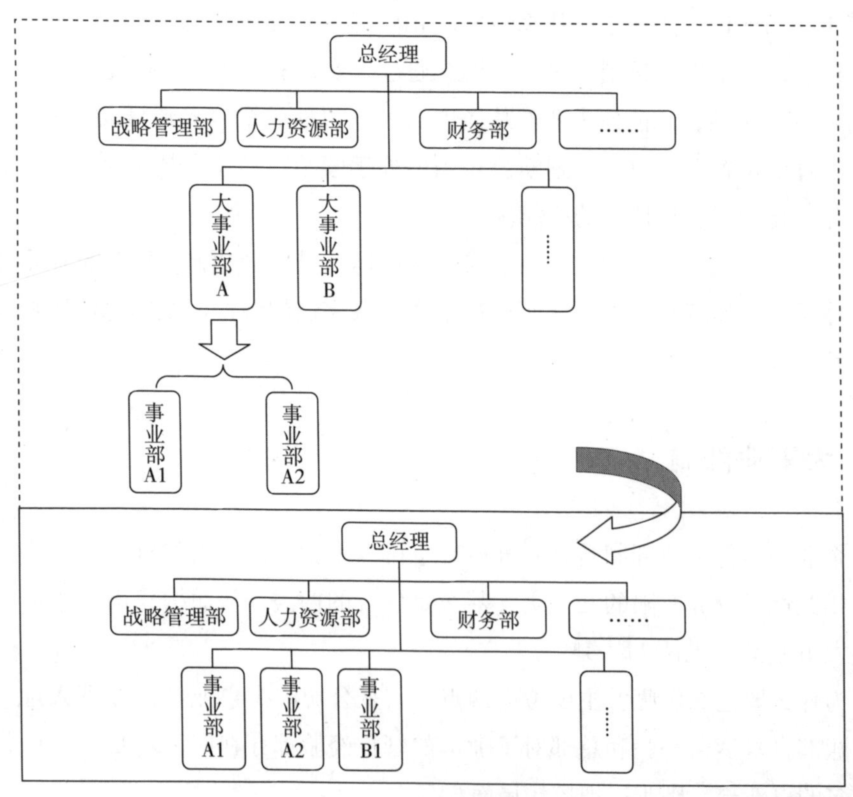

图 11－12　大事业部的分拆

大事业部制的积极意义在于，虽然最先采取的是产品线的有限划分，但毕竟短期内形成了真正的事业部制体制，公司总部的概念也会随之产生，比较有利于管理团队在观念上、技术上快速转型，从而有助于最终事业部制的快速完善。

第2节 事业部转型政策设计

财务部经理曾找到郑涛，对事业部的利润核算，提出了一个很现实的问题：在生产事业部，因为没达到满产状态，有一些贵重的设备是暂时没启用的，但其折旧额度很大，这样算下来，事业部的利润所剩无几，甚至有负的危险，怎么办？对此，郑涛脑袋里也一片空白。也许，应该制订一些特定政策，以支持事业部体制的初期建立。翻开书，郑涛急切地搜寻着，他渴望破解思路闪现……

在事业部制运行初期，为扶持事业部尽快走上正轨，或解除相关负担，激励其考虑持续发展，总部会根据具体情况出台一系列优惠政策，这些政策往往很有针对性，并重点围绕影响事业部经济效益并进而影响个人利益的要素“做文章”，从而保障事业部的切实所得——这也充分体现了事业部制的灵活性及可按管理意愿调剂的优越性。

一、研发费用的分摊

为鼓励事业部研发长效产品，或保障改制之前的研发项目在事业部能够继续，总部可以出台研发费用分摊计入政策，即，该费用不在短期内一次性计入事业部，而是分摊到一个合理的年限分年计入，从而将大额费用摊薄，以免造成对事业部年度利润结果的冲击。

享受研发费用分摊政策需履行相应的审批程序，可由事业部提出申请，总部相应部门或委员会组织审议，主要考量研发项目的价值、事业部研发团队能力、研发周期合理性、研发费用预算的准确度、分摊年限的合理性、事业部的现实承受能力等。

对事业部长效产品研发还可采取总部补贴的形式，资金来源于总部计提的科技基金。通常来说，总部计提科技基金来源于每一个事业部，并统筹使用。企业要建立只有好产品、好项目才能享受科技基金的政策，从而推动事业部加强市场需求研究，开发优秀产品。从另一个角度而言，没有资格享受科技基金的事业部相当于年年为其他事业部投钱做研发——这样一种机制会让事业部展开对研发资金资源的争夺，从总部角度而言，则是值得鼓励的行为。

二、总部计提费用的调剂

事业部组建初期，由于某些产品线经营局面尚未打开，或在前期正处于困境当中，此时，新成立的对应事业部需要过一段苦日子，因为其利润将十分微薄。在这种情况下，总部在计提管理费时可给予适度减免，从而避免再度压低事业部利润。过低的利润在很大程度上会破坏奖金政策发挥作用，从而影响事业部的主观能动性——不仅仅对事业部领导班子有影响，对全员都有影响。

针对不同起点的事业部采用差异化的计提政策，同时对力量薄弱的事业部给予倾斜照顾，这对计提比率高的事业部当然不公平。对此，可从两方面去加深理解，一是事业部虽然分开算账，各过各的日子，但还是在一个大家庭中生活，因此，要相互扶持，这既是事业部制的优越性所在，也是保持集团效应的要求。二是当被照顾对象渡过难关，情况越来越好时，总部可通过计提比例的加大代为还账。

三、历史负担或遗留问题的处理

针对由于历史原因造成的仍然需要承受的各类负担，可不计入事业部成本，从而保障事业部的切身利益。对这类负担首先要进行甄别，以确定其对事业部的经营不具有实质性支持作用。同时，对其进行相对细化的核算，从而将这部分费用准确剥离。

针对由于前期核算基础薄弱所造成的较大额度费用无法准确归集的情况，也可将其暂时搁置一边，否则，如在产品线或事业部之间作为历史费用依据进行硬性分配，容易导致新的一年预算不准确，并一直关联到事业部奖金计划出现偏差的问题。而后，要在新的一年同口径进行费用预算，并狠抓核算基础工作，逐步积累客观准确的数据，解决历史数据模糊的问题。

四、贴身辅助

对事业部的工作推动，绝不能僵化和理论化，那种认为事业部制分权架构建立后，事业部就走向独立了、遵循自生自灭的规律的认识是错误的。尤其在事业部成立初期，总部一定要根据其具体情况扶上马送一程。即，根据事业部存在的短板问题，由总部派出得力干将驻扎在事业部一段时间，提供贴身指导和支持。

一般来说，对阶段性的贴身辅助，总部往往不进行计费，但对于问题频发，总是出现工作漏洞，已经不是事业部组建初期辅助性质的情况，则另当别论。

第3节 转型过程中的顾客对接

一周前，在向郑涛交代工作时，总经理就特别指出，事业部制转型要避免震荡和多方误解，尤其要做好顾客端的沟通与对接。应该如何向客户说明公司的变革呢，公司的调整又能给客户带来哪些益处呢？带着疑问，郑涛翻到本页……

企业实行事业部制后，在顾客端一定会发生诸如机构名称、机构层次乃至人员等一系列变化，甚至会出现一个客户面对多个事业部共同服务的情况，因此，必须向顾客介绍清楚企业实行事业部体制转型的宗旨，打消顾客疑虑，同时，不能在企业转型过程中发生顾客服务质量下降、服务效率降低甚至服务流程出现混乱、找不到服务负责部门的情况。

一、人员变化的处理

在实行直线职能制时，企业面对顾客的是统一的销售部门，当实行事业部后，由于销售体系的人员随机构拆分也进行了各自分化，因此，新构建的事业部的销售部门负责人以及各销售大区机构负责人，很可能出现人员变化的情况，为此，要对顾客进行相应解释。具体操作方式是：针对重点用户，由原负责人和新负责人一起到客户处进行说明，针对其他用户，也应通过妥善方式及时做好沟通工作。

二、服务层次变化的处理

实行事业部后，面对顾客的更多的是事业部销售机构的负责人，这也许会给顾客一个感觉，就是为其服务的机构层次在降低。原体制下，是企业唯一一个销售机构提供服务，现在，是企业的一个部门的二级机构提供服务。顾客也许会抱怨——见到公司总经理更难了。对此，一定要由事业部总经理出面，向顾客说明事业部体制在面向顾客服务方面的优越性，指明公司这一体制不是有意拉大顾客与公司决策层的距离，而恰恰相反，是为了更高效地为顾客提供服务。也许顾客见到企业总经理的机会确实在变少，但一个充满活力的事业部总经理却会经常出现在顾客面前，而且，顾客会逐步发现，这个总经理不仅比企业总经理更了解顾客情况，而且具有实权、决策迅速，顾客一定会感觉到服务质量在改善，其得到的实惠和保障一定会增多。

三、从“一对一”到“多对一”的处理

在企业产品存在一定相关性的情况下，企业所有或多数产品往往被一个用户所共用，

那么在实行事业部体制后，就会出现一个顾客需要多个事业部同时提供服务的情况（见图11－13）。这时候的景象就比较热闹：

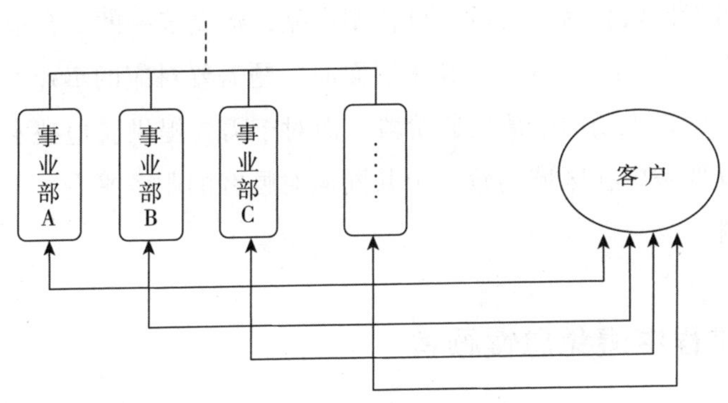

图11－13 多个事业部服务于同一个用户

景象一：日常服务拜访中，顾客要接待几拨人，但都是同一个公司的。由于同一顾客的不同产品分别隶属于不同事业部管理，因此，在日常服务和沟通中，顾客要针对不同产品与不同事业部打交道，必然面对不同的服务提供对象。

景象二：顾客招标时，如果涉及的产品较丰富，那么就会导致多个事业部同时出现的情况。面对顾客招标，当事业部之间不能达成协作时，就会面临不同事业部分别投标的情况，从而不能给顾客提供一个统一解决方案，而是站在各自角度的局部解决方案。

景象三：如存在事业部间相互代理产品的情况，那么还会存在面向同一个顾客报价不同的尴尬。由于事业部各自开拓市场的需要，或因日常信息不共享，以及没有建立事业部间的“通气”机制，那么就可能各自为战，对顾客提供不同报价和服务承诺，甚至可能出现上午一个事业部来报个高价，下午来了同一个公司的另一个事业部报个低价的情况。

景象四：顾客出现服务问题，要找多个事业部给予解决。“多对一”的模式下，顾客不同产品出现问题，必然要联系不同的事业部来解决，除非公司建立了统一的顾客问题总体协调和流转平台与机制。

针对以上情况，企业总部应从制度与机制角度出发予以协同，事业部则要自发做好协调工作，避免发生各自行动、顾客多头投诉的情况。当然，由于事业部体制的建立，在主流上一定是“多对一”的局面，尤其是针对产品技术含量较高、结构较复杂的情况。也就是说，对于大众消费的产品，建立统一的投诉受理平台可能比较容易，而对于科技型产品，建立统一的平台也许只能起到个“传话筒”的作用，因为一些技术层面的问题需要对应的事业部来专业解答和解决——即便是先期的电话沟通阶段。而对于需要提供属地技术支持服务的企业，那么就要考虑在区域构建一个共同面对顾客的服务平台，但同样，这取决于产品特性。

四、转型过程中避免怠慢顾客

为避免在事业部转型过程中造成工作脱节，需要实行严谨的顾客交接制度，其原则如下。

①顾客服务交出方一定要对服务接收方提供包括实地培训在内的全方位培训。

②顾客的服务工作没被交接出去之前，顾客原来归谁服务一定还归谁，责任主体不发生丝毫转移。

③顾客的服务责任主体发生转移，以顾客交出为准，以交出方、接收方、监交方三方签字开始生效。交接文件由交出方起草，接收方认同、监交方同意方可签字。

④顾客交出后，交出方仍在一定期限内对顾客服务负一定负责，而不是拍拍屁股走人。所负责任范围界定为：当接收方能力不能达到时，交出方仍要提供帮助，但对诸如接收方服务态度有问题，服务不及时导致顾客不满则不负责任。

⑤顾客交出方一定要按照公司的有关规定提供交接的所有要件，包括客户关系文件、服务制度性文件、常见问题/疑难问题解决指导书，服务经验性文件以及顾客后续业务开发意向与方向等。

总结

1. 事业部制的策略性转型是为了降低组织改制风险，实现体制平稳过渡。

2. 事业部试点要把握好五个原则：选择恰当的事业模块；做好事业部总经理的人选遴选和后续协助工作；适应阶段性的事业部制与直线职能制混合体制的运营；试点成功后清醒判断逐个与一次性剥离完成事业部转型的利弊。

3. 企业向事业部制转型可以采取四种过渡模式：业务职能细分对应模式，即，围绕产品线进行研发、生产（可集中）、销售内部职能细分，并在协调中心的推动下，完成多组业务职能间的运营互动，时机成熟时，演变成事业部；销售体系最先分化模式，即，围绕产品线进行销售职能的率先细分，运行一段时间后吸收研发、生产对应职能从而构建出事业部；研发体系最先分化模式，其与销售最先分划思路一致；大事业部制，即，先按照产品大类构建大事业部，并在适当时机进一步拆分，达到合理的事业部数量与规模状态。

4. 在事业部转型初期，可围绕影响事业部效益的要素进行相关政策倾斜设计，诸如摊薄研发费用、总部计提差异化、历史负担性费用不计入成本等，从而扶持事业部尽快走上正轨。

5. 注重事业部转型期间与顾客的平滑对接，从而减少震荡，延续业务。

第十二章

事业部制的深化与企业集团事业部制变革

随着事业部制的应用，事业部制整体架构与形态也在不断发展和变化，以满足企业继续规模化与实际管理所需。不过，不论怎样变化，标准的事业部制始终是其运营依靠的核心，事业部制的各种完善和异化也都是在这一标准平台基础上演绎而成的。

随着业务的成长与复杂化，企业集团需要进一步梳理和深化相关产业，往往会实行内部业务重组，此时事业部制是其一个重要选择。

第1节　事业部制的深化

只有向前多看一步，才能走好眼下一步，这么多年，郑涛一直遵循着这项工作原则。虽然目前事业部还没正式组建，但了解一下事业部制的深化思路一定会对当前工作起到引领作用，况且，在总体方案中也要展望一下事业部未来的发展方向。看看表，距上班时间尚早，正好把这节看完……

事业部制的深化包括如下几种形式。

一、超事业部设计

1. 什么是超事业部制

"超事业部制"又称"执行部制"，它是指在事业部基本架构之上，增加一类旨在统筹事业部资源、协调事业部经营活动的经营管理机构，从而形成一种更趋完善的事业部体制。

超事业部组织结构图见图12－1。

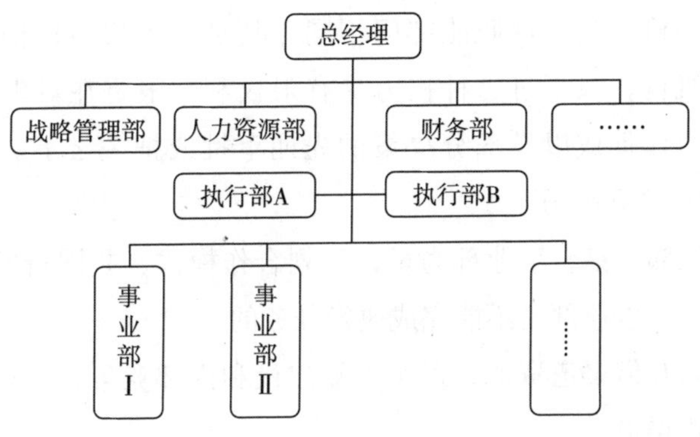

图 12－1　超事业部组织结构图

2. 超事业部制出现的背景

超事业部制出现的原因表面上看是因为事业部数量已经多到一定程度，而实际上，除了数量因素外，企业总部也是为了加强对业务相近事业部间的协调，以及在事业部体制导致整体过度分权后重新趋向集权的一种体制完善——这些都是超事业部制形成的主要原因。

3. 超事业部制的主要作用

通常情况下，作为管控事业部的企业总部其职能管理部门都是立足于协调、服务和监管职能，并从制度、流程、政策等层面进行业务推动或规范，其与事业部并不构成直接指挥关系，因此，随着事业部的增多，事业部业务规模的增大，常规总部的职能管理作用发挥具有一定难度，如遇到较强势的事业部管理团队，职能部门的调动、协调作用将进一步受到限制和削弱。所以，除非高层领导出面或做出决定，否则，日常协调、沟通成本将很高。这就带来了两个问题，一是企业高层领导看到了事业部成长后分权化带来了新的潜在问题，二是常规职能管理部门由于功能定位、职权所限，其管理力度达不到期望的程度，而因此造成的事业部更趋本位导致的企业整体利益受损也让企业高层倍感不安，当然，因为统筹规划能力偏弱，在业务相关事业部之间引发的研发、市场、服务资源重复性浪费则更刺痛了高层的心。所以，以上综合因素，促使企业想办法加大对事业部的管控，从而产生了一个新的主管机构，这一机构与常规职能部门不同，其是一个权力机构、一个具有硬性权限的执行机构，只不过这种权力是有限权利，限定在对事业部的共性资源统筹、横向协作促成以及部分决策的先期审批或把关之上。具体而言，超事业部制将发挥如下作用。

①通过执行部，集合事业部力量，策划合作模式，共同研发重要新品——这类产品单靠某个事业部是不能完成研发任务的。

②事业部间互借渠道资源，避免重复建设和内部竞争，或业务、客户相近事业部共建销售渠道。

③事业部间互借服务资源，或业务、技术相近事业部共建服务体系。

④如事业部间产品能够形成一揽子解决方案，或产品间存在供求关系，则要进行合理规划，明确合作模式，从而保障企业整体服务最优、最经济，同时发挥多事业部联合作战的“小集团”优势。

⑤事业部人员间的行政性调配。

⑥事业部间资金的战略性、行政性调拨。

⑦事业部重要业务事项的审批或审核。

4. 超事业部制的设计要领

①可按照业务相关性，将多个事业部划分成几个业务集群，而后在其上设置对应执行部。

②界定执行部的使命、职责范围与工作方式，避免超范围、不规范管理，影响事业部先前分权的效率性和灵活性。

③明确执行部的权限——这一点非常重要。作为执行部启动和正常工作的驱动资源，权限的充分给予决定着执行部核心作用发挥的大与小，同时，也要避免对事业部经营独立性造成破坏。

④要清晰地认识到，虽然执行部相对于事业部而言是管理机构，是总部中央协调职能的强化载体，但相对总部而言，则是业务机构，因此，其仍在企业总部的整体管控下运行。微观角度而言，对执行部的工作规范、监管和考核一样需要通盘设计。

二、事业部的继续拆分

这里的事业部继续拆分不同于企业在组建事业部初期采用的大事业部过渡，而是事业部制运行到一定阶段，某些事业部因成长到一定程度，导致规模二次膨胀，重复出现原来单体企业规模大、效率低的问题，因此，对这些事业部不得不再次进行拆分，从而剥离出部分业务，成立新的事业部（见图 12 -2）。

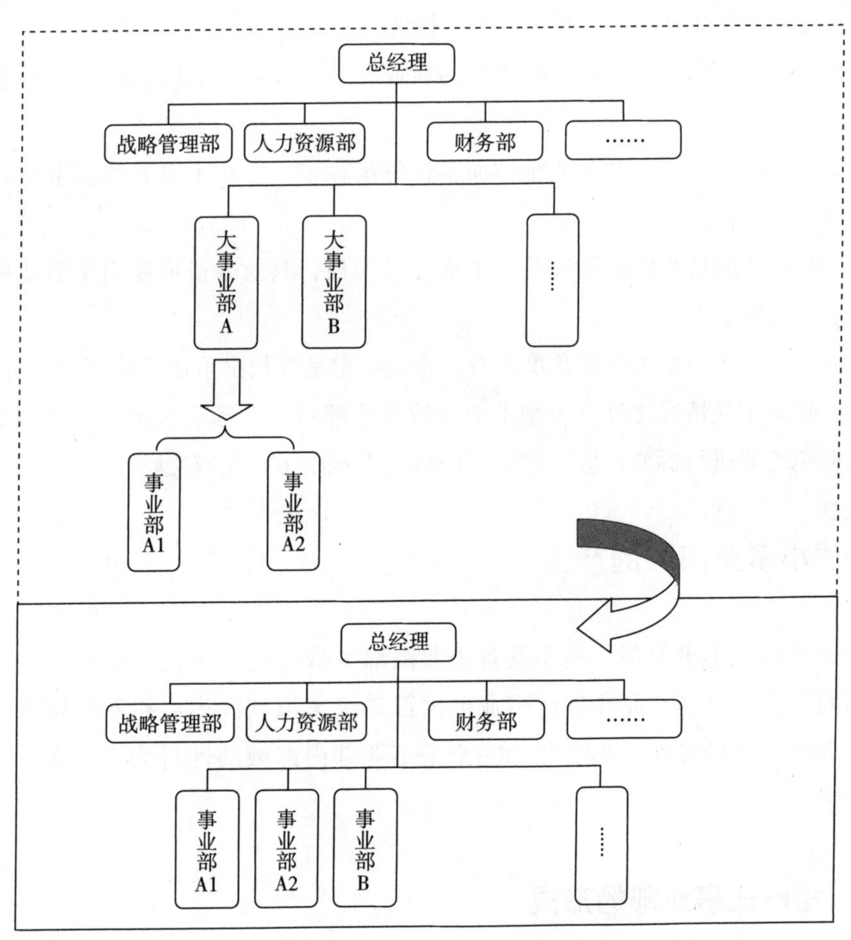

图 12 -2　因事业部规模膨胀引发的事业部继续拆分

此处还需补充说明的是，对于事业部的继续拆分，其中隐藏着负激励因素，可能会对事业部孵化新业务的积极性造成挫伤，从而抑制事业部的规模化发展，也将事业部领导班子置于平衡发展与被拆分的矛盾境地。而且，深层次的问题不仅如此，事业部还会从企业集权角度去思考这个问题，认为企业惧怕事业部长大，于是就在事业部规模膨胀，资源占据较多的时候，进行规模与资源占有的削减——拆分是避免事业部集权的比较彻底的方式。

打消事业部发展过程中的种种担忧和顾忌非常重要，为此，企业要出台较明确的事业部拆分原则和规程，在这个问题上不能遮遮掩掩。一般而言，对事业部实行拆分往往是因为出现了以下几种情况。

①与事业部原有主体业务非相关的新业务发展较快，足以支持一个新事业部的组建。

②事业部原有业务对企业整体而言，举足轻重，企业不愿看到该事业部在其他业务上分神。

③新业务的持续发展迅速壮大了事业部规模，其业务格局超出了事业部领导班子的驾驭能力。

不过，从企业整体发展角度来看，企业一定是要鼓励事业部培育新业务的，因此，除了上述情况之外，原则上应保持事业部对新业务的统辖与管理权。如不可避免地要进行拆分，应对事业部的孵化贡献给予补偿或奖励。

三、"小事业部"的产生

这里的"小事业部"尚不具备企业内部"战略经营单位"的地位，它是指对可独立运营的产品线进行事业部内部二级虚拟利润中心机制的赋予，从而鼓励该产品的发展。小事业部完全是事业部内部激励性行为，企业总部不必干涉。

四、矩阵式事业部的形成

矩阵式事业部主要包括如下几种类型。

1. 产品区域制事业部

所谓产品区域制事业部是指将区域型事业部与产品线事业部相结合，这是一种矩阵式结构，比较难以掌握，实际运作过程中会有很多协调事宜。之所以产生这样一种体制，是因为在区域经营的基础上，企业发现还需要按照相关产品进行纵向管理或统筹，因此，企业下设两种性质的事业部，首先，按照产品进行事业部的划分，其次，按照地域进行事业部的划分，对两种事业部都要进行内部独立核算。产品线事业部按照各地域相应产品线进行业绩评估，区域型事业部按照区域内所有产品线的经营业绩进行评估（见图 12－3）。

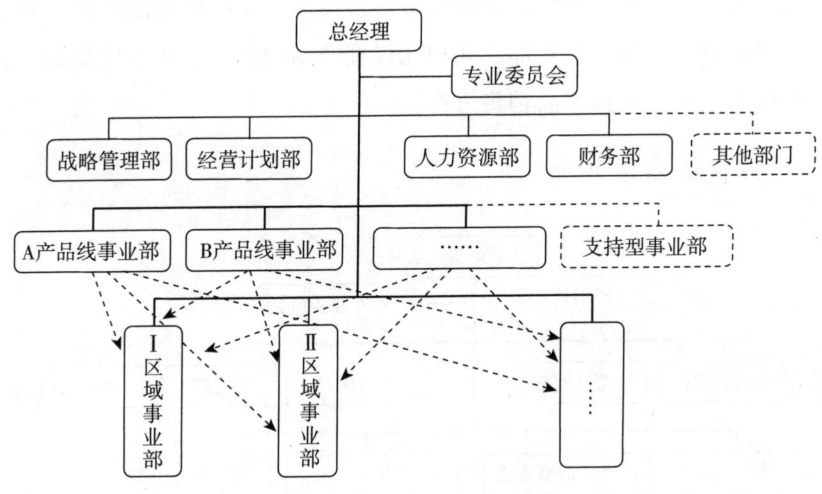

图 12－3　产品区域制事业部组织结构及组织运行

对于产品区域制事业部而言，这里有两个问题一定要探讨清楚，具体如下：

（1）产品线事业部与区域型事业部的关系

一般而言，产品线事业部并不构成对区域型事业部的行政直管关系，但在实际运行当中，必然要赋予产品线事业部若干权力，以通过对区域型事业部的人事任免、政策发布、资源分配等角度影响区域事业部按照既定方向与原则推动相应产品线的运营、发展，同时，统筹相邻区域或所有区域联合行动，否则，产品线事业部的构建就没有意义。显然，对于区域型事业部而言，面临着多个产品线事业部影响和平衡问题，这也是矩阵式结构的弊端所在。从上述分析来看，产品线事业部实质上是区域型事业部在某个产品线（或产品群）方向上的推动、管控机构，只不过赋予了它按照产品线（或产品群）进行利润核算的机制。

（2）产品线事业部是否具备研、产、销业务执行机构

根据上述（1）的分析，显然，产品线事业部通常不具备研、产、销业务执行机构，这些业务行进的“腿”都集中在区域事业部当中，或者说，各产品线事业部的业务执行机构一并被整合到了区域事业平台之上。不过，在这里，产品线事业部建立直属的研发机构至关重要，因为区域型事业部毕竟视野较窄，而产品线事业部研发机构则可统揽全局，能够研发更富竞争力和发展性的产品，并输送到各区域当中去。当然，区域型事业部遍地开花的研发能量也不容小觑，因此，可建立鼓励区域型事业部之间相互代理产品的机制，从而优化研发资源，提高产品推出效率，加速产品销售进程。

2. 客户区域制事业部

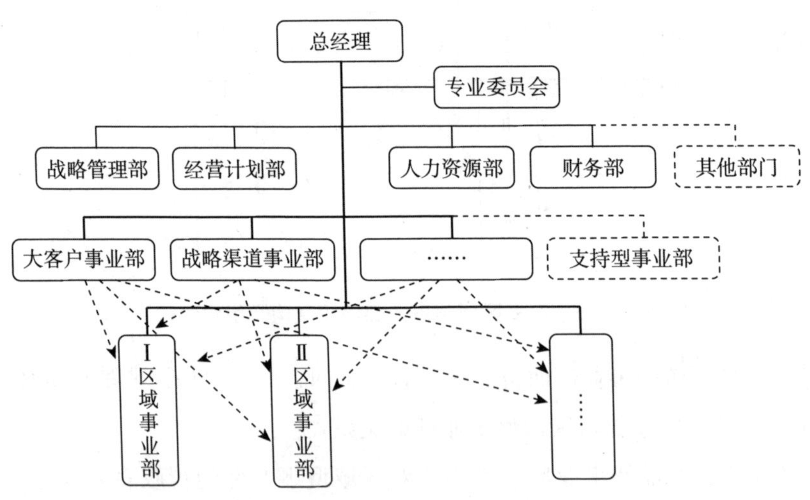

图 12-4　客户区域制事业部组织结构及组织运行

构建客户区域制事业部的原因，主要是总部需要对超大客户及战略级渠道进行重点维护和管理，此时客户事业部往往以公司的形象出现，利于业务的高效达成和后续工作的协调开展。在客户事业部开展工作时，常常会与区域事业

部进行配合，同时，大客户的合作达成，其辐射作用明显，将非常有利于各区域事业部属地化业务的乘势推进。

3. 客户产品制事业部

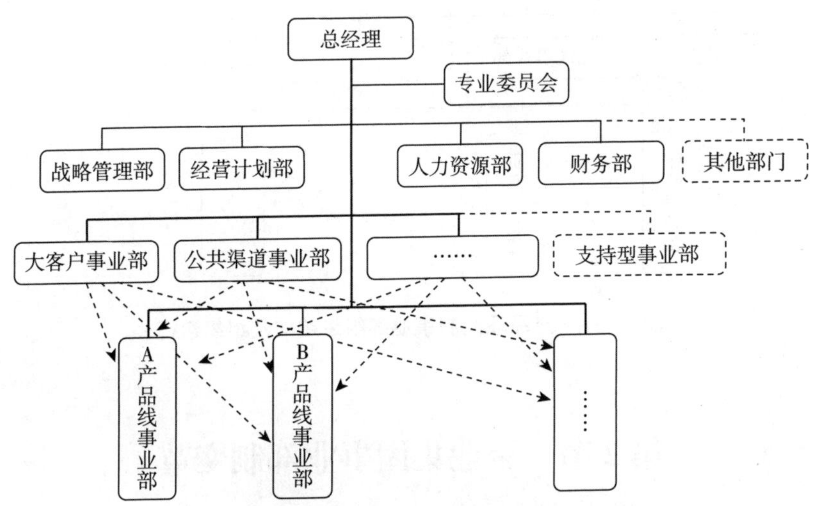

图 12－5　客户产品制事业部组织结构及组织运行

对客户产品制事业部中的客户类事业部而言，其除了要承担上述客户区域制中的大客户管理作用之外，很重要的是要加强各产品线事业部之间的协调，从而满足大客户对整体解决方案的需求，同时，要平衡好公共渠道在各个产品线之间的精力分配。

4. 产品职能制事业部

产品职能制事业部的建立初衷，往往是通过产品线事业部的增加，去弥补职能型事业部之间协调不力的缺陷，从而形成横向产品线与纵向业务职能的交叉运作。产品线事业部主要围绕产品去开展协调、统筹与推动工作，类似于产品经理的角色。毫无疑问，由于多个产品线之间要争夺业务职能资源，同时，又要优化业务职能之间的联动关系，所以这种体制运作难度很大，常常效果不理想。

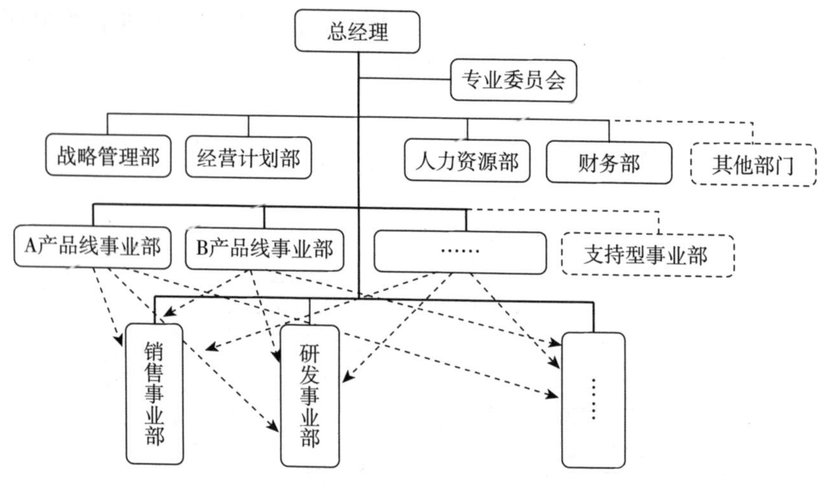

图 12－6　产品职能制事业部组织结构及组织运行

第 2 节　企业集团事业部制变革

距离登机还有一段时间，郑涛打开书，翻到本节。正巧，公司也有几个下属子公司，虽然不是主业，但也在这次事业部制调整的范围内。子公司与业务相关的经营单位都可以纳入到对应产业的事业部中来吗？郑涛活动了几下颈椎，继续看下去……

企业集团事业部制变革的原因与思路主要如下。

一、企业集团事业部制变革的动因

企业集团事业部制变革通常由以下情况引发。

①发展迅猛，不断成立子公司，但对子公司之间的业务相关性没做过多考虑和深入规划，久而久之，会发现在产业布局上呈现离散的局面，比较突出的问题是子公司之间存在资源的重复，或市场与业务的交叉。

②有些企业集团多条产品线被承载研产销等业务职能的子公司所分割，而且不同产品线被分割的方式也不尽相同，更复杂的是，研产销等业务平台也分别由多个子公司构成。在这种局面下，业务碎片化已经到了很严重的程度，无法形成围绕产业线和产品线的合力。

③随着集团规模的扩大，下属产业和经营单位越来越多，集团感觉管控乏力。

上述背景下，企业集团散乱的业务亟待梳理和重组，相关资源需要整合与统筹，否则不仅管理成本高，而且面对市场难以提高协作和服务效率，集团的产业竞争力和成长性因此受到制约。同时，集团要加强对下属经营单位的管控，否则，面临失控风险。

二、企业集团事业部制业务重组的路径

在这里，我们主要介绍以产品线为主导的重组思路。

①分析集团所有业务的相关性与独立性，按照产业方向和产业属性进行产业模块的划分，形成事业部。

②在事业部下，依据细分产品线将集团下属子公司等经营单位按产品线进行归并。

③按照产品线，确定业务职能联动关系，即，以产品线为线索，对承载销售、系统集成、研发、工程安装及售后等业务职能的不同子公司进行联动关系明确。实际上，这些经营单位共同构成了具体的产品线事业部。

④多个生产性质的子公司等经营单位可集中单列，形成生产事业部，并将其他子公司的生产职能剥离，向其归并。

⑤后勤等产业服务性质的子公司可集中单列，形成产业服务事业部，并将其他子公司的后勤等服务职能剥离，向其归并。

⑥集团总部考虑将与日常业务具体相关的职能下沉到事业部，而事业部内，根据自身职能管理需要，在考虑下属子公司职能部门情况的前提下，有针对性地进行职能管理的设置与整合。

在上述重组过程中，如果不必考虑下属公司的法人资格，可以完全打散重

来，那么就可进行更彻底的重组，并为此成立新的子公司——该公司在业务承载和配备上会更符合事业部的特质。

三、企业集团事业部制架构与运行

（1）企业集团的事业部制架构示意如下

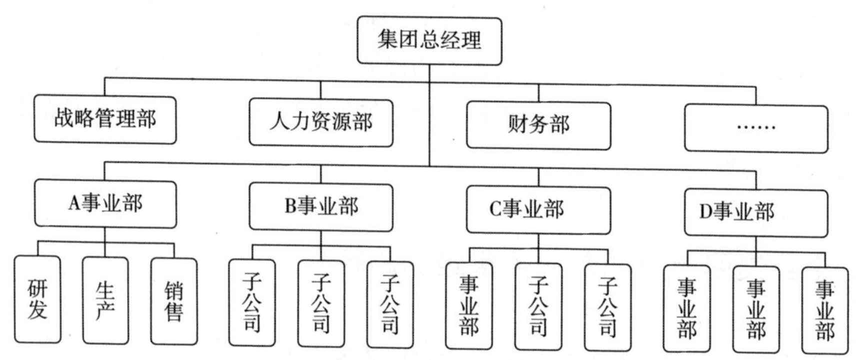

图 12－7　企业集团事业部制组织架构示意

以上架构是将事业部的各种形态展现在了一个企业集团内，从中可以看出，事业部制具有很强的包容性与灵活性。

（2）企业集团事业部制的运行

企业集团的事业部制运行具有其复杂性，主要因为纵向管控层面较多，因此，要做好各个层面的功能定位，即，做好集团总部、一级事业部管理层、二级事业部管理层的职责分工，并划分好相应权限，使之各司其职，良性互动。对于上规模的企业集团而言，其管控与运行特点如下：

①集团总部的管理更宏观，更具战略性，以政策性管控为主，同时，加强新产业规划，并严格避免重复业务、尽力避免交叉业务的发生。

②强化一级事业部的产业管理作用，发挥其贴近业务的优势，从而缓解集团远离市场，经营可能失控的局面。一级事业部侧重于产业发展规划、关键业务事项决策、多个经营单位的协调、共享资源的利用与具体经营单位的班子搭建、薪酬激励、业绩考核。一级事业部其实质就是前面介绍的执行部。

③二级事业部更注重围绕具体产品线的业务运营。

④分级制订并严格执行的经营计划与预算仍然是重要的管控工具。

⑤一级事业部对产业发展结果负责，二级事业部对具体产品线发展负责。

⑥集团加强对事业部的审计。

总结

1. 随着事业部的发展，会出现事业部新的形态，其中包括：超事业部制，它是指增加一类旨在统筹资源、协调相关活动并进行部分决策的经营管理机构——执行部，体现了企业总部在事业部体制导致整体分权后重新加强集权的趋向；大事业部的继续拆分，是指当事业部规模大到开始削弱其自身优势的时候，需要对事业部进行继续分化；矩阵式事业部，其是指将按不同分化要素构建的事业部进行二维组合，从而形成具有兼顾特性的事业部。这类事业部协调成本高，操作难度大。

2. 随着企业集团的快速扩张，其产业布局与业务分化可能呈现散乱的局面，从而导致业务与市场交叉的情况，为此，可按照产品线事业部的思路进行业务重组，形成以产业角度划分的事业部管控对应子公司的体制。集团下设事业部，其主要职能侧重于产业发展规划、关键业务事项决策、多个经营单位的协调、共享资源的利用与具体经营单位的班子搭建、薪酬激励、业绩考核等。

第十三章

事业部内部管理

事业部制能够取得成功，除了企业总部会管、总部与事业部之间的权限分化清晰，给予事业部良好的激励外，事业部自身的管理与运行质量同样重要。企业提供的环境与政策再好，但事业部经营无方，扶也扶不起来，那么企业在这块产业或这条产品线上就会大伤脑筋，甚至影响整个企业的发展。

第1节　事业部总经理如何实现新体制下意识转变

个别事业部总经理能否肩负重任，这也是公司担心的问题。郑涛很了解，事业部总经理人选基本来自业务岗，论业务能力呱呱叫，但说到管理水平就有点让人不放心了，比较突出的问题是职务意识、全局意识不到位，应该深度指导和集中培训一下。本节内容一定很有启发，好好看看……

不论事业部总经理在上任前来自于什么岗位，均需将自身置于事业部体制下来考虑所肩负责任的新内涵，并实现意识的快速转变。

一、从企业角度出发悟透自身使命

1. 完成企业事业使命

作为事业部总经理，要充分认识到来自于企业的信任和期待——企业相当于将一方宝贵的市场、一块有前景的产业交付你来管理和经营，并希望通过你的聪明才智将其做强做大，这是一种托付，更是一项使命。

要知道，事业部总经理的人选不止一个，你能从中脱颖而出既是你有过人之处，也有总部的信赖在起作用，所以，应充分发挥自身能力，努力工作，将事业部管理好、发展好，不辜负总部的期待。

2. 参与企业协同任务

站在企业角度，事业部总经理要有一定格局，不要单纯认为全部责任就是经营好身下的“一亩三分地”。响应企业召唤，参与协同工作，共同打造集团效应，甚至为企业分忧是事业部的份内工作。不要做狭隘的事业部总经理——与自身利益相关的事情极度关注，与集团利益相关而与自身关系不大的事情从不配合和支持，这样的总经理是没有大局观的干部，其气度和眼界有限，也必将为企业所不允许。一定要意识到，事业部是企业密不可分的一部分，配合集团联动、参与协同任务是事业部的义务。

3. 服从企业总体管控

对总部的管理要主体服从，认为有不合理之处，可以理性反馈或申诉，要做心态成熟、处事稳健、总体服从企业指令的事业部总经理。现实中我们会发现，有些总经理自任命起尾巴就翘了起来，变得不可一世，究其根源，是终于说了算的官僚思想在滋生，是诸侯思想在作怪。这样的总经理自身素养不够，侥幸被推到总经理位置上后，往往不服从总部的管理，尤其是面对总部职能部门的时候更表现得强硬甚至狂妄。

作为内部虚拟经营单位，事业部的独立性是相对的，更不存在游离到企业之外的情况。对事业部的授权也是有限授权，而对事业部的管控是必须的。作为事业部总经理要充分认识到自己的身份，同时认识到服从是干部的天职，如果这一点都做不到，就说明企业从运营层面的最高点就面临着失控的风险，这是不能被任何企业所接受的。因此，作为事业部负责人，要调整心态、修正行为、纠正错误，做到总体服从、理性反馈、提建设性意见。

二、从事业部角度出发加强角色认知

1. 居于事业部最高位，是团队的依靠

作为事业部的最高领导人，事业部总经理要具有大局观和决断力，要敢于面对困难，勇于承担责任，临阵不乱，成为团队的强大依靠；要努力提高自身的职业性，体现出领导水准，处理事情要调研清楚、考虑周全、思考深入、稳健决策；要展现宽厚的领导风范，以此树立自身的威信并感召下属和员工。

如果是新提拔的事业部总经理，一定要加速修身、完善自我，摒弃急躁、懒散、粗线条管理、不拘小节等毛病，做到成熟睿智、顾全大局、严于律己。

作为事业部的负责人，切忌拉帮结伙，或者给总部这样的错觉，而是要正确处理与下属的关系，秉持公平、公正、有度的行事原则。

2. 要做钢琴师，而不是琴键

作为事业部总经理，要站在指挥、组织和统筹的层面开展工作，广泛发动和整合资源，为我所用。要充分发挥事业部副总和中层的关键作用，通过团队的力量推动事业部发展。在事业部内部，要根据具体情况，做好向下授权工作，鼓励下级员工大胆工作，切忌事必躬亲，越级指挥，尤其在自己擅长的方面更要克制冲动、改变习惯。事业部的工作要分出重点、分出层次，作为负责人，要知道自己的精力投向。

另外，如果事业部有“一总独大”的倾向，作为事业部总经理，要立刻进行自我检讨，及时遏制住这样一种趋势。

3. 建立良好的事业部文化

建立事业部文化，要抓住如下要点。

①事业部的文化要在企业总体文化框架下去建立，即，要遵从和继承企业总体文化的要义和精髓。

②事业部文化可以体现自身的个性，但这种个性不能违背企业总体文化，不能与之发生冲突。

③事业部的文化要尽快制度化，防止文化随着总经理的更换频繁变动。

④事业部的文化方案审批权在总部。

第2节　事业部如何抓好自身经营与管理

郑涛现在思路很清晰：实现事业部制顺利转型既要凭借总部对事业部的管控，还要依靠事业部的自我管理。在公司精心搭建的事业部制平台上，谁能长袖善舞顺势发展，谁却扶也扶不起来，这就要看事业部领导人的水平了。那么，如何抓好事业部的内部工作呢，郑涛再次放弃休息时间，认真看下去……

作为事业部总经理，要通盘考虑事业部的运营与发展。作为承载具体业务且十分“接地气”的事业部，要在其“七寸”之地发力，从而推动事业部良性发展。

一、确定事业部发展战略

不论企业实行事业部制之前是否有明晰的产业或产品线发展战略，事业部总经理从上任那一天起，都该以此为己任，深入思考这个关键问题。如果短期内难以形成具体的战略方案，那么也要出台一个战略框架，否则，事业部的发展不明，不容易统一干部思想，具体工作也找不到“根儿”。当然，没有明确的战略，也可以开展运营工作，毕竟走一步看一步的打法更加令人“习惯”。但在这里是对事业部提出了一个高要求——在战略思想的指导下，目标明确且系统化地开展事业部的具体工作。企业为什么把事业部交给你来管理，就是因为相信你能做得更好，因此，不要回避和轻视事业部的战略规划，在内心接受这项挑战，逐步做到让事业部的发展目标和方向、发展重点和模式水落石出。

发展战略可以让事业部从一条产品线发展成一片产业群，对事业部做强做大起到至关重要的引领作用。

事业部在制订战略时可以参考前面介绍过的“3+3+1”系统化战略模式，同时，做好战略计划与运营计划，使战略真正得到落实。在制订战略过程中，除了发动事业部的力量外，还可以向总部相关领导、职能部门请教，尤其是过去对本事业部业务相对了解的人员，更是应该虚心学习的对象。

二、选好人

1. 搭好班子

在总部对事业部领导层的管控框架下，可主动提议副总人选，因为这样配合起来更顺手。当然，更应从领导力、专业水准、工作经验等方面进行全面考量。另外，统筹考虑领导班子的能力结构，形成互补优势是搭好班子的重要出发点。

2. 配好“四梁八柱”

①通过竞聘等方式，选择精干人才任职事业部职能部门。千万不要重业务而轻管理，要充分意识到，职能部门负责人非常重要，尤其是随着事业部的发展其价值会越来越大。

②可由主管业务的副总提名研产销等业务部门负责人，对此要进行深入考核，其中发展潜力和业务经验是考核的两个重点（甚至曾经要有比较突出的业绩方可就任）。

③对销售大区负责人要责令主管销售的副总进行严格把关，并从考核程序上进行要求和规范。

事业部在人才选择上还有两点细节：一是不要只选听话但能力平平的庸才，二是邀请具有丰富职能管理经验的总部人员加盟——这样的人才不仅在管理方面有一套，而且由于熟悉总部工作风格和路数，将来可以与总部进行很好的沟通与互动。

3. 平时多留意人才

发展越快的事业部对人才越渴求，因此，要在平时注重对全集团范围内人才的发现和挖掘，只要认为合适，可在恰当时机采用恰当方式进行沟通，并帮助其做好善后工作。要有抢人才的意识，但一定要采用正大光明的手段。对于会给其他事业部或部门造成较大影响，或因种种原因确实不该调动的人才，则要从大局出发，放弃想法。

有些企业为了避免内部人才争夺造成内耗和冲突，往往出台相应原则和规定，作为事业部，应该在遵守规范的前提下，尽力去争取机会。

在事业部内部，也要逐步建立骨干员工梯队，以维系人才的接续。当然，在现实中，这样一种岗位继任思想只有在上规模、业绩稳定的事业部才会得到开展——希望更多的事业部在抓好经营的同时，能够尽量提早启动此项工作。

三、加大团队激励

重新审视对业务部门的奖金激励办法，尤其是营销与研发部门。要在合理范围内，加大对业务部门的激励强度，同时，要建立与业绩持续增长密切捆绑的机制。事业部内部必须搞活，要废弃缺乏生气，接近大锅饭的传统激励办法，建立让人心动的新的激励模式。

对于事业部职能部门，也要建立与业绩联动的薪酬政策，从而促进其更好地支持经营、服务经营。

在激励思路上要敢于大胆创新，并说服总部给予批准。

四、提升业务谋划与设计水准

①建立市场策划部，任用合适人才，以加强对市场趋势的预测、竞争局面的分析以及客户需求的洞察，在此基础上优化营销工作，甚至实现营销模式的突破。营销模式的创新，其能量巨大，往往会令事业部占据优势，确立市场地位。同时，从市场角度还应做好新上市产品的放量策划，以及潜在新品需求信息的有效反馈工作。

②深入设计售前支持联动机制，建立有效的售后服务体系，在达成理想服务效果的前提下，尽量少牵扯技术部门、生产部门精力。

③建立老产品升级、新产品立项效率流程，从而广泛激发产品创意产生，有效对接市场与研发职能，加快产品完善与推出速度。

作为事业部，往往一味强调业务运营，缺少能够肩负上述工作的“谋士”，为此，要做好人才引入工作。

五、提高业务职能协调效率

之所以组建产品线事业部，一个重要原因就是要打破部门本位，加速横向联动，从而提高面向市场和客户的反应速度。从事业部组建过程看，相对复杂的产品线已经得到整合与划分，事业部内含的产品线比较单纯或仅为少量，其为业务部门协作提供了天然保障。在此前提下，事业部要做好业务部门间的协调工作，提高其对接效率。主要思路如下。

①建立协同文化，倡导业务部门间主动协作。

②通过事业部层面的协调会议来加强部门联动，解决冲突问题。

③建立计划体系、售后服务体系、售前支持体系等，通过体系化管理推进部门联动。

④针对协调不畅问题，制订细化、完善的跨部门业务流程，并加强流程执行监管。

⑤开展业务部门之间的互评工作。当然，这项工作实行难度较大，往往“相互放水”流于形式或“相互报复”加剧部门间冲突。

六、加强内部管理

事业部内部管理事项很多，联系业务实际，以下工作比较重要。

1. 加强经营计划与预算管理

在总部的指导下，一定要做好事业部的全面计划与预算工作，以此为指导，目标明晰地抓好事业部月度工作的具体落实。纠正计划和预算是为总部而做，制订计划和预算无非为了交差的错误思想。事业部领导班子要高度重视本项工作，深刻认识其对事业部运营与发展的重要意义，并将这一思想贯彻到事业部每一个部门、每一个岗位。同时，要规范计划与预算制订程序，提高计划与预算制订质量。当然，要严格执行计划和预算，并做好偏差分析、整改措施落实与相应考核工作。

计划与预算要坚持做下去，只要年复一年持续去完善，一定会越做越好，其指导作用也将越来越显著。

2. 做好项目管理

对于采用项目制运作的事业部，要注重以下工作环节。

①选择胜任的项目经理，从而能够对项目进行全面统筹管理。

②做好项目组的内部分工，做到责任清晰。

③规范与优化项目运作流程、规程，保证项目效率与质量。

④为每个项目建立账套，严格管控项目成本与费用支出，做好项目核算，掌握项目回款、阶段性收益与最终盈利情况。

⑤做好项目激励，为此要建立公平合理的项目奖金办法。

⑥做好项目阶段性汇报与整改工作。

⑦做好项目总结工作，吸取经验教训。

3. 抓好成本费用管理

事业部各层面、各部门要提高成本意识，通过全面预算，费率设定等方式，抓好成本与费用的指标控制，同时，做好费用支出过程的审核工作。针对漏洞多、核算粗放、压缩空间大的关键管控点，要选派专人组织专项成本控制工作——分阶段设立降成本目标，通过系列办法的实施完成降成本任务。建立相应奖罚机制，以嘉奖成本合理有效压缩行为，惩戒浪费及给事业部造成经济损失的行为。

成本管理工作不可矫枉过正。我们要压缩的一定是不合理成本，千万不可管控过度，没有丝毫灵活性可言，以至于造成正常工作的开展因为费用的过严、过激控制而不能顺畅进行，甚至员工一提及请款就头疼——这种情况必须要避免。控制成本没有错，但该省的要省，该花的也一定要花，而且要让人心情愉快地去花。

第3节　事业部如何加强与总部的良性互动

在郑涛看来，有些经营单位真的不会与总部沟通，且心理不够成熟。总部职能部门最反感的一句话就来自于经营单位：你们职能部门一天都干什么了，还不是我们在前面冲锋陷阵，赚来银子养你们。诚然，职能部门在工作上确实存在不足，但作为将来的事业部，一定要改变心态，与总部良性互动，否则，会使自身利益受损，并形成公司的再次内耗。想到这，郑涛翻到本节……

站在事业部角度，要以成熟的心态正确处理与总部的日常互动，这更有利于获得总部的肯定与支持。同时，一定要意识到，总部职能部门在管理方面具有丰富的经验，其下达的有关政策、制度与规定刚好可为事业部所借鉴，从而在事业部内部进行推广。

一、积极达成总部的工作要求

1. 对总部下达的管理政策

①先执行，遇到问题再反馈；②对存在的问题进行有理有据地分析，并最好举出实例；③与总部政策制订部门直接对接；④如政策确实很有价值，那么，要对政策发挥的积极作用予以肯定。

2. 对总部要求上报的方案

①对事业部承接部门严格要求，避免敷衍行为；②重要方案经过事业部认真讨论、审核；③虚心向总部职能部门请教；④对总部要求反复修改的情况要保持足够的耐心；⑤及时上报，如确有困难，要提前沟通（而不是到了上报的时间或者相关部门问到头上才说），以获得理解。

3. 对总部的审批结果与整改要求

①对总部审批结果（含考核）或整改要求认真分析，客观审视自身工作的不足。严禁不冷静地一味抵触；②邀请总部职能部门给予进一步指导；③对存有异议的部分进行有理有据地分析与反馈；④对整改落实情况及时汇报。

4. 对总部的协调要求与协调结果

①对未损害事业部利益的要求和结果予以执行；②对有损事业部的情况进行有理有据的反馈，以争取总部的协调补偿；③对有时间要求的战略性事宜先执行，后争取补偿。

5. 对总部要求的信息汇报

①予以认真执行；②对出现的政出多门、重复汇报、无谓汇报、过高频率汇报、信息标准过高的情况则进行集中理性反馈。

二、以成熟心态对待五项工作

1. 对总部的指导与建议

①认真思考，如认为正确并具有可操性，应予以落实；②无论是否落实，应予以回复，并说明理由。

2. 对总部的审计

①按要求认真配合；②按要求加强整改；③存有异议则理性反馈；④借机学习相关审计方法，为事业部所用。

3. 对总部配合或主导事项

①认清自身的责任；②认真配合，合适时机提出建议；③如总部相关部门出现失误或最终结果有瑕疵，则不要抱怨。

4. 对总部派驻或出差人员的接待

①体现出热情、周到与关心；②做好配合，尽力提供帮助；③可借机反馈一些要求或建议。

5. 针对管理空白区

①明显涉及原则或总部政策疏漏问题，请示后再作定夺；②遇到总部政策“擦边球”问题则与总部沟通、研究后再做决定；③不会造成风险问题则执行后及时向总部汇报或备案。

三、理性申诉

①对于沟通无法解决的重要事宜要走申诉程序；②申诉前事业部要站在自身与集团整体角度做好相关深度分析，而后再做决定；③对认为损害事业部或集团利益的政策或审批可直接跨级申诉。

第 4 节　如何看待与其他事业部的关系

书已经读到最后一节了，郑涛感觉浑身充满了能量。看到这一节标题，郑涛觉得凡是成熟的事业部，都会处理好与兄弟事业部的关系，形成共赢的局面。看看书中是不是这么说的……

如何正确看待并处理好与兄弟事业部的关系？主要是提高以下两方面的认识。

一、切忌与其他事业部对立或攀比

千万不要陷入狭隘境地，那种认为与其他事业部主体上是竞争关系的认识是偏激的。在这样一种思想引导下，事业部之间就会发生恶性内战——为了抢客户、夺渠道或争取总部有限资金支持。面对其他事业部，更不要持攀比心理，从而与其比薪酬水平、比权限大小、比总部批准的预算额度，甚至比总部的关注程度。

二、建立事业部之间良好的合作关系

事业部之间要在彼此尊重的基础上加强合作、相互学习，从而在面向市场和客户时，能够加强沟通，互利互助，为用户提供整体解决方案；在产品存在互补机会的时候，可以相互代理对方产品。同时，要虚心学习其他事业部先进的经营模式、好的管理方式，从中汲取营养，在谦逊的心态与开放的思维下，提升自身。

总结

1. 事业部总经理可谓一手托两家，一边是集团总部，一边是事业部。站在总部角度，其承担着壮大集团一方事业的使命，而处于事业部的立场上，其是事业部的最高领导人，要做好“钢琴师”的角色，弹动所有琴键，从而为事业部的运营与发展演奏华美乐章。

2. 事业部重点要从六方面做好内部经营管理工作，即，定战略、选人才、强激励、善谋划、促协作、抓管理。

3. 事业部要持积极与成熟心态与总部做好日常互动，要做到主体上服从总部管理，执行总部指令，满足总部工作要求，同时，理性反馈有关意见。

4. 要正确看待与兄弟事业部关系，与其加强合作、彼此帮助，相互学习。

参考文献

[1] Richard Lynch 著，周煊译．公司战略．昆明：云南大学出版社，2002

[2] 迈克尔·波特著，陈小悦译．竞争战略．北京：华夏出版社，1998

[3] 加里·德斯勒著，刘昕译．人力资源管理（第六版）．北京：中国人民大学出版社，2004

[4] 菲利普·科特勒著，梅清豪译．营销管理（第十一版）．上海：上海人民出版社，2004

[5] 理查德·B·蔡斯著，任建标译．运营管理（第九版）．北京：机械工业出版社，2005

[6] 格里·约翰逊著，金占明译．公司战略教程（第三版）．北京：华夏出版社，1998

[7] 迈克尔·古尔德著，黄一义译．公司层面战略．北京：人民邮电出版社，2004

[8] 威廉·乔伊斯著，张玉文译．4+2：什么对战略真正有效．北京：机械工业出版社，2004

[9] 康斯坦丁诺斯·C. 马卡德著，周伟译．战略定位：有效战略实战案例．北京：机械工业出版社，2003

[10] 唐纳德·R. 莱曼著，魏立原译．产品管理（第二版）．北京：北京大学出版社，1998

[11] 伊察克·爱迪思著，赵睿译．企业生命周期．北京：中国社会科学出版社，1997

[12] 杰拉尔曼·萨尔特曼著，李华飚译．客户如何思考．北京：机械工业出版社，2004

[13] 李连华．对子公司的控制：理论·实务·案例．大连：大连出版社，2009

[14] 张文红．集团财务管理新思维．北京：电子工业出版社，2008

[15] 贡华章．企业集团财务管理：中国石油财务管理与改革实践．北京：经济科学出版社，2009

[16] 陈月明．企业集团财务问题研究．大连：东北财经大学出版社，2007